U0007393

ACRO
POLIS
衛城
出版

ACRO
POLIS
衛城
出版

希臘悲劇

政治與民主治理下的債務殘局

The Full Catastrophe

Travels Among the New Greek Ruins

James Angelos
詹姆斯・安傑羅士

宋瑛堂——譯

獻給明瞭旅居海外滋味的父母與祖父

目次

推薦序

債務危機——誰之過？

張翠容

閱讀安傑羅士這一本述說歐債的《希臘悲劇：政治與民主治理下的債務殘局》後，心裡百感交集，究竟是物先腐，而後蟲生；又或是蟲先蛀，才令物腐爛？我們不自覺地陷入雞與雞蛋的陷阱了。希臘債務問題千絲萬縷，卻牽動著歐盟的命運，對全球經濟亦不無深遠影響，不過，最受打擊的還是當地的老百姓，大家都在問：哪裡出了錯？

雖然希臘債務危機已出現了好幾年，但自二〇一五年希臘大選「激烈左翼聯盟」上臺，除了經濟危機之外，又再發生了政治危機，政壇動盪不安。之後又遇到中東難民湧現波及歐洲，而希臘首當其衝，對於國際媒體來說，新問題永遠比舊問題更吸引目光。

無論如何，希臘是歐債的縮影，歐債又是過去資本全球化所彰顯的問題縮影。當然，希臘本身也有其獨特的問題。這次安傑羅士親赴希臘現場，獲知了許多我們在媒體上沒有看到的事件故事，可讓讀者從微觀瞭解更多問題的來龍去脈，正所謂見微知著，這是可貴之處。最後，安傑羅士還為我們補充了難民這個因素如何影響希臘的政經發展，書中內容讓讀者可說是目不暇給。

在此，我想提出兩個疑問：一、沒有了希臘，難道歐洲債務危機便不會發生嗎？二、希臘本身的問題一直存在，為何債務危機會到二〇〇九年才爆發出來？而且不僅希臘，南歐其他地方也成為重災區。數年前我也有到希臘進行債務危機相關的採訪工作，或許，我在此可以對此做一些補充。

希臘在歷史上面臨太多外來強權干預，也在希臘身上留下不少歷史傷口，因此希臘人總是帶著一種受害人的情結，這種情結多少反映在這次的債務危機中，也有可能因此讓希臘人缺乏自我反省能力。但另一方面，外界對希臘的誤解又有多少？

在希臘，我訪問當地人，想知道他們是否如外界所說，是個高福利國家，由於好逸惡勞，全民熱中逃稅、四十歲就退休？被我這麼一問，他們都瞪大眼睛望著我。如果是學者，他們會搬出很多統計數字去逐一反駁外界的謬誤。所謂四十歲退休真是很大的誤會。希臘人反問，誰可能四十歲就退休呀？他們的退休年齡都在六十五歲，現在政府還要延長至六十七歲。如果公務員要提早退休，也必須服務滿三十五年才會獲得批准。只有軍中的特種部隊，才有可能早於五十歲前退休，但那是特別的個案，不能混為一談。

至於希臘人是否好逸惡勞這個問題，之前在飛機上恰巧坐在我身旁的，是雅典大學社科院研究員蘇儀（Zoi），她告訴我，根據經濟合作暨發展組織（OECD）的報告指出，希臘人每年工作二〇一七小時，平均工時比德國要多四〇%，即使撇開自雇人士的部分，希臘工時仍較德國長一〇%。

至於福利，調查統計也顯示希臘的社會福利不及德國，甚至不及西班牙。事實上，希臘老百姓都希望多做多得，以應付高昂的生活指數，失業是個夢魘，誰想當長期失業者？每個國家都有懶人，希臘當然也有懶人，難道這就是債務積纏的原因之一嗎？

談到逃稅問題，希臘人就更憤怒了。因為逃稅的都是有錢人，愈富有愈想逃稅，老百姓則要負擔高稅率。有次我與一群希臘大學生喝咖啡時，其中一人拿著菜單對我說：「看！我們這裡的消費稅是二三%，幾乎是全歐洲之冠，我們老百姓的生活多難過啊！」沒錯，老百姓雖然也懂得逃稅，但有錢人逃稅則有更大的影響，這種現象到處皆是，最近「巴拿馬文件」也揭露了全球的富豪，不論是在富國或窮國都在玩這種逃稅的金錢遊戲。

在一次希臘反撙節的大遊行中，我遇上一位獨居老人，他在政府部門服務了一輩子，退休後每月能拿到八百歐元的退休金，現在一減就減到五百歐元，幾乎無法維持基本的生活。他問，為什麼外界總有這樣的誤會，以為退休者死後的退休金可由親友繼承？可能因為之前有官員收賄，讓這樣的事發生，但這是少數而不是普遍現象。老人家也不覺得希臘的福利比西歐好，甚至還不如呢！希臘人認為，有人想找代罪羔羊，卻把責任推到希臘身上，其實只不過是想轉移歐債真正原因。

希臘導演凱特琳娜．凱特蒂（Katerina Kitidi）、哈茨斯特凡諾（Aris Chatzistefanou）拍了一系列有關希臘債務的紀錄片《解放債務》（*Debtocracy*）。該影片有一情節，講述希臘接受德國金錢援助後，再用來購買德國的武器。而削減赤字則迫使希臘政府私有化國有資產以換取現金，德國及其他資本由此可平價收購希臘國有資產。片中盡是嘲諷希臘政客怎樣成為歐盟的買辦，出賣國家，賤售國產，而德國則是最大的受益者。

事實上，希臘在德國等歐洲強鄰的壓迫下，逐步私有化、出售國有資產，其中包括賣掉國有機場、公路、國營企業、銀行、房地產和樂透彩執照、兩個最大港口和一家自來水公司，甚至有些美麗的小島，都被政府拍賣。此舉幾乎是把整個國家出售，來滿足國際債權人的要求。

當然，希臘政府也應負責，他們未能向富有的希臘人追收稅款，而是向老百姓開刀，削減養老金。在民生方面也大幅提高稅率，例如連家用電費都調漲超過二〇%，令原本生活已吃緊的老百姓雪上加霜。此外，最令人難堪的還包括，一般勞工遭到不合理的減薪，歐盟要求希臘政府把二十五歲以下勞工的最低工資調降三二%，二十五歲以上的勞工則調降二二%。此外，勞動工時也增加，面對高昂的徵稅，人們很快便失去了消費能力，到頭來裁員之聲四起，派遣勞工首當其衝。

如此看來，僅靠撙節無助於清除銀行業界的毒瘤。這次歐債危機中，有不少是金融犯罪行為，而最大的「騙局」，當屬二〇〇〇年美國高盛投資銀行，為希臘設了一盤局，巧妙掩飾希臘一筆高達十億歐元的公共債務真相，好讓希臘得以順利進入歐元區，以享有歐元區低廉的借貸利率，繼續借貸。

據媒體曝光的數據顯示，當年高盛利用換匯交易（swap transaction）和信用違約交換（CDS）兩項金融工具，為希臘埋下主權債務炸彈，同時也加速了歐洲的經濟危機，而他們則坐收漁人之利，單是交易佣金，三億歐元已穩穩進入高盛口袋。高盛利用所謂「金融創新」手段，讓希臘政府的債務先用美元等其他貨幣發行，之後於特定時間換回歐元債務，債務到期後，高盛再將其換回美元。據報導，多年以來，當中交易金額高達百億歐元之多。為了進一步掩飾，高盛提供希臘優惠借貸匯率，好讓希臘獲得更多歐元，並享有長達十年甚至更長的還貸期限，以迴避算入歐元區所需要統計的公共負債率。高盛這種障眼法，只會令希臘不得不製造更多的貨幣換匯交易，使希臘深陷壞帳漩渦而無法自拔。

為了維持合格的負債率水準，高盛再為希臘尋找十五家銀行達成貨幣換匯協議，其中包括德國的銀行，而且還是主要債權人之一。高盛明顯要把風險轉嫁給德國銀行業。為什麼選擇德國銀行呢？主要是因為德國是歐元區最大經濟體，此做法可將德國鎖在希臘的債務鏈內，如果德國政府袖手旁觀任由希臘違約，那麼德國銀行業也一併遭殃。

當帕潘德里歐在二〇〇九年上任為總理時，發現這一盤殘局已無法再騙下去，況且銀行也因全球金融危機而身陷泥淖，反而需要政府動用龐大資金救助，就在這種情況下希臘債務危機爆發了，並同時暴露了希債危機在歐洲不是單一案例。而高盛介入歐元區其他國家金融事務之深，超乎我們所能想像。除了希臘之外，愛爾蘭、葡萄牙、西班牙、義大利等「歐豬五國」，也相繼爆出主權債務危機。

事實上，歐洲金融機構當中有不少高盛人。為希臘量身定做出一套金融工具，以掩飾希臘龐大的債務者，就是當年的高盛副總裁德拉吉（Mario Draghi），他現在竟是歐洲央行總裁。而前任義大利總理蒙蒂（Mario Monti），在二〇〇五年也曾任高盛的國際顧問。有美國媒體直接指出，高盛就是歐債危機的罪魁禍首，他們透過琳瑯滿目的金融商品，讓世界充滿債務，現在危機爆發，他們不僅不需負責，也沒有受到懲治，反而被挑選出來處理歐債問題。如今出面為歐債危機提供解決方案的歐洲領袖，也多是高盛出身。這不是很荒謬嗎？

高盛一手種下歐債的種子，他們對歐債自然最清楚不過。但另一方面，當歐洲也被歐債拖垮時，高盛該如何反應？高盛集團總裁兼營運長柯恩（Gary Cohn）事後向投資者表示，鑒於歐洲銀行為從財務危機解套，可能被迫出售至少一萬億美元的資產。因此高盛很可能從中獲益，他們也許會掌握有利位置，去擔任這些資產銷售的中間人。因此，面對歐洲這趟渾水，他不僅不擔心，反而還樂觀地認為，歐洲潛在的經濟危機能夠為高盛帶來營利良機。這種轉化經濟危機為生財良機的手法，高盛可是玩得出神入化，也難怪坊間對高盛抱持陰謀論的想法。人們不禁要問：高盛究竟是投資銀行，還是全球政經大戲的製作人？

有批評陰謀論者稱，高盛可能只是一個有著資本嗜血本質的金融機構，他們所做的一切，只不過是不擇手段、唯利是圖、整死對手的「企業行為」，而不是政治行為。可是，高盛這間美國投資銀行如此精明計算，會是純粹的商業行為嗎？若不是單純商業行為，難道真如外界所說的陰謀嗎？無論如何，高盛的影響力無遠弗屆，它除了擁有全球第一線政經關係，更儼如美國政府重大政策的代言人或執行者。

希臘無疑存在著政治貪腐，而習以為常的逃稅行為也的確成了社會沉重的負擔，但希臘仍有在內部進行改革的機會。試想，一個人若沒錢可借，便也不能繼續毫無節制的揮霍度日，必須自我調整了。只不過，有人卻掩飾希臘問題，並將這個問題包裝成金融產品並拚命吹捧，接著更在歐元區內如細菌般，將債務問題散播出去，另外再加上大到不能倒的銀行做為劫持者，歐債便可能惡化到威脅歐洲的整合，猶如日本恐怖片中的貞子，不時出來嚇你一跳！

說到底這關乎一九八〇年代以來，新自由主義帶來的資本主義金融化、金融資本全球化與去監管化的問題。對金融產業來說，有人借錢才會有人賺錢，大家都被鼓勵不斷借貸，世界遂踏入一個大債時代。金融全球化製造了信貸泡沫和資產泡沫，這才是歐債問題核心，也是全球金融危機原因所在。

試想，若不是希臘過去太過輕易借貸，希臘債務也不會如脫韁之馬。若不是因為資本主義過度金融化，銀行也不會大到不能倒，還要國家去拯救，加深了主權債務危機。若不是金融資本去監管化，得以在全球化過程中全速前進，跨越國境，不擇手段追逐利潤最大化，金融罪行便不會如此肆無忌憚。面對這樣無邊無際的金融罪行，被捲入金融全球化的小國，可能已經無法控制自己的命運了。媒體成功地把我們的視線從金融詐欺轉移開去了，一切都是歐豬五國自食其果。就好像我們一味指責那些吸毒者，卻對販毒者視若無睹，無法道出兩者如何互為因果，這正是國際社會需要回答的問題。

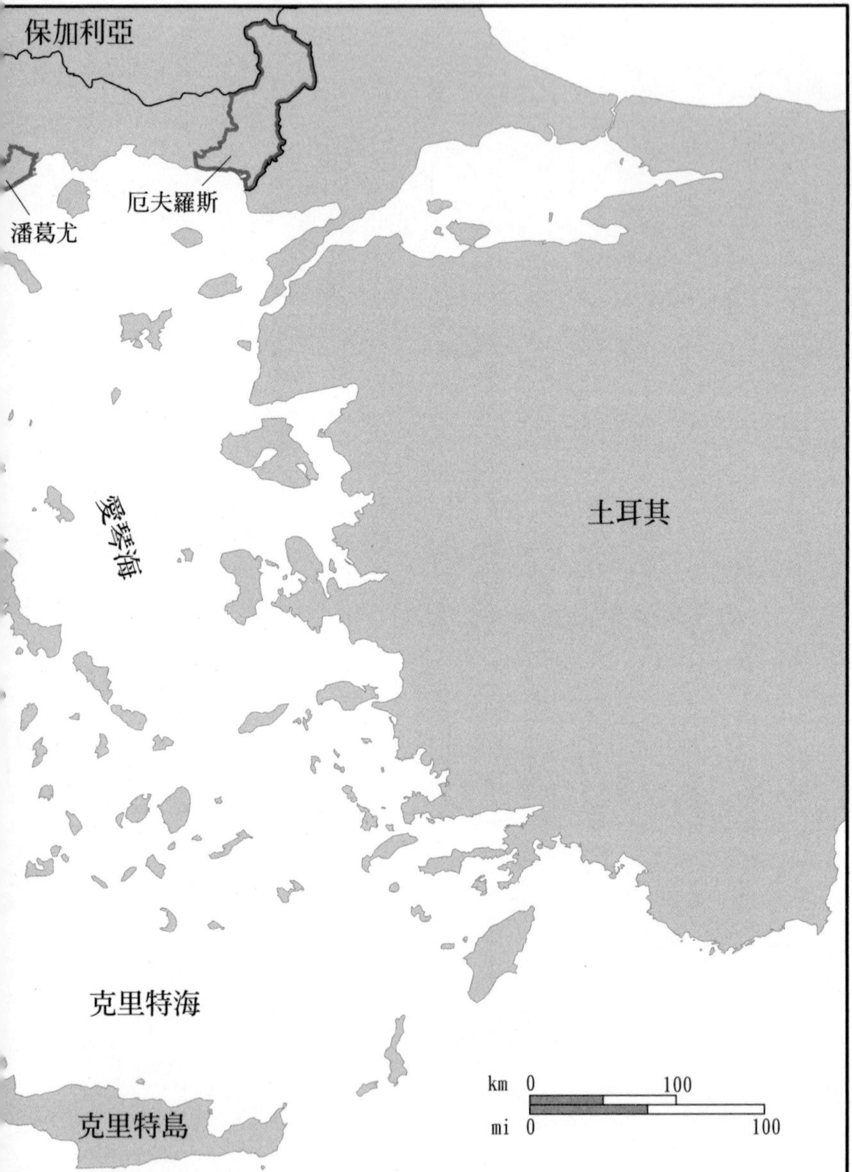
保加利亞
厄夫羅斯
潘葛尤
愛琴海
土耳其
克里特海
克里特島
km 0 100
mi 0 100

馬其頓
（前南斯拉夫共和國馬其頓）
義大利
阿爾巴尼亞
塞薩洛尼基
希臘
愛奧尼亞海
伯羅奔尼撒半島
札金索斯島
斯巴達
地中海

引言

我們全是希臘人。

——英國浪漫派詩人雪萊（Percy Bysshe Shelley），一八二一年

三月二十五日是希臘獨立紀念日。在二〇一四年的這一天，希臘人慶祝獨立革命開戰一百九十三週年，最後如願脫離鄂圖曼帝國統治。這天，舉國上下男童打扮成山賊革命軍游擊隊員，穿著白色百褶裙和白長襪，頭戴圓筒紅氈帽，腳踩飾有毛球的木底鞋（clogs）。女童穿著傳統服飾，纏著流蘇頭巾，身上的豔麗裙裝繡著各地互異的棱角圖形。在獨立紀念日前夕，學童在學校禮堂表演話劇，重現鄂圖曼宰制希臘人幾世紀的苦難。伯羅奔尼撒（Peloponnese）半島西南角屬於麥森尼亞區（Messenia），有個山谷小鎮上演話劇，一位革命盜賊扮相的青少

年從舞臺右方登臺，表達想為自由奮戰的渴望：「我能做什麼？我活不下去了！我心胸沉重，受不了土耳其人的奴役。」飾演母親的女孩裹著黃頭巾，勸他認分當牧羊人、養家餬口，但他不從。「母親，取劍予我，給我那支沉甸甸的步槍。」在愛琴海的桑托里尼（Santorini）島上，一群年紀小到連路都走不穩的幼稚園小朋友，腳步遲疑地圍圈跳著「札隆戈舞」（Dance of Zalongo）給父母看。這首民謠敘述希臘西北方的伊皮魯斯（Epirus）山區民眾在鄂圖曼的統治下集體自殺，婦女也紛紛抛嬰跳崖自盡的故事。藉著擴音器，當悲歌播到「再會了，悲慘世界，再會了，甜美人生，還有你，我悲慘的祖國，永別了」時，這些桑托里尼島的幼童幾乎跌成一堆。

每年，獨立紀念日的活動大同小異。儘管這次是我首度在希臘慶祝，但在紐約長島長大的我仍認得出許多習俗。我父母是希臘移民，他們規定我要去附近的希臘東正教教會學希臘文，上主日學班。教會是發揚祖國文化的海外據點，因此傳統毛球木底鞋、圈舞、對抗土耳其暴政的教條等，我從小就熟知了。話雖如此，這一年在希臘，顯而易見的是，尋常的慶典帶有更深遠的涵義。大約四年前，希臘瀕臨破產邊緣，而由於希臘是歐元區的會員國，希臘一倒，極可能掀起全球金融風暴。為避免災難一觸即發，俗稱「三頭馬車」（Troika）的歐盟執委會、國際貨幣基金、歐洲中央銀行，不顧德國等北方數國的質疑，決議力挺希臘，好讓希臘有能力慢慢償還巨額債務與利息。三頭馬車保證，未來幾年將提供數百億歐元分期貸款給希臘。歐盟領袖與國際貨幣基金認為，介入的性質無異於「伸出援手」，但希臘民眾普遍對此存疑。原來，金援的決策有但書，附記在希臘民眾稱為mnimonio的紓困備忘錄裡，其中許多條款讓民眾無法接受，例如薪資和年金必須縮減。國內政策幾乎全數讓給三頭定奪，而三頭也利用希臘破產在即的威脅，借力使力，強迫希臘服用改善金融體質的藥方。奈何這帖藥效果不彰，希臘金融風暴即將陷入經濟大蕭條期的層次，因此紓困案實行不到兩年，又需要再來一帖。總計，希臘的貸款擔保高達二千四百五十億歐元，債務重整的規模之大是史上首見，它犧牲債券投資散戶的利益，打消掉一千零七十億歐元的未償債務。此外，歐洲央行為挽救岌岌可危的希臘銀行，不斷以低利短期貸款挹注。為報答紓困方案，希臘政府承諾大幅改革治國之道，上至漏洞百出的稅捐制度，下至高溫殺菌乳的販售期限，幾乎無所不包。金援的要求條件詳盡，例如希臘羊奶起司通關程序簡化、成立全國性的地籍事務所系統，這些要求顯示三頭嫌希臘欠缺自我改革的能力，必須嚴格監督。為了貫徹規定，三頭專家每季前往希臘查核進度，若希臘無法照規定改進，定期發放的款項則保留不發。簡言之，希臘人民將在被迫在持續高壓下改革。因此，對於許多希臘公民而言，金援反倒比較像又被外國強權占領。獨立紀念日一到，很適合反省當前處境。

這一天的舉國沉思大部分在教堂裡進行。並非全然湊巧的是，希臘獨立紀念日和天使報喜節是同一天，基督徒相信天使報喜節是天使長加百利宣布上帝之子將藉由聖母子宮降臨人間。建國人士認為，在救世主成胚胎的同一天獨立，最能彰顯文明古國脫胎成為現代希臘的寓意。基督教義和建國之道的共通點不勝枚舉。自古以來，希臘的主體性一直與東正教密不可分。希臘文的「革命」(epanastasis)近似「復活」(anastasis)，而獨立戰爭也富含「復活」相關語——古希臘重新站起來了。因此，在獨立紀念日這天，衣著正式的希臘人，包括臉色嚴肅的高官與掛滿勛章的將領，魚貫進入全國各地教堂，聆聽大鬍子神職人員傳道闡述基督和國家化身的意義。雅典東邊小鎮司帕達（Spata）有間小教堂，一名福態的牧師披著呼應希臘國旗顏色的藍白色祭服，站在祭壇前，信眾則在他面前攤開一面國旗。牧師訴說土耳其人屠殺希臘人的往事，信眾也為之淚流，接著牧師宣讀革命英雄的姓名。科羅寇卓尼斯（Theodoros Kolokotronis），最受景仰的革命游擊隊戰士。「在此！」一名男信眾呼喊。波札里斯（Markos Botsaris），為國捐軀的革命英雄。「在此！」波柏里納（Laskarina Bouboulina），資助革命艦隊的富家寡婦，後因與鄰居吵架而中彈身亡而非戰死。「在此！」一女子回應。牧師說，這些革命烈士奮勇灑熱血，染紅了國土，冀望信仰堅貞的希臘能重獲自由。牧師接著問，今日希臘人承繼了這份聖禮，如何看待？「我們承繼了一個自由國家，卻再度把它送進奴役，」牧師以顫音說，彷彿潸然欲泣。「我們把自由掛在嘴上。兄弟們，哪來的自由。有權不得享，生活任人主宰，工作的酬勞被剝奪，哪來的自由。這種自由會奴役國家啊，」牧師說。「我們淪落至此，希臘的泥土因而嗚咽。」

慶祝紀念日的盛會在雅典舉行，氣氛也同樣凝重。希臘總統帕普利亞斯（Karolos Papoulias）年高八旬，二次大戰期間十幾歲的他曾參與抗戰，這天他坐在一小座天篷下閱兵，背後是新古典風格的國會大廈，線條素雅。一列又一列的軍人、坦克車、可移動導彈系統、大炮陸續出場。軍武場面壯闊，令人誤以為時空轉移到平壤，不太像歐洲某國首都。與歐洲其他國家相比，希臘素有狂購武器的名聲，喜歡在愛國節慶展示軍備。愛買武器並非沒道理，因為希臘持續和土耳其敵對，但縱情軍購卻也讓財政問題雪上加霜。更令閱兵儀式顯得突兀的是，到場的民眾不多。原來，政府基於安全因素，禁止民眾進入市中心大部分地區圍觀，但多數人心裡明白，政府忌諱的是大批民眾打著反撙節方案的旗幟示威。之前幾年，每逢慶典，必定引來抗議民眾鬧場。閱兵結束後，帕普利亞斯頂著隨輕風飛舞的稀疏灰髮，走向一簇麥克風，對電視機前的國民演說。「一百九十三年前，心胸宏遠偉大、英勇超絕的小民族展現道德勇氣，對抗鄂圖曼帝國，爭取自由，最後戰勝。今天，我們的人民也在奮戰，想掙脫債主的鉗制。歷史證明，我們終將戰勝。」

歐盟和國際貨幣基金等債主，或許期待希臘對其相助表示感激，但帕普利亞斯在演說中並未致謝。二十幾年前，歐洲國家簽訂條約，正式成立歐盟，而建立歐元區的宗旨是促進歐洲各國手足情誼，總統閱兵演說也未表達這份理念。歐陸史上各國激戰無以計數，如今經過幾十年協商，意在組成一個合作無間的政經聯盟，最後孕育出大家以為能終結戰禍的歐元。

歐元誕生後的幾年間，運作情況似乎皆大歡喜，希臘人尤其高興。歐元誕生後兩年，希臘在二〇〇一年元旦正式採用歐元，但一年後才啟用歐元紙鈔和硬幣。為了順應希臘字母，歐元紙鈔上也印有歐元的希臘文ΕΥΡΩ。希臘版的二歐元硬幣則以希臘神話為主題，刻上化身為公牛的宙斯拐走裸胸閨女歐羅巴（Europa）的神話場景。德國比希臘富好幾倍，財政措施也比希臘審慎，全球公認德國是投資最穩當的國家之一，而在希臘初入歐元區的幾年，貸款給希臘政府的風險竟然僅比德國略高一些。進入歐元區後，希臘政府借錢容易多了，於是慷慨為公務員加高薪，提升年金福利，斥資數十億歐元籌辦二〇〇四年雅典奧運。輕鬆到手的錢如流水，供希臘人揮霍，造福了歐元區其他國家的經濟（例如希臘人喜歡買德國車）和希臘本身的經濟（國內餐廳、商家生意興隆，營造業蒸蒸日上）。從進入歐元區那年起，到二〇〇八年底金融危機殃及希臘為止，希臘的GDP以平均每年將近四%的速度暴漲，超越了愛爾蘭以外的歐元區所有國家。

我也見證到財富增加的某些現象。在一九八〇年，小時候的我，有幾年去希臘祖母家過暑假，她家對面是古科林斯（Corinth）遺跡，從她家前院就看得見一座阿波羅神殿僅存的七根石柱，屹立在深藍色的科林斯灣前。祖母家所在的村莊圍繞古蹟而立，民風淳樸且多數村民以農為業，與我長住的長島郊區有相當大的落差。我祖母家最先進的科技是一臺淋浴用的電熱水器，這樣就不需為了洗個熱水澡還得用瓦斯燒熱水。祖母家附近有一位很窮的老婦人，住在搖搖欲墜的石屋裡，好像連自來水都沒有。我那時候常去科林斯灣游泳，記得有時見她拿著肥皂、戴著浴帽，以海為澡盆。老婦人的情況固然是例外，但仍足以證明，即使希臘經濟起飛了，窮日子仍屬於不久前的事。十年間，我斷斷續續來希臘，觀察到某種轉變。長久以來，很多希臘人靠僑胞親戚匯款貼補家用，一九八一年加入歐盟前身的歐洲共同體後，希臘國民像挖到新金礦。儘管希臘開發較落後，經濟也比不上歐洲先進國家，但躋身歐洲共同體後，希臘開始領到歐洲共同體的農產補助金和基礎建設資金。除此之外，當時由帕潘德里歐（Andreas Papandreou）領銜的左傾泛希臘社運黨（PASOK）新政府上臺，錢大筆大筆借，然後想辦法撒給全民，加薪連連，但也助長通貨膨脹，增加國債。當時的泛希社運黨成立不到十年，柏克萊經濟學者出身的帕潘德里歐走社會主義路線，支出毫不吝嗇，一副救世主的模樣。在這種環境下，很多家庭開始買高級車，裝修房子，也經常買不動產自保，免受希臘幣急貶的風險。就這樣，生活水準持續走高。有一年我在希臘過完暑假後，記得當時心想，希臘的物質條件改善很多，不再是遠遠比不上美國郊區了。我那時候的想法是，「脫胎成為現代國家，一定不是一件很難的事。」後來我祖母過世，我比較少進村子，但進步的速度似乎有增無減。希臘加入歐元區幾年後，我回村子一趟，發現多了幾棟別墅和時髦咖啡廳，路上有更多雙B。

入歐後，貸款變得便宜，助長榮景，與其說是反映希臘經濟基本面健全，倒不如說是顯示投資人有信心。因為投資人相信，成為歐元區國家後，對希臘財政穩定是一大保證。後來，雷曼兄弟（Lehman Brothers）金融公司倒閉後，這份信心才開始瓦解，導致投資人檢討全球投資的安全性。信心動搖時，歐元區漸漸出現一種令人憂心的分歧走勢。被視為弱不禁風的歐元國家，包括希臘在內，貸款的利率攀升。反觀德國，由於投資人急著找避風港，就算把錢晾在德國生不出利息也好，德國的利率因此開始下降。

但為希臘捅出大婁子的事件直到二〇〇九年十月才爆發。政府該年預算赤字不是GDP的三．七%，而是大幅修正的一二．五%。隨後更陸續上修，最後超過一五%。一方面來說，二〇〇九年金融風暴席捲全球，各國預算赤字上修情有可原。然而，希臘上修的幅度超大，而且入歐後希臘年年上修，幅度都不小，種種跡象看在歐盟主計機關的歐盟統計局（Eurostat）眼裡，認定希臘政府在赤字和國債數字上「廣泛誤報」。在希臘，會計數字大幅修正是慣例，尤其是在選舉過後。二〇〇四年，選後變天，由右傾的新民主黨（New Democracy）執政，新政府指稱，甫下臺的執政黨泛希社運黨在位時胡搞數據。這也顯示了希臘申請入歐元區時提出的主計數字造假。當時入歐的條件是申請國必須符合「趨同準則」，例如年度赤字不得超過GDP的三%。到了二〇〇九年，泛希社運黨奪回政權，聲稱當年大幅修正的原因是新民主黨隱瞞了真正的支出。希臘政壇鬧得滿城風雨，全球不太想關心，但外界領悟到的問題本質在於，希臘的主計方式重伎倆而輕科學，金融情勢猶如垂掛在一顆急速洩氣的氦氣球下面。希臘宣布初步修正後兩天，信用評等首度遭調降，各機構緊接著也宣布降級。不久後，希臘完全無法在金融市場再借錢，想借只能忍受高利貸的欺壓。

希臘是小國，人口僅大約一千一百萬，以漂亮的小島海灘、大理石古蹟、古代哲學家聞名，世人並不重視它的經濟地位，認為它即使崩解，也不至於對全球金融產生巨浪。問題是，希臘是歐元區的會員國，這份特殊的地位足以掀起比國家大幾倍的狂濤。德法兩國的銀行是希臘最大的外國債主，在歐洲銀行體系已舉步維艱之際，希臘若突然倒債，可能進一步動搖歐洲金融。迅速明朗化的另一件事是，歐元本身的設計有幾個缺陷。例如，歐元會員國假如破產，被迫回歸國內原本幣制，情況會怎樣？創始人認真設想過嗎？似乎沒有。愛爾蘭和西班牙房市泡沫破滅後，也正面臨不少問題，迫使政府介入，搶救國內銀行。義大利和葡萄牙的財經狀況也不佳。如果希臘倒了，接著倒的是哪一國？歐洲領袖當年構思的「單一穩定貨幣」如今遭逢重大威脅，危機起始於希臘。

希臘的正式國名是希臘共和國（Hellenic Republic），當年歐洲籌備合體時，把希臘納入考量，主因是希臘在歐洲大陸的象徵意義重要。畢竟，歐洲之名Europe源於希臘神話美女歐羅巴。更何況，歐洲國家共同的傳統源於希臘，而希臘更是民主制度和西方文明的發祥地，沒有古希臘，哪來今天的歐洲？希臘在一九七〇年代申請加入歐洲共同體，當時的法國總統季斯卡（Valery Giscard d' Estaing）是歐盟創始人之一，他相信希臘是「所有民主國家之母」，因此不宜將她屏除在外。可惜的是，日後希臘惹了大麻煩，似乎曝露了這種想法多麼不切實際。希臘債主有權揭開正統政權的表象，有權檢查希臘政府的五臟，所到之處發現幾乎遍地是毛病。希臘政壇根深柢固的一種傳統是，對特定團體釋放社福利益以換取選票，而最亟待援手的族群通常只有喝西北風的分。逃稅是一種全民運動，而稅捐人員竟然經常跟逃稅人串通。公務員是終身職，很多人並非資歷夠好。而是仗著姨媽或表哥認識市長或國會議員，裙帶關係導致公共行政效率嚴重低落。官僚體制不夠透明，外人無法理解其中的運作，執法也鬆散，使得政客明目張膽貪汙，也不用太擔心會被逮個正著。希臘的年金制度龐雜，財源不足。建築法規不受重視，導致違建多達一百萬戶。希臘的司法通常慢吞吞。公立中小學喊窮，希望子女進大學的家長只好掏腰包請家教。

這不是歐盟創始人當年憧憬的二十一世紀會員國。德國《明鏡週刊》（*Der Spiegel*）在二〇一二年訪問法國前總統季斯卡時，季斯卡似乎後悔了。「我講一句坦白真心話好了，當初納入希臘是一項失策，」他表示，身旁受訪的人正是他的老搭檔，也是德國前總理施密特（Helmut Schmidt）。「簡單說，那時希臘還跟不上腳步。希臘基本上是個東方國家。」談到這一類話題時，歐洲人用到「東方」一詞並沒有恭維的意思。換言之，希臘有別於水準較高的歐洲，是偏向於中東、比較落後的國家。接著，季斯卡對施密特說，「我記得你在一九八一年決議把希臘納入歐洲共同體之前，曾表達過疑慮。當年你的腦筋比我靈光。」

歐洲人對希臘的「歐洲性」具有兩極化的觀感，自從希臘獨立至今，這種觀感一直很鮮明。獨立戰爭期間，受過高等教育的歐洲人立志復興他們景仰的古希臘，以財物資助希臘叛軍，督促本國政府軍援希臘以爭取獨立成功。（因此，值得深思的不僅是「沒有希臘，豈有歐洲」，也應反問「沒有歐洲，豈有希臘」。）最後，英、法、俄支持獨立革命運動，保證貸款給初生的希臘國（後來被倒債）。英國浪漫派詩人紛紛以意識形態加油。一八二一年，也就是希臘革命戰開打的那年，雪萊寫下〈希臘〉（Hellas）一詩：

另一雅典將昂起，
如夕陽為天增色，
以盛世金碧，
遙照遠古聖哲。
若光輝無以為繼，
且留天地能授受之燦麗。

但反過來說，當時的歐洲人對希臘人通常也有恨鐵不成鋼之憾，認為現代希臘比不上前人的偉大，就連嚮往雅典復興的雪萊也對這份願景存疑。希臘革命期間，雪萊和友人崔隆尼

（Edward John Trelauny）來到義大利一港口，為了認識希臘船員而搭上希臘商船，事後崔隆尼記錄過程，顯示兩人對希臘人觀感不佳。「他們三兩成群蹲在甲板上，嘶叫著，比手畫腳，抽菸，吃著東西，賭博，活像野蠻人，」崔隆尼寫道。他也記下，船長擔心生意受影響而不支持革命。

「雪萊，這符合你對希臘精神的憧憬嗎？」崔隆尼問。

「不符合！但這倒是很符合我對地獄的看法，」雪萊向崔隆尼表示。「我們走吧！這裡不見一絲古希臘氣魄。這些人無法重燃古希臘之火炬。」雪萊接著說，「我寧可守著我的希望和幻夢，不願它們再被無情的現實奚落嘲弄。」

長久以來，希臘人也飽受這種自我形象漲跌搖擺之苦。希臘獨立成功時，英國浪漫派詩人對希臘寄予厚望，對史詩般的歷史崇敬有加，但希臘農人在這方面的感受不比歐洲人強烈，因為農夫從未讀過柏拉圖或悲劇詩人尤瑞皮底斯（Euripides），而且不太崇尚啟蒙時代的理想。就歐洲人的想法中，啟蒙意識源於希臘。但如今希臘反倒比較奉行東正教的保守意識。新希臘國後來成功教育國民，讓國民對遠古懷抱無限驕傲，但灌輸這種思想也賦予國民歷史包袱。古人的成就流傳千古，拿現代的自己去相較，注定自尋苦惱，常常引來一股揮之不去的自卑，歷史壓力之沉重，世上少有其他民族能比。希臘人有句俗語最能傳達這份苦悶：「我們把光明獻給世界，自己獨守黑暗。」然而，希臘人也常自視甚高，仗勢著文明古國的背景，以上帝欽點的子民自居，高人一等。我反覆聽見希臘人如此貶損北方的歐洲國家：「我們過文化生活的時候，他們還住在山洞裡呢！」因此，希臘人常覺得，被帶出山洞、引向光明的歐洲人理應感激才對。希臘人有時拿這些觀念自我哄擡形象，副作用是讓國民更不滿國家屈從於債主的現勢。再怎麼說，虧欠希臘的是歐洲人。

　　山洞原始人不甘示弱，把希臘比擬為長了壞疽的手腳，公開探討截肢手術是否明智，是否應將希臘逐出歐元區。德國是歐洲最大的經濟體，也是希臘最大的債權國，特別猶豫該不該扶持希臘。德國遲疑的跡象一出，更加深市場的恐懼心理，認定希臘和歐元即將步上絕路。歐元區待援國家還有愛爾蘭、西班牙、葡萄牙、賽普勒斯，但德國人最不屑的國家是希臘，原因不僅是希臘需求的金援是其他國家的總和，也因其他國家金融風暴的起源是政府為了救國內胡搞的銀行而被拖下水，希臘則是國內銀行原本運作良好，卻因政府本身的缺失而釀成浩劫。德國人比較不在乎銀行和消費者的失誤，而是苛責不知節制的政客和國民，並認定希臘政府怠忽職守，悖離歐盟成立宗旨。二〇一二年二月，美國財政部長蓋特納（Timothy Geithner）與歐洲數國財長餐敘，談話內容後來由《金融時報》（*Finacial Times*）取得，顯示歐洲財長對蓋特納表達的感想是：「我們想給希臘一個教訓。希臘人真的很糟糕，竟敢騙我們。他們很爛，不知檢點，占盡了我們便宜。我們打算壓得他們站不起來。」蓋特納接著說，當時的態度是：「絕對要祭出重懲。」

最初紓困協議具有懲罰性質，換言之，也就是棒打債務國。如此才能稍稍緩和德國選民對於金援希臘的不安。德國總理梅克爾（Angela Merkel）特意向選民強調這份協議的強硬性，同時向選民保證，希臘已受到適度譴責，而且會避免有恃無恐的道德風險。其他歐元國家也將「盡其所能避免道德風險」，梅克爾於首次紓困後如此告訴德國報紙《週日畫報》（*Bild am Sonntag*）。許多希臘人也盡了本分，盡量不要趁機撈錢。設想一下，假如一家公司的經營團隊宣布減薪裁員計畫，辦公室裡的氣氛會變得多麼低迷。在希臘，同樣的低迷氣氛籠罩著全國。為接受首次金援，希臘承諾大規模撙節，在國會表決撙節法案之前，希臘工會舉行全面罷工，國會大廈前聚集了大批抗議民眾。國會裡的許多議員在位時忙著散財灑福利，如今卻想收回，國會外的民眾豈能坐視？抗議者一度企圖硬闖國會大廈，場面混亂，鎮暴警察釋放催淚瓦斯，逼得身穿傳統革命游擊隊服飾的儀兵丟下崗位，棄守無名烈士紀念碑。附近有家銀行被暴民縱火，造成三名員工喪生，其中一名是孕婦。罷工示威，這還只是開端。接下來四年，全國各地發生的抗議示威超過兩萬次。

很多希臘抗議者明明知道，在希臘史上，內政被外國掌控是常態。例如在一八九三年，希臘最大出口商品醋栗在全球市場價格暴跌，國內面臨至今仍有的問題：稅收不足、軍事開銷沉重、公共行政揮霍無度，因此希臘在一八九三年倒債了。歐洲各債權國紛表不滿，德國更是氣炸了，呼籲國際接管希臘金融業，以確保希臘償清債務。為達此目的，各國幾年後在希臘成立國際金融委員會（International Financial Commission），當時希臘剛和鄂圖曼帝國打完一場短暫的戰爭，吃了敗仗，國勢衰弱。委員會負責監督希臘金融，直到二次大戰為止，任務是徵收印花稅和菸草稅，建立海關稅制，收取火柴、菸紙、鹽等國營製造商的營收。在委員會干預下，改革有些成果，例如希臘能建立信貸信譽，因此能額外再貸款，但希臘人對外國干權感到深痛惡絕。

如今，希臘覺得國家前途再度落入債權監督國的掌握。不同於希臘人的看法，這些新的監督國家卻預測希臘前景看好。首次紓困方案規定的結構重整和減薪，勢必能修正景氣繁榮時期的不知節制，能快速提升經濟競爭力。根據三頭馬車的初步預測，改革措施在二〇一二年將展現成果，希臘將再度成長，將能再向金融市場貸款，失業率最高不會超過一五％左右。預測指出，儘管希臘國債將增至險境，最終將能全數償還。當時有一份歐洲委員會報告指出，希臘必須「逆潮水而游」以符合上述目標，因為減支必須在經濟負成長期間進行。事後證明，這份報告太輕描淡寫了，三頭的預測也樂觀如癡人說夢話。很多經濟學者知道，在經濟蕭條期間縮減政府支出、降薪、增稅，很可能讓經濟更衰退。三頭嚴重低估了雪上加霜的程度。國際貨幣基金主管後來承認預估有誤。

對眾多希臘人而言，經濟衰退比預期來得嚴重，而且失業率激增，顯示首次紓困無法發生作用。因此在二〇一一年秋，歐洲國家領袖和國際貨幣基金總裁在布魯塞爾深夜協商，敲定第二次紓困協議，這時希臘人已經嘖有煩言，不願再遵守另一份備忘錄。當時的總理是泛希社運黨的喬治・帕潘德里歐（George Papandreou），也是創黨人安卓亞斯・帕潘德里歐的兒子。他心生一計，希望藉公投為紓困協議增加法律效力。然而，公投的想法一宣布，歐洲各國領袖震怒，認為他們辛辛苦苦協商出的方案豈能任由希臘選民擺布。帕潘德里歐出生在明尼蘇達州，唸過安默斯特學院（Amherst College），仍保留一絲美國腔（被希臘人奚落是「小美國人」），而且因首度紓困失利而人氣跌進深谷。他禁不住國內外責難的聲浪，放棄公投的點子，被迫黯然下臺。曾任歐洲央行副總裁的帕巴德莫斯（Lucas Papademos）接著執政，領導臨時政府，執行單一任務：讓二度紓困案過關。希臘國會在冬夜裡表決通過重大縮減提案，以換取二度金援，當晚民眾聞訊，在雅典爆發激烈抗爭，罩頭青年在鬧區建築物縱火，全城宛如戰區。民主發祥地的民主如此運作，情何以堪。

二〇一二年五月，希臘舉行國會改選。二度紓困案推出至今，人民首次有機會以選票表達立場。到這時候，明顯可見的是，政壇已陷入失序狀態，反金援政黨趁勢興起。希臘激烈左翼聯盟（Syriza）融合了幾個極左翼團體，誓言取消紓困協議，恢復社福支出，因此民氣暢旺。激左聯領袖聲稱，希臘已成德國新自由派政權的殖民地，誓言向德國索討二次大戰賠償金。希臘右翼選民不惜走極端，轉而支持金黎明黨（Golden Dawn）。金黎明黨擺明走新納粹路線，卻不承認自己是新納粹政黨，最初在雅典中下階級聚集的中區發跡，結夥在街頭鎖定黑皮膚移民，加以攻擊，藉此壯大聲勢。金黎明黨強調希臘民族優越感，誓言以國家利益優先，廣獲民眾支持。

五月國會選舉開票，激左聯小輸右傾的新民主黨，屈居第二，金黎明黨則順利進入國會殿堂。這次選舉中，沒有任何一黨的總票數足夠自組政府，因此六月再選一次。在二度選舉之前，希臘似乎陷入難以治理的亂局。激左聯黨魁年輕，不打領帶，曾是共產運動青年，選舉時揚言拒償希臘債務，全球唯恐激左聯勝選，金融市場因而大地震。把希臘趕出歐元區是不是上上策？德國政壇再次公開探討。「希退」（Grexit）成了常用詞。希臘民眾擔心提款機不久後將吐出沒價值的希臘幣，急著從銀行帳戶提款，擠兌現象嚴重，原本就不穩的信心更加動搖，創造不出適合經濟復甦的氣候，希臘的問題當然更形嚴重。

六月再選舉時，新民主黨針對希望留在歐元區的選民，以保險的選項自居，最後險勝。由於總票數最多的一黨能在國會再添幾席，新民主黨得以組成聯合政府，收編先前的仇敵泛希社運黨。新總理是薩馬拉斯（Antonis Samaras），碰巧也是安默斯特學院的校友，曾和帕潘德里歐同寢室。新總理向歐洲各國領袖保證，他將遵守二度金援協定，一反先前批判首次金援的反對黨立場。德國總理梅克爾擔心萬一薩馬拉斯垮臺，繼任人選更糟，因此禁止國內官員批評他，轉為稱讚希臘的改革魄力。

希臘獲救了，但到這階段，被千刀萬剮的希臘已奄奄一息。希臘有位旅館老闆曾以一語向我道盡國家困境：「希臘先是自己惹麻煩，然後碰到三巨頭帶來的麻煩。」我覺得這話能反映希臘危機。把希臘逼向財經懸崖的是希臘自己，但歐洲債權國和國際貨幣基金也鑄下大錯。持平而論，急著化解危機的債權國也面臨特殊的嚴峻考驗。最初歐盟面對希臘危機莫衷一是，後來下的猛藥太重，財政撙節措施弄巧成拙，結果害希臘陷得更深。儘管加稅減支的用意是改革希臘金融，國債的比重卻持續攀升。希臘原本從歐元區撈到不少好處，如今卻因身為歐元區會員國，刺激經濟成長的選項嚴重受限。由於無法掌控貨幣政策，也無法藉貶值來提升出口競爭力，希臘唯一的希望是減薪，讓希臘產品變便宜，藉此強化出口。無奈的是，減薪的副作用是殘害國內消費，出口額雖然小增，卻無法抵銷消費減少的副作用。在此同時，希臘仍達不到金援備忘錄明訂的幾項改革措施，例如督促希臘廢除只造福強勢利益團體的官僚規則，讓經濟更開放，也促進競爭力。

到了希臘慶祝獨立紀念日的時候，經濟已在六年間萎縮二五%。不久後，在觀光業幫助下，微幅成長重現，但重振經濟所需的持續穩健成長仍是遙不可及的夢想。失業率始終在二八%的高峰居高不下。很多民眾認為留在國內沒有未來，於是出國求職潮湧現。希臘報紙刊載學童上課餓昏的新聞。雅典市區和郊區出現成排的倒閉商店。教堂和市府提供糧援，饑民大排長龍，隊伍環繞整個街廓。冬天來了，雅典上空飄著有害健康的煙流，因為暖氣用油太貴，市民寧可燒柴取暖。希臘國債是危機的源頭，這時候國債大約是GDP的一．七六倍，接近巔峰。打從紓困案一開始，只有一小部分的金援貸款直接供應政府運作所需，絕大多數的錢用來應付舊債的本息，幫助銀行重組資產。金援希臘救到了歐元，但所有數據顯示，希臘快支撐不住了。

為求生存，保守派領導的政府盡量報喜不報憂。希臘除了微幅經濟成長外，也取得小小的「基本財政盈餘」（primary surplus），意思是國家收入能應付本身的支出，但不包括債息在內。巨額赤字拖垮希臘，現在這一點改善算是成果亮麗了。希臘也在債券市場客串，這是首次金援之後第一次面世，表現相對而言出色。可惜，債券登場和基本財政盈餘的概念太抽象，鼓舞希臘民心的作用有限。政府就算大幅改善了預算，但希臘家庭經濟卻變得更糟。

二〇一五年初，希臘選民厭煩了經濟低潮和紓困備忘錄的宰制，把幾年前啟動的新政局徹底洗牌。一場霹靂大選過後，激左聯取得決定性的勝利——至少以小黨林立的希臘危機期國會席位而言。新任總理是齊普拉斯（Alexis Tsipras），一上臺立刻誓言不再屈從於三頭馬車，並拋棄金援備忘錄，中止「撙節災難」。他領軍的政府表示，將與債主另立較有利的協議，一方面讓希臘續留歐元區，另一方面能減輕債務負擔，讓希臘有金融餘裕，足以照顧社會福利。

廣大希臘民眾將新政府的宣示視為重新伸張主權，但歐元區領袖則解讀為頑強抵抗、肆無忌憚。德國尤其不滿，德國執政黨要求希臘遵守現行紓困協議，質疑希臘政府怎能出爾反爾還敢伸手要錢或要求舒緩債務，畢竟希臘此舉影響到德國和其他歐洲國家納稅人的荷包。雙方談不攏，相持不下，烏雲再次籠罩希臘與歐元區的未來，「希退」又成為口頭禪。儘管激左聯面對三頭展現魄力，廣受希臘民眾擁戴，憂心忡忡的存款人則開始跑銀行，把歐元轉存國外，令人擔心擠兌風潮再起。在國家稅收方面，由於許多希臘納稅人預期激左聯能減輕人民負擔，索性不再繳稅，竟讓才執政幾週的新政府急著為了償債和避免倒債，忙得焦頭爛額。

激左聯和前任執政黨都遇到相同難題，金錢和時間都不夠用，不得不向債主低頭。希臘新政府為了換取有限的讓步，同意延長紓困案幾個月。而人人喊打的備忘錄也跟著延宕，只不過新政府的這份協議寫得模棱兩可，好讓希臘當權者事後得以抵賴。協議定案後，雙方多了一點時間，可盡量協商出一套規模更大的方案——基本上算是第三度紓困。這次金援的條件協商起來煙硝味濃。無論結果如何（按：已在二〇一五年八月中旬通過），勢必對希臘的政經局勢再掀波濤，讓脆弱的希臘經濟再受打擊，還得慌忙調頭寸。第一次紓困至今五年了，希臘在歐元區的地位似乎不變，同樣是岌岌可危。

話雖這麼說，激左聯勝選後，許多希臘民眾似乎立刻拋開煩惱，歡欣鼓舞，感覺像重獲民族自主權，即使這份感覺再短暫再虛幻，也值得慶祝。「希臘不再是一直聽話的可憐夥伴，不會再乖乖做功課了，」齊普拉斯上臺不久後在國會演說表示。「希臘有聲音。她自己的聲音。」廣大希臘民眾一時之間支持認同。終於，他們覺得，國家總算掙脫債主的鉗制，重獲獨立自主。

三

我首度以記者身分前往希臘是在二〇一一年底，當時想為《華爾街日報》寫一篇有關數百名假盲人詐領補助金的報導，而踏上了位於愛奧尼亞海（Ionian）的札金索斯島（Zakynthos）。翌年，我也盡量抽空到希臘採訪多次。我對希臘既熟悉又陌生，經常被它搞得一頭霧水。本書裡的報導展現了我所看到的的政治殘局，那種長久以來重度畸形的政治秩序。本書也展望革新的跡象，預想將來陰雨朦朧的坎坷路。英文書名 *The Full Catastrophe*（全面鉅災）的靈感來自電影《希臘左巴》（*Zorba the Greek*）主角左巴（Alexis Zorba）的臺詞。這部一九六四年的電影改編自卡山札基（Nikos Kazantzakis）的小說。主人翁是活潑到出名的左巴，後來紅到被公認是最典型的希臘人，幾乎到了浮濫的程度，很多海外觀光客來到希臘，竟想從當地人之中找到左巴的影子。電影裡的左巴面對災禍，一方面感到哀傷，另一方面也視災禍為值得擁抱的轉機。歷史綿長的希臘人有數不清的災禍可喟嘆，但這次債務危機和隨之而來的經濟蕭條，在民眾心目中，其嚴重性讓希臘史上其他災難望塵莫及。在哀怨聲中，許多希臘人承認，這次危機的一大好處是讓國民醜陋面無所遁形，並凸顯對深度政治改革的需求。然而，希臘能否搖身一變，能否在促進社會公義、經濟自足的路上不至於跌得粉身碎骨，仍有待觀察。

1 盲人島

我願擁有財富，但不願坐擁不義之財；縱使正義步伐遲緩，正義終將到來。

——古希臘詩人梭倫（Solon）

在札金索斯島主要港口旁的廣場上，詩人索洛莫斯（Dionysios Solomos）的雕像瞭望著蔚藍的海面。索洛莫斯於十八世紀末出生在札金索斯島，獲推崇為希臘愛國詩人。他的作品〈自由頌〉（Hymn to Liberty）頭兩節成了希臘國歌的歌詞，其中一句是：「從希臘人聖骨萌生，英勇榮光復始，自由啊，萬歲萬歲。」這首詩創作於一八二三年獨立革命期間，當時希臘知識分子為了凝聚新國家意識，從兩千多年的歷史援引啟示。索洛莫斯的詩心也因此獲得推崇，他的雕像如今豎立在島上，右臂向前伸，擺出典型演說家的姿態，但事實上他本人可能不太擅長演講。寫詩時，追求完美的他改了又改，完成的作品少之又少，這首讚美詩是其一。

在二〇一一年十二月某日午後，我站在索洛莫斯雕像前，當時歐洲各國領袖與國際貨幣基金剛向希臘提出二度紓困案，要求希臘政要改變幾乎所有層面的治國之道。希臘政府積極表現出言聽計從，擁抱改革方針，著手根除希臘社會的部分貪腐亂象，此時引起國際媒體關注。在這段期間，歐洲人、美國人讀著報紙學會了一些希臘單字，像是「小信封」(fakelaki)等。小信封裡面裝著錢，作用通常如「潤滑油」，有利於推動政府機器，加速運作。在希臘，如果扭傷腳踝得去公立醫院一趟，看醫生不想等太久的話可塞這種小信封給對方。如果你家停電，電力公司派工人來你家，工人卻說今天不行，要等到明天回來再看看，這時你遞個小信封過去，問題就能立即解決。(「如果不塗點潤滑油，甭想辦事，」一位屋主如此告訴我，而我剛在他家門前見到無計可施的困擾。) 歐美人也學到一個源自土耳其語的單字rouspheti，意思是政客以支票換選票，讓選民獲得不義的公款。這兩種現象在希臘稀鬆平常，早在希臘加入歐盟、進入歐元區之前就有。然而，如今由於背後有債權國拿放大鏡檢視，這些惡習全被外界見識到了。我也不例外。我來到札金索斯島，目的就是報導這兩種現象交織成的一件醜聞。這事的風聲特別令希臘人驚愕而好奇——德國人亦然。我耳聞這消息的地方正是在德國。

當時我在柏林參加一場晚餐聚會，談到希臘，鄰座的一名中年男子在德國司法部上班，他問我是否聽過「盲人島」。接著，他向所有人說，他讀過一篇報導，得知札金索斯島居民以瞎眼為由詐領殘障補助金，人數多得不像話。同桌人明顯聽得津津有味，或許也有點憤慨。當時希臘即將領到大筆紓困貸款，德國是擔保人，最令德國人質疑紓困正當性的正是這一類新聞。在他轉述這件新聞時，由於我具有希臘血統，我邊聽邊悶悶地壓抑怒火。這些德國人啊！雅典水深火熱，你們偏偏去挑希臘人毛病！在那段期間，希臘正大刪薪資、年金、社福經費，也不顧分貝漸漸高的反對聲浪，即將強行通過刪減法案，以確保二度紓困。雅典爆發大規模示威抗議，希臘情勢似乎一觸即發。同桌人也許意識到我對希臘話題敏感，改談其他話題，不過我回家後連忙廣讀與札金索斯島相關的希臘和德國報章雜誌。希臘衛生部懷疑島民涉及詐領殘障補助金，據報正調查島上盲人數目異常的現象。詐領殘障補助金被希臘媒體譏稱為「猴戲補助金」，人數眾多，在希臘蔚為熱門新聞。

幾天後，我致電希臘衛生部，和副部長的一位助理交談。我原先的報導角度是，這一類國際版的醜聞，為何對誠實的希臘老百姓著墨甚少。可惜，我和助理的交談對這角度沒有幫助。助理說，札金索斯島三萬九千名居民中，去年有將近七百人申請到盲胞補助金，占了人口的一．八％。補助金每兩個月最多發七百二十四歐元，另有水電費打折等優惠。我後來發現，若以世界衛生組織在二〇〇四年期刊中發表的一份估計數字為準，島民盲人比例大約是許多歐洲國家的九倍。「詐領的例子不計其數，」助理告訴我。他說，不只在札金索斯島如此，詐領也不局限於盲人補助金。希臘每一縣的各種殘障補助都淪陷了。助理說，有證據顯示，每次選舉在即，殘障補助核發的數字就暴增。我問，衛生部是否有意向詐領人追訴刑事責任。他說，當務之急是終結這股歪風，而非懲罰涉案人。「抓幾個人丟進牢裡，到最後，恐怕希臘半數人口都會被押進監獄。」

訪問完後，我搭機至雅典，接著轉搭客運至伯羅奔尼撒半島西岸，坐上夜班渡輪至札金索斯島。在船上，我坐在戲院般的乘客區，椅背可調整，也設有杯座，電視播放著當天早上我在雅典國會大廈前目睹的抗議場面。主播指出，國際透明組織（Transparency International）的貪腐認知度指數排名中，希臘在歐洲墊底，水準和祕魯與摩洛哥差不多。船航抵港口時，我搭計程車去旅館，它位於全島人口最密集的札金索斯鎮裡。途中，我問司機有沒有聽過假盲人醜聞。他說他聽過，他稱讚政府終於盯上這一型的歪風。我下車前，他超收我幾歐元，而且給我一張舊收據，上面的數字接近我付的車資。我太累了，沒力氣抗議。

隔天一早，我被教堂鐘聲吵醒，聽見兒童玩耍的笑鬧聲，走向陽臺。這天是晴天，昨晚漆黑無月，看不見海，這時的愛奧尼亞海湛藍如風景明信片。旅館旁邊有一所小學，我向下看，見到學生正在集合，在操場上跑來跑去，直到一名穿著褪色牛仔褲的師長上臺。學童在他面前胡亂排成幾行，安靜下來。臺上的男子在胸前比劃十字，學童照著比。這間是公立學校，但希臘人對於政教分離的概念有些陌生。島上有不少阿爾巴尼亞籍移工，阿爾巴尼亞裔的小孩很可能信伊斯蘭教，排在隊尾，不跟著比劃。其餘學童則一邊比劃一邊禱告：「在此向聖父禱告，喔主耶穌基督，我們的上帝，發慈悲拯救我們吧。阿們。」學童加一聲「日安！」然後奔向教室。

我從一位在「福利處」工作的女士那邊取得受訪者的姓名與電話。福利處是「公共衛生暨社會團結總處」（Directorate General of Public Health and Social Solidarity）的俗稱，主管發放盲胞補助金。我聯絡的女士名叫瑪麗雅，當我走進辦公室，她在辦公座位上向我打招呼。她穿著及膝的皮靴，染紅的頭髮向後緊紮。她是比較年輕的公務員，全辦公室裡的電腦唯獨她這一臺開著。雖然上級決定買電腦，讓島上的公共行政現代化，但看樣子多數辦公程序仍未進入數位時代，也沒有人教老一輩的公務員使用電腦。瑪麗雅不知是受訪緊張，或是喜歡搞神祕，叫我把音量壓低，不然會被同事發現她正在幫我。她點燃一支超細菸。「所以說，你想瞭解盲人這件事，」她低聲說。她說她願意帶我過馬路去找鎮長，請鎮長詳細說明。她接著說，今天辦公室有人上班算我走運，因為昨天全體罷工，抗議減薪。她後來拿一張她領到的薪水支票，兌現了大約八百歐元。她說，比以前薪水短少幾百歐元。

鎮長是波茲季斯（Stelios Bozikis），辦公室位於一棟有圓柱和拱門的大樓，屬於威尼斯哥德風格。札金索斯島曾受威尼斯人統治數世紀，雖然舊建築在一九五三年的地震中幾乎全毀，但地方政府又照著原始建築重建。鎮長波茲季斯立刻接見我。大鼻子的他蓄著灰白茂盛的大鬍子。他以前和共產黨走得很近，但一年前鎮長選舉時獲中間偏左的泛希社運黨支持而當選。他喝咖啡，點菸抽著，背靠辦公椅向後仰，播弄著希臘人流行消磨時間用的念珠。我按下錄音鍵，還沒發問，他就開講。他對我說，當上鎮長後，他確定島民領取盲人補助的人數高於常態，每年耗費政府數百萬歐元。他說，多數盲人是假的。「我願親自帶他們去見地區檢察官，叫他們吐出所有錢來，」他說。「我絕不讓步。這種亂象不能在希臘持續下去。」他接著說，一切內情將「曝光」，因為公道是一種義務。以希臘政治人物而言，他給我的印象是高尚得令人存疑。他點名前任縣長和鎮上眼科醫生是詐領案的主謀。前縣長是中間偏右的新民主黨員。鎮長告訴我，我去醫院就找得到這位眼科醫生。至於前任縣長，他已經「失蹤」。

其實不然。同一天下午，我找到前縣長賈斯帕洛斯（Dionysios Gasparos）。他是泌尿科醫生，辦公室就在附近，位於一棟粉紅色三樓建築的一樓，房子有幾座陽臺。賈斯帕洛斯主掌縣政有十二年，直到二〇一〇年，希臘為精簡地方政府層級，革除了縣級政府。我按門鈴，應門的人是賈斯帕洛斯。他個子不高，灰髮塗油往後梳，聽我介紹來意後，賈斯帕洛斯以沙啞的嗓音回應，「診斷盲人的不是我。要找就去找眼科醫生。」然後他打住不說話，東張西望看有無鄰居旁聽。這時有幾條狗在街上吠叫。他邀我入內。

他的辦公室堆滿著文件，泛黃的牆壁掛著幾份醫學證書。我判斷，最近上門的病人不多。

他說，他很早就呼籲調查盲人激增的現象，責怪中央級的衛生部遲遲沒動作。「簡單一句話，他們在玩政治遊戲，」他指的是衛生部。「你要寫就應該寫這樣。」我在筆記本乖乖寫下「政治遊戲」。簽准發放盲胞補助的人是賈斯帕洛斯，但他要我瞭解，簽名只是官僚作業的一個步驟，這步驟能把錢轉給受益人，但證實受益人確為盲人的主事者不是他。「是眼科醫生啊！」賈斯帕洛斯說。「責任只在他一人身上。判定盲人的是那個醫生，不是縣長。」

「聽人說，你批准盲人補助，為的是爭取選票，」我說。

「胡說八道！」賈斯帕洛斯怒斥。

「我也聽人說，醫生收賄，才把正常人診斷成盲人，」我說。

他愣了一下。

「他收了錢嗎？」他的口氣大為鎮定了。「我哪知道？我根本連他都不認識。」辦公椅上的賈斯帕洛斯又向後仰，甩一甩念珠。「有人在批評他，說他收錢嗎？」他接著說，彷彿如此奸詐的事從未掠過他腦海。假如他真的從沒想過，全島沒聽過收賄風聲、壓根兒沒想過這檔事的人只有他一個。

我也聽說，賈斯帕洛斯志在下次大選進軍國會。我告辭時問他，這傳言是否屬實。他說，「對，」語氣稍稍遲疑，好像在衡量表態的好壞處。他說，「我考慮中。」

III

希臘衛生部的雅典總部設在娼妓和毒蟲氾濫的一區，鋼筋水泥大樓高七層，外觀寒酸。札金索斯島之行的前後，我來這裡訪問，當時門口附近牆上貼著旗幟，畫著塗鴉，寫著口號：「我們的錢，全被你們吃掉！」、「盜賊」、「五個月無薪」。在這段期間，許多政府部會常鬧罷工，衛生部也不例外，希臘想實踐改革承諾是難上加難。歐盟決策者對希臘的怨言愈來愈多，責怪希臘一直不實行接受金援的改革承諾。但是，公務員跟政府作對，還在辦公室外面塗鴉，政府怎能力行革新？

我和衛生部副部長波拉里斯（Markos Bolaris）有約，訪問當天見面時間被他一延再延。我到衛生部時已近深夜，在大廳經過古希臘名醫希波克拉底斯（Hippocrates）雕像。洗手間裡沒有衛生紙，沒有紙巾，也沒有洗手乳，整棟大樓空無一人，只有副部長室有嗡嗡蠢動的人群。在這裡，我見到和我通過電話的助理，他穿牛仔褲、黑T恤和Converse球鞋，正在打筆電。他摘下粗框眼鏡，揉揉流著汗的臉。「你抽不抽菸？」他以英文問。我們走向陽臺。「整個情況都亂到沒屁放了，」他說著俯瞰樓下的馬路。他去英國唸過書，希臘腔混合英國腔，聽起來有蘇格蘭人的調調。「大家都恐慌了，每一天都有罷工，」他說。「不上班，哪來的改革？」他說他每天辦公十二到十四小時，月薪不到一千歐元。「我們希臘人還被嫌懶呢！」

他接著表示，衛生部的職員計劃明天攻占這裡，打算閉鎖大門，不讓部長幕僚或任何人上班。

副部長波拉里斯派人通知，他可以見我了。我走去副部長辦公室，見到他坐在木製大辦公桌後方，中年發福的他留著茂盛的灰色小鬍子，結著紅色寬領帶，穿著灰色西裝，正後方牆上掛著鍍金的聖母抱耶穌像。

「詐領殘障補助的問題有多嚴重？」我問。

「非常嚴重，」他說。副部長似乎喜歡講短句，彷彿句子簡短能加強語氣似的。他表示，希臘政府每年耗資近十億歐元補助殘障人士。之前幾年間，這些錢當中有數億發放給假殘障人士。他說，有權發放殘障補助的地方政客明知故犯，在申請書上簽名，換取選票等政治利益，醫生則真收賄假診斷。為舉例說明，波拉里斯從辦公桌抽屜取出檔案夾，翻找文件給我看。文件顯示，一名肺臟科醫師在雅典近郊、蕭條的工業區埃勒夫西納（Elefsina）開出三十份診斷書，病症包括頸痛、腰背疾病、憂鬱症，完全和肺臟無關。「肺臟科啊！」波拉里斯豎起食指強調。原來，只要一個人的病狀夠多，全部加起來就能申請重度殘障補助，每月金額最多可達數百歐元。更過分的是，沒有證據顯示醫生實地診斷病人，頂多是一手交現鈔，一手交診斷書。「他們竟然開店哪！」波拉里斯說。他指的是醫師開殘障診斷書的行為有如「工業製程」。

波拉里斯表示，政府若想對症下藥，應統合所有資料，輸入電腦，觀察領取補助金的人有哪些，一定能看出異常現象，例如某市鎮或某醫生發放的殘障補助是否過多。對於外人而言，在現代歐洲國家，資料電腦化是早就應該做的事，為何希臘不做？究其原因，與其說是希臘政府惰性堅強不稱職，倒不如說是政府蓄意漠視電腦化。中央和地方層級的官僚之所以沿用龐雜而老套的存檔方式，是因為這麼做能模糊責任歸屬，能縱容利益輸送的雙方。如今，在債主的壓力下，希臘政府被迫改善存檔方式，以判定補助款流向何方。為了建立資料庫，衛生部規定，領取殘障補助的民眾必須親身向地方政府機關報到，在新系統裡登錄。否則他們的補助將被取消。

然而，絕大多數領取殘障補助的希臘人是真的符合殘障資格，包括真正視障人士在內，除非能找到看護代為報到並登錄殘障事實，否則必須親自出門。此命令一出，殘障權益團體當然不高興，認為殘障人士被誣賴詐領，政府未免太不公道、太粗神經了。電視新聞報導詐領補助金，也無助於緩和殘障人士情緒。有家電視臺把詐領風波拿來辯論，反覆播放的畫面是一位盲人或假扮盲人的演員拿著手杖在雅典街頭走走停停。希臘的全國殘障人士聯盟主席告訴我，「廣電媒體刻劃殘障人士的手法令人不忍卒睹。」由此角度觀之，政府的改革未免做得有點胡鬧，凸顯了亟待變革的政府若要運作順暢並非一蹴可及。因此，大家不僅必須留意政府進行改革時是否遲疑或無能，也必須謹防政府戮力革新之後的變化。

最後，全國大約二十萬殘障人士在各地現身登錄，比領取補助金的人數短少約三萬六千人。根據衛生部的說法，神隱的這些人應該就是詐領者。人數變少，政府因而每年節省大約一億歐元。這數字少於波拉里斯最初給我的估計。波拉里斯和助理有時似乎被改革熱忱沖昏頭。儘管如此，一億歐元不是小數目，連續節省幾年下來更可觀，也是進一步打假抓詐的開端。新的數位資料庫也可成為其他部會的典範，能追蹤每年五十億歐元的其他社福補助款。我這時想問清楚社福補助的詳細數字，勞動部長的一位助理告訴我，沒人知道確切數字，因為管理權分散在幾個部會。我覺得，從這裡可以挖出更多詐領問題。

社會保險體系也黑影幢幢。希臘勞動部當時也進行一項「普查」，以確定領取年金的人數和年金種類。希臘有許多經費不足的社會保險單位，發放年金給社會各階層（包括殘障年金，有別於殘障補助）。勞動部官員一度表示，領退休年金的國民中，有八千五百人超過一百歲，至少資料如此顯示，數字高得出奇。如果希臘人瑞真有這麼多，那麼希臘的人瑞人口比例應該遙遙領先世界各國。但其實，政府官員判定，很多養老年金支票落入死人手裡，也就是希臘媒體稱之為「幽靈退休人」，想必是親屬漏報死亡的事實。初步普查結果出爐，勞動部長上電視宣布，提領退休年金的人當中大約有四萬人是詐領。自從希臘進入歐元區後，社會保險總支出到底有多少，很難計算，而且希臘政府丟出的幾個數字彼此也差異甚大。二〇一四年，勞動部長估計，支出大約占五十億歐元。平心而論，詐領福利金儘管耗損國庫甚鉅，畢竟不是希臘陷入金融風暴的主因，但詐領現象是冰山一角，暗示著底下有更多浪費，更多貪腐，再加上官民勾結的惡習，上上下下掏空了國庫。

在札金索斯島上，警方進行調查，初步認定，領取盲人補助的六百八十人當中，有四百九十八人不合格，其中六十一人竟有駕駛執照。根據初步估計，這件島民的詐盲計畫耗損了國庫九百萬歐元。衛生部副部長波拉里斯和其他官員誓言討回詐領金，但說得簡單，做起來並不容易。

我訪問波拉里斯時，曾問及如他所言的這種「盜匪行徑」行之有年，政府為何遲遲不取締？他的回答聽起來像老調重彈。「希臘歷經一段油水很多的時期，」他說。「現在我們已所剩無幾。以前大家不關心這種事，現在非關心不可。」接著，他從歷史的角度，解釋希臘為何有今天的狀況。他說，也許我無法瞭解，因為我從未生活在一個被外國人統治過的國家。

「迪米奇（Demetri），」他以希臘語喊我的次名，「二〇一二年，我們在馬其頓區的塞薩洛尼基市（Thessaloniki），將慶祝自由一百週年。」塞薩洛尼基在北部，是希臘第二大城，百年前的統治者是鄂圖曼帝國。「那期間，人民被土耳其皇帝管。不繳稅給皇帝的人是聰明人。是個magas」——這字無法翻譯，對等語大概是「很屌」。「抗稅的人對抗皇帝。在雅典，同樣的事延續了四百年。在希臘北方，五百年。慣性不是一兩天就能根除的。」波拉里斯的論點在這段期間很普遍，我時有所聞。希臘人被外國統治幾世紀，體內充滿反政府情緒，把政府當仇敵。詐騙政府的人不僅自肥，也算是愛國人士。我不太接受這種論調。但是，在希臘，對國家不忠，不代表對民族不忠。希臘人不一定把「民族心」與共和國混為一談。民族心比國家大太多了。民族心流傳了幾千年，精妙輝煌，無以倫比，哪一個現代國家能與其輝映？現代希臘更沒得比，因為民眾知道它是個脫序國家。因此，詐騙政府不能視同為詐騙民族。

波拉里斯接著談到希臘首任總統卡波迪斯特里亞斯（Ioannis Kapodistrias）。首任總統出生在愛奧尼亞海的科孚島（Corfu），但長年擔任俄國沙皇亞歷山大一世的外交部長。希臘革命軍召開全國大會，念在卡波迪斯特里亞斯的國際人脈雄厚，德高望重，推舉當時住在瑞士日內瓦的他擔任總統。一八二八年，卡波迪斯特里亞斯回希臘，見到剛誕生的新國度，肩挑未來重任，發現希臘屬於未開發國家，多數人民務農，國土被多年戰火蹂躪，疾病和貧窮交攻，他想必感到震驚。有待從頭做起的是成立政府，構築基礎建設，但由於參與獨立戰的各派系常彼此敵對，這項任務更加艱難。卡波迪斯特里亞斯有計畫進行現代化，可惜沒機會實踐。他抵達希臘幾年後，惹惱了伯羅奔尼撒半島上的望族，遭槍擊致死。「砰砰，」波拉里斯說。副部長舉這例子的寓意何在，我不太清楚，大概只是想說明希臘當時多難治理，也許現在亦然。「之後呢，野蠻人來了。從德國。奧圖（Otto）。奧圖來了。」他口中的奧圖是希臘的第一任國王，是來自巴伐利亞（Bavaria）的王子，十七歲便來希臘登基。這也是英、法、俄三國的決議，因為三強在關鍵的納瓦里諾（Navarino）海戰一役中擊敗鄂圖曼軍，奠定希臘獨立的基礎。納瓦里諾戰役地點在伯羅奔尼撒半島的西南角。奧圖從巴伐利亞帶著浩浩蕩蕩的隨行人員抵達希臘，連御用甜點師傅也跟來，以雅典為首都，建立新國家。雅典當時是個質樸的農村小鎮，他帶來的巴伐利亞建築師在此打造了一座皇宮，新古典風格的外觀樸素，如今是希臘的國會大廈。副部長罵德國人是野蠻人，我很訝異，但我後來發現，這種說法很普遍。「他帶來了德國軍人、德國法官，新政府開始形成，」波拉里斯接著說。「但是，基層的希臘人說，『這下可好了，國家叫作希臘，統治者卻是德國人。』不向德國人繳稅，我們不會良心不安。你能瞭解嗎？」他說。「這是抵禦外侮的行為。」

在札金索斯島的某天早上，我正要離開當地的一處政府機關，有個小精靈似的女人耳聞我的來意，過來找我。「我祖母也詐領補助金，」她說。「現在她沒得領了，很生氣。搞不好她願意受訪。」這真是天上掉下來的禮物，因為我一直想找詐領補助的明眼人訪問，但沒有人願意爆料，彷彿爆料比詐欺更過分似的。女子的工作待遇不錯，家境富裕，她告訴我，視力正常的祖母以一千五百歐元買通醫生，取得診斷書。女子要求我，不能洩露她和她祖母的身分。

隔天上午，我來到鎮中心廣場，在戶外咖啡座與這位女子見面，她丈夫也在場。我們邊喝咖啡邊談，我漸漸明瞭，他們對島上的道德風氣略感沮喪。據他們說，當地的貪腐新聞並不只局限於詐領盲人補助一事。前任鎮長札卡魯普洛斯（Akis Tsagkaropoulos）曾涉嫌找阿爾巴尼亞移民去鎮府大樓縱火。（阿爾巴尼亞人帶著大量汽油等易燃液體，被鎮警逮到，縱火不成。）據信，前鎮長有意銷毀鎮府檔案。在他企圖製造縱火案之前，鎮議員指控他偽造文書，未經鎮議會同意，詐取數百萬歐元的鎮貸款。假如鎮府失火，燒掉對他不利的證據，就查不到金錢挪移的紀錄。前鎮長當選之前，曾在地方醫院擔任骨外科醫師，縱火不成後被判刑八年，但他上訴成功獲釋，後來因心臟病過世，享年五十六。根據希臘媒體報導，他矢口否認教唆縱火，也從未涉及挪用貸款。「人死後，不宜再議論其人品，」地方報紙如此報導他去世的消息。

女子和丈夫為島上政客的行為感到無奈，一陣惋惜後，她告訴我一件壞消息。祖母不願接受我採訪。「她覺得很丟臉，而且她認識那位醫生，她害怕爆料，」女子說。「札金索斯島民的一大特點是虛偽。他們不願爆料。他們不想正視問題。」我建議，不如她打電話給祖母，然後把電話交給我，讓我自我介紹是迪米奇。看樣子，簡單這一招就能破解祖母的心防。電話另一端傳來老婦的土腔：「如果有人來找你，說他能給你退休年金，你會拒絕嗎？我很窮，身體不好。現在補助金被止付了，而且還被命令繳回補助金。我哪有錢可繳？」我提議當面談一談，她說，「我的迪米奇，我家大門永遠為你敞開。」

女子立刻開車載我去祖母家。車子駛進丘陵起伏的鄉間，途經橄欖園和尤加利樹林，最後停在一棟平房前面，出門迎接的是一位福態而矮小的老婦人，穿著純白無瑕的球鞋和花格子長袍，圍著飾有花朵圖案的圍裙。我們走進她家，在經過的走廊上掛著札金索斯的聖迪翁尼修斯（St. Dionysios）畫像。聖迪翁尼修斯是十六世紀的大主教，因為人寬宏大量而受推崇，他甚至饒恕了殺害親兄弟的兇手。我們在廚房桌前坐下，祖母請我喝希臘咖啡。我還沒發問，她就開講。

「如果你有教父，你才能受洗，」她說。「如果你沒有教父，你就不能受洗。」這話的用意是什麼，我想了一下才完全理解她的意思。受洗是一份禮賜。沒有教父的人有時必須付錢才請得到教父。「撒公家錢的現象不會停止，」她繼續說。「有錢好辦事。」她說，身為新聞工作者的人更應明白這份道理才對。「假如他們給你錢，你會報導說我今年十八歲。」

「我不會說謊，」我告訴她，為個人美德辯護，隨即覺得講這話好蠢。

「假如他們對你說，『這幾百萬，你收下』，你一定會報導說我今年十六歲！」她動了肝火回應。她接著壓低嗓門，語帶倦意。「我啊，我的孩子，我是一個老女人，你是一個孩子。你受過教育，我沒受過教育。不過，我從小就瞭解，金錢決定一切。」她再度提高音量，拍桌說，「就連耶穌，他自己也被使徒背叛，全是為了錢！」她看著我拿著筆記本振筆疾書。「很少人是誠實的，你母親不是，你小孩也不是。但我，沒有人像我。因為我是誠實的。你應該很清楚才對。我不喜歡謊言。」

「可是，如果妳很誠實，」我說，「那妳怎麼會……」

「我是啊！」她說著再拍桌。「我告訴你一件事。我講的每一句話都是契約。我是純種希臘人。我不是狗雜種！我不是泛希社運黨。我也不受惡魔指使！」
「你為什麼提泛希社運黨？」我問，因為當時泛希社運黨通過首度紓困案，正力求生存。
「因為你正在寫啊。我想說的就是這個。我是真正的希臘人。我不打算改變。你懂嗎？」
即使我不太瞭解她的意思，我其實仍很欣賞她。想從她的每一句話找出邏輯是白費力氣。從語焉不詳的受洗開場白，她差不多都是以她個人的方式，把她認為我應該知道的東西教給我。老一代的希臘婦女逐年消失中，有她這種舉止和土語的人不太常見。但她也不盡然凡事遵從傳統。在希臘，老寡婦多數一身黑衣，她不是。我問她，她說她從來就沒有喜歡過她丈夫。
我一度鼓起勇氣問她是否看得見我。
「我看你看得很清楚，」她回答，接著又抱怨眼疾和各種病痛，包括焦慮症和憂鬱症，害她每天服用十種藥。我雖然不是醫藥專業，卻懷疑這麼多藥會不會讓她難以負荷。有些希臘醫生被藥商收買，動不動就開昂貴的藥方給病人。在我去札金索斯島採訪的那年，希臘藥物支出占GDP的比例睥睨所有工業化國家。希臘最大的社會保險基金因為民眾過度消費藥品，財務因此被拖累。祖母自稱，焦慮症源於一件持刀搶劫案所導致的心理創傷。以一位深受創傷的人而言，她提起這件事倒是顯得津津樂道。她的確是講故事的好手，甚至懂得活用道具。她開始敘事之際，從桌前起身，走向抽屜，取出一把彎刀，刃長六英寸。她走向我，刀子移至我脖子兩英尺以內。

「呃，小心一點，」我說。

「他怕了嗎？」老祖母問孫女。

「他怕了。」

「你死不了的，男人，」祖母說著微微後退。就這樣，她站在我旁邊，一手拿著刀，訴說壞人夜半入侵的往事，口氣像大家圍坐營火閒聊。

「我在房裡睡覺，看見門打開，看到一個黑手套。我看見一個孩子戴著黑頭套。他拿著這把刀走進來。」

「就是妳那把刀？」我問。

「就是這把刀。我的刀。」她降低音量，像在講悄悄話。「他說，『我要宰了妳。』」她接著拉高嗓門：「我說，『少來煩我。想宰我，明天再來！』」音量再壓低：「『一個字也別講，』他說。」恢復正常音量：「『我剛不是看見你進來嗎？我又沒講什麼，現在你竟然對著我舉刀，好像你把我當成山羊，想宰了我似的！』」

「『照我的話去做。錢。把錢交出來，』」她低語，模仿強盜的口吻。她解釋，又來了兩個戴頭套的男人，其中一個蒙住她的頭。

「『你們下地獄吧！』」我罵。

故事講到這裡，她開始竊笑了起來。「我睡在彈簧床上，他們連我一起擡起床墊。我笑了。他們說，『笑什麼？』我說，『我哪有，我的孩子。我不是在笑。你們想幹嘛？扛我一起進戲院看電影不成？這裡又沒有其他人。』」

她在床墊下藏八百歐元和幾枚金戒指，被強盜拿走，戴在手上的金戒指也不放過，她說。強盜也開冰箱，拿走一隻剛宰好的兔子和一塊哈爾瓦甜點（halvah），還警告她不准報警。

「我說，『我不想押你們進警察局。為什麼？因為我為你們難過。我不希望你們挨警察揍。我畢竟也是人母。我也有小孩。我不希望你們挨打。我對你們發誓。』」

我心想，老太太居然有臨危不亂的神功。向強盜示好以平撫強盜情緒，能做這種事的人不多。她繼續口述。

「其中一個摘掉頭套說，『大嬸，我們要走了。』我說，『帶著上帝的祝福走吧。願上帝幫助你們戒掉這一行，因為再這樣下去，你們一定沒命。我的孩子，我為你難過，你啊，這麼年輕，這麼有勇氣，怎會淪落到這樣？』」根據她的說法，這些強盜毒癮纏身，比牙籤更低賤，一心只想搶錢買毒品解癮。強盜走後，她違背母性，打電話報警。來了一位身材高大的警官，她解釋。警察說，「我講不出話了，大嬸。我是個警官，是個男人，假如半夜碰到這種事，我肯定被嚇得心跳暫停。」

老祖母故事講完了，補上一句：「勇氣是上帝給的。我那時根本不怕。」

「妳怎麼把刀子搶回來的？」我問，知道刀鋒仍在我的動脈不遠處。

「被他們留在外面地上。」

「刀子快放回抽屜裡吧，」孫女勸。

「有人敢上門，看我宰了他們，」祖母邊說邊走向抽屜，轟然把刀子扔進去。「我的迪米奇，」她說，「如果我還年輕，我會拿槍追趕他們的。」

孫女露出倦意。她聽過這故事。我針對盲人補助的事，再問祖母幾個問題。她不肯正面表示是否對醫生行賄，但她說：「札金索斯島民有一半被他診斷是盲人！連貓也是！」她接著怨嘆自己的補助遭止付。「我生也貧苦，死也貧苦，」祖母說。雖然希臘農人退休後能領的年金很少，她也過著簡樸的生活，但我不太能相信她。再怎麼說，這老嫗面對搶匪還能假裝綻放母性光輝，而且視力無礙還領盲人補助。可以說，她的說法並非顛撲不破。

隨後，我們觸及「金融危機」的話題，她發表獨白：「我們是希臘人嗎？我們才不是希臘人！我們是雜種！看看人家德國，他們才不會像我們這樣背叛自己國家。他們支持他們自己的國家。叛徒是我們自己。是我們把國家搞得烏煙瘴氣。總有一天他們會占領希臘。總有一天會打仗。」我們看著幾張家人相片，其中許多人已作古多年。後來我們往外走，又走過聖迪翁尼修斯的畫像。這天是晴天，幾隻雞在前院漫步。在祖母種的香菜和薄荷香中，我們向她道別。我們上車臨走前，祖母對我說，「我就是這樣子的人，我把我的話送給你。」

隔天早上，我步行前往公立醫院，去訪問涉案的眼科醫師。醫院蓋在小山頂上，此處可以俯瞰札金索斯島上的紅瓦屋頂。眼科醫師名叫瓦澤里斯（Nikolaos Vartzelis），根據鎮府人員所言，全鎮只有一間公立醫院，裡面只有一位眼科大夫，因此有權開立盲人證明的醫生別無他人。醫院裡的走廊悶熱，擠滿了病患。我敲敲眼科醫師辦公室的門，坐在椅子上的醫生把門打開一半。我告訴他，我是新聞工作者，想談談盲人的事。他讓我入內，我隔著辦公桌和他對坐。他的小鬍子灰白濃密，他將兩側的頭髮梳到頭頂來掩蓋已經光禿的頭，身穿醫師白袍，以雙手拿著眼鏡，緊張得抖手。我有點為他難過。全國涉嫌做這種事的醫生必定不只他一人，為何偏偏是他被記者找上，成了全國代表人物？

當然，司法不爭氣，而執法又不力時，這才是問題的癥結所在。以政治利益交換選票、紅包文化等等的違法情事盛行，自成一套平衡體系，等到危機爆發一切也就失去平衡。如果你認為身邊所有人都在撈錢，只有你一人被挑出來指責，你難免會覺得不公平。因此，即使你涉及不法被逮個正著，你當然也會自認不公平，成了受害者。更不巧的是，涉嫌詐騙的指控通常和政治恩怨有關。現任鎮長是左派，而他徹查的醜聞主角是政壇仇敵，不禁令人懷疑他自稱「踏上司法正途」是否另有歪念。

我把錄音機放桌上。

「我們開始了嗎？」醫生問。

「對。」他開始不問自答，彷彿早已為電視記者擬好一份聲明書。

「此事源於兩個因素。」他解釋，第一項因素是前縣長和現任鎮長之間的政治角力，因為雙方都「迫切」想進軍國會。他表示，第二項因素是三頭馬車。「據我所知，幾年前，三頭建議希臘全國重新檢討福利政策後，政府曾決議，不只檢討盲人補助金，也要檢討許許多多的其他項目。瘖啞人士要查。精神病患要查。有癌症腫瘤的人要查。其中一群就是盲人。」

他最後把話題轉回札金索斯島上的盲人。「在有些地區，這種盲人很多，因為這些病理是家族病理。舉例來說，我們附近有個村莊，我不便指名，那裡住著一家五口，夫妻加三個小孩，其中三個領盲人補助，難道我們能指控他們亂來嗎？」他說。「不能，」他說。他們領錢是因為他們是瞎子。他說，「他們連光都看不見。」

「可是，島上真的有七百位盲人嗎？」我問。

「沒有，沒有，沒有，」他連忙說。「跟希臘其他地方比較，本地的盲人還不算最多。被炒成新聞的原因百分之百是政治鬥爭。」

「跟你完全沒關係嗎？」

「我告訴你，這事就像一種程序。我們發證明，在上面簽名，委員會也簽名。即使證明有一百個簽名，即使有一千個簽名，如果縣長一人拒簽，沒人領得到補助。」

「可是，你也簽了，不是嗎？」

「我是簽名的人之一。不過，我簽了名之後，公文送到衛生部，傳給委員會，而發放補助的最後一關，我重複，每一個證明書的最後一關是縣長。沒有縣長簽名，就算一千人簽了名，殘障人士照樣領不到錢。」

「有些人說你收了錢……說拿了一千或……」

「一次也沒有，」醫生否認收賄假造盲人診斷證明。「這是惡意造謠。一次也沒有。有些時候，部分民眾無依無靠，沒麵包可吃，我們碰到這種情況，或許會盡量通融一下。」這話很奇怪。盲胞補助只限盲人領取，哪來的通融空間？「我們只在法律範圍之內通融，」他補充說明。「他們講的其他事情很多，全是誹謗。你應該曉得，札金索斯是個風景非常秀麗的島，好東西很多，不過這島上的風言風語也很多。」

幾個月後，衛生部公開大力掃蕩島上的假盲人，希臘媒體也爭相報導。希臘電視有幾個新聞談話節目，大部分類似美國《面對媒體》（*Meet the Press*）和《傑瑞．史普林納脫口秀》（*The Jerry Springer Show*），兼具前者的嚴肅和後者的胡鬧，其中幾個談話節目邀請衛生部副部長、鎮長、前縣長、眼科醫師和名嘴，一同討論詐領醜聞。在一個高收視率的節目中，札金索斯鎮長表示，他曾被島民扔優格洩憤，抗議改革的島民當中不乏領取盲胞補助者，優格投得很準。他說，他認為優格攻擊是「一份勛章，一種榮耀」，也接著說，「政治代價多高，我不在乎。」鎮長也聲稱，島上有一位神職人員也在詐領盲胞補助。

「換句話說，他還能朗讀福音囉？」節目中的一位來賓問。

主持人針對醜聞抒發怒氣。

「要等到三頭馬車殺過來了，我們才肯調查嗎？」他對電視觀眾說。「太丟臉了。讓人氣得抓狂，讓人想罵，『看看我們怎麼遇到這種事，看看外人是怎麼整我們的。』」

電視名嘴和鎮長呼籲展開刑事調查，被批評得最慘的是眼科醫師。我訪問過後幾個月，眼科醫師向醫院辭職。他在電話上告訴我，辭職無關假盲人醜聞的「雜音」。「我本來就準備退休了，」他說。

111

在札金索斯鎮上，有天下午，我去鎮中心散步，路過珠寶店、名牌服飾店和咖啡廳。當時不見被木板封死的店面，這裡看不到在雅典愈來愈常見到的不景氣跡象。相反的，這個小鎮顯得相當繁榮。就算鎮府長年破產，本地居民的生活似乎還過得去。我路過主管島上宗教事務的辦事處，決定進去訪問看看島民的精神現況。在門口，一位黑袍男問我來意。我說，我想寫一篇關於「盲人」的報導。

他介紹我去見教區代理主教卡坡迪垂亞斯（Panagiotis Kapodistrias）。代理主教也穿一襲黑長袍，有著灰白大鬍子。他的辦公室裡掛著加框的耶穌倒臥十字架前的垂死圖，兩支矛刺在耶穌身上。我和代理主教隔著桌子坐下，他請我吃一塊來自「君士坦丁堡」的果仁千層酥。希臘人以「君士坦丁堡」稱呼伊斯坦堡。他最近去那裡拜訪普世牧首（Ecumenical Patriarch）——東正教的精神領袖。當我們聊著千層酥的品質時，一位波蘭婦女進辦公室討錢。她說她有三個小孩，找不到工作。今年夏天，她曾幫忙從卡車上卸貨，日薪二十三歐元。她說這種工作「應該只叫男人做」。

「我怎麼沒見妳做過禮拜？」代理主教說。

「我有啊，」她說。

「我無法給妳太多，」代理主教告訴她。他填好一小張紙給她，注明捐款額是五十歐元，讓她去另一間辦公室兌換現金。

「這算很多錢啊，」波蘭婦人說。「能讓我過活兩三天。」她向代理主教鞠躬，離開辦公室。「與耶穌同在，」她說。

我打開我帶來的錄音機，他和我訪問的其他人一樣，不問就開講。

「如我們所知，希臘正歷經一場危機。表面上，這場危機是政經危機，但骨子裡卻是道德危機。」接著，他把道德危機怪罪到外國人頭上，尤其是觀光客。札金索斯島和旅行團的關係愈來愈緊綳。二〇〇八年，一群酒醉的英國遊客在札金索斯島的沙灘舉辦口交競賽，引發本地人震怒。同一年，據媒體報導，一名英國遊客在夜店喝醉酒，對幾位本地婦女獻寶，差點被一名希臘女子點火燒陰囊。根據代理主教所言，觀光業是一種新殖民主義，敗壞本地人心靈。札金索斯島民為迎合遊客，正大舉興建平價旅館，如今淪為「觀光客的奴隸，」他說。「危機就是這樣來的。」他接著說，想解除道德危機，島民必須避免與外國人同流合汙，必須回歸本色。

到這階段，國家財政問題已成為希臘人激辯的題材。希臘為何陷入泥淖，誰應該負責，琳琅滿目的理論滿天飛。在暴紅的極左派眼裡，希臘人民通常無過錯，人民全是必敗的新自由派政策下的受害者，而新自由派只想造福大資本家，苦了其他人。在後勢看漲的極右派眼中，錯就錯在猶太銀行業者和搶工作的移民。主流的兩黨相互怪罪對方，但後來由於人氣雙雙慘跌，兩黨被迫合作，組成執政聯盟以保住政權。對許多人而言，三頭馬車才是罪魁禍首。德國總理梅克爾也是。許多人相信，列強正計劃洗劫希臘經濟。但是，把怪罪的苗頭對準觀光業（嚴格而言是聲色觀光業），我倒是頭一次聽到。畢竟，觀光是希臘的一條經濟命脈。這些怪罪的對象全有一項共通點：人民總把過錯推給別人，通常是外國人。這種風氣不難理解。希臘是一個長年受國際影響的小國，而此時則是處於外國債主的控管之下。然而，代理主教的言論和類似的說法很容易讓許多希臘人接受，因為這些人不願往「國家敗在自己手裡」

的方向檢討。代理主教的說法令我懷疑，如果自省的方式是這樣，我不知道希臘扭轉乾坤的機率能有多高。我告別之前，代理主教送我一本他的簽名書，主題是環保的神學觀。我翻閱前言一下，讀到：「無論我們願不願意，面對共同危機時，我們必須相互依存，攜手合作。」我感謝他致贈這份禮物。

隔天是聖尼古拉斯（St. Nicholas）盛宴日。早上，我等著前往伯羅奔尼撒半島的渡輪，勁風吹皺愛奧尼亞海，掃動了清澈藍天中棉絮狀的積雲。透過聖尼古拉斯教堂圓形屋頂上的擴音器，鎮中心傳來東正教做禮拜的制式音樂，在陣陣強風中忽高忽低。「如今與未來，世世代代無絕期，」代理主教與其他神職人員歌頌著。背誦〈主禱詞〉的聲音響徹全鎮，混雜著戶外咖啡廳的電子音樂節奏，客人圍坐在暖氣燈旁，抽菸喝咖啡。這天傳道的主題是聖尼古拉斯，盛讚他「純淨無私」的愛。在大廣場上，鎮府員工正懸掛一串串的白燈，拉成耶誕樹的形狀。

三

我離開札金索斯島後，去訪問雅典一間公立醫院，因為衛生部通知領取盲胞補助的島民前來檢查視力，以判定真偽。雅典和札金索斯島之間的路途遙遠，但政府不信任當地醫生的診斷，強迫島民遠道而來受檢。在醫院候診室，我訪問到沃札提斯（Panagiotis Vozaitis），他是札金索斯人，骨瘦如柴，青蛙腿，曾種植醋栗，已經退休。老農夫沒有領盲人補助，但他聽說政府正舉辦視力檢查，他決定讓女兒陪同他跑這一趟。他說他眼睛有毛病，兩度申請盲胞補助不成。由於老農年金不高，島上眼科醫師索費一千六百歐元，可分兩期付款，但他連這種優惠價都拿不出來，得不到盲人診斷書。「我有錢的話，老早就給了，」老農夫告訴我。現在，他來到雅典，看看是否能循正當管道，以盲人身分取得補助。老農夫說，他右眼完全看不見，左眼也有一些毛病。我後來訪問到醫師，得知老農夫的視力障礙並未嚴重到合乎補助的範圍，而盲胞補助只限雙眼幾乎全盲者。這結果不出我所料。我在醫院訪問老農夫之際，他用他淡藍色的左眼盯著我看，炯炯有神，一面談論著金融危機，斥責「偷到底」的政客。雖然依規定老農夫不符合盲胞補助資格，他的例子仍能顯示，希臘的社會保險制度無法履行成立宗旨，又被國內政客當成賄賂基金濫用。畢竟，老農夫捨近求遠，不惜遠行數小時前來雅典，因為他認定不賄賂無法取得視障診斷，也申請不到補助。當我提起曾在任內對眾多假盲胞輸送利益的縣長賈斯帕洛斯時，老農夫笑了。

「吃得多的人，也會給選民好處，」老農夫告訴我。「那個縣長遲早會當上主教。」希臘人普遍以「吃」來形容侵占公款營私利的惡行。老農夫也說，吃錢的政客也讓選民分食。這種見解固然正確，卻也在希臘頗受爭議。若說希臘人民對財政問題的起因有任何共識，這共識就是「錢全被政客吃光了」。我和希臘人討論金融危機時，常聽見這句話。承認國民也吃錢的說法比較不常見。希臘國庫是怎麼耗盡的？希臘一位高官提出一條比較廣義的理論時，民眾普遍無法接受。這位高官名叫潘戈洛斯（Theodoros Pangalos），噸位大，幾乎擠不進國會座椅，二〇一〇年擔任副總理時在國會發言，回答民眾對政治人物的質疑「錢是怎麼被你們吃掉的？」副總理的答覆是：「在政治侍從主義（clientelism）、貪腐、散財、貶抑『政治』一詞定義的架構之下，我們全體一同吃錢。」這番言論被縮減為「全體吃錢」，瞬間暴紅，儼然是債務危機的代名詞，但由於民眾覺得吃錢最兇的是政客和有權有勢的同夥人，講「全體吃錢」時多半帶有反諷的怒意。但民眾講氣話時並未考慮到，政客並不存在於真空環境，他們必定會想辦法串通選民一起吃錢，以確保選戰勝出，坐上吃錢餐桌的主位。在札金索斯島，吃錢的情況囂張，但絕大多數時候，吃錢的行為比較平凡，而且也合法，例如公務員薪資和福利暴增，部分行業的退休年金特別優渥，恣意訂規則以保護壟斷性的財團。由於這種體系是政客主導而成，獲利最高的也是政客，但潘戈洛斯之流的政客如今竟然反咬選民，張牙舞爪的人竟然是副總理這類泛希社運黨的執政菁英，因此，不信自己應分擔責任的民眾覺得，政客反咬人民有違情理。

吃錢的前縣長請選民一同吃錢，老農夫的說法不無道理。二〇一二年五月大選，札金索斯島把新民主黨的前縣長賈斯帕洛斯送進國會，令人懷疑選民是否願意顛覆他們愛譴責的政治現狀。勝選的當晚，賈斯帕洛斯走上札金索斯鎮街頭謝票，西裝領帶的色系以藍白條紋為主，象徵希臘國旗。支持民眾聚集鼓掌，許多人親吻他雙頰。賈斯帕洛斯對群眾說，對道德心高、榮譽心強、想改善島上生活的民眾而言，選舉結果是大勝。「今夜勝選的不是我個人，」他說，「是札金索斯島的全民，是年輕人。勝選的是希望，是光明的未來。」

可惜賈斯帕洛斯的勝選稍縱即逝。國會選舉的結果各黨得票率差距太小，依法必須再投一次票。一個月後，重新選舉開票，儘管賈斯帕洛斯得票數比上次多，卻被激左聯候選人超前。當選人是中年律師康董尼斯（Starvros Kontonis），他表示，勝選意味著，導致札金索斯島惡名遠播的貪腐行徑被選民唾棄。他說，選舉證明島民不貪不腐，是長年遭黑心政客操弄的受害者。

憲法規定，國會議員具有司法豁免權。希臘報紙在二〇一四年尾報導，賈斯帕洛斯敗選，沒有豁免權，被依詐欺罪嫌起訴，偽造診斷書的眼科醫師也挨告，但兩人都說自己是清白的。詐領盲胞補助的島民也面臨刑事責任。這次詐欺追訴的範圍深而廣，在希臘甚為罕見，顯示民心求變的風勢轉強。然而，二〇一二年大選的結果顯示，兩大黨將組成執政聯盟，未來幾年的治國大權握在他們手上，而數十年來培育出這種上下交相賊政治體系的正是這兩黨。敗選夜，賈斯帕洛斯上電視表示，今晚仍值得慶祝：儘管個人敗選，他的政黨將引導全國執政權。他也向支持他的選民保證，「我將留在政壇。」

2 帳面玄機

與不公不義者相較之下，公義者恆輸。

——斯拉西麻查斯（Thrasymachus），出自柏拉圖《理想國》

伊德拉島（Hydra）位於愛琴海，離伯羅奔尼撒半島東岸不遠，屬於丘陵岩地，乾旱不毛，人口只有幾千人，集中在「伊德拉鎮」，以白岩屋為家，座落在最大港的馬蹄形山坡地上，宛如露天劇場。伊德拉島和希臘神話裡被赫丘力士砍死的九頭蛇怪同名，但島名的源頭是古希臘文的「水」。根據島民所言，島上本來有源源不絕的泉水，但現在，伊德拉島幾乎無淡水可用，靠貨輪運來的自來水，滋味令人不敢恭維。缺乏淡水，耕地也貧瘠，長年下來，島民靠航海維生，商船業盛極一時。如今，伊德拉島仰賴絡繹不絕的觀光客，夏天進出港的船隻通常是來自北邊雅典近海的渡輪和遊艇。島上沒有汽車，更令外國遊人嚮往。觀光客一下渡輪，常見一排男島民牽著驢子攬客。伊德拉島的岩巷陡峭，傳統的交通方式是騎驢。整體而言，伊德拉島恬靜安詳，通常用不著出動鎮暴警察維持秩序。

不料在二〇一二年，島上來了幾個便衣警官，祕密調查金融犯罪案。後來某個夏夜，街頭竟爆發騷動，原因是便衣警官造訪港口一間有著百年歷史、名叫「漁船」（Psaropoula）的海鮮餐廳，舉報店內發生的幾件違法行為。希臘國內餐廳給收據的方式有別於其他國家。希臘法律規定，業者每端一項餐點上桌，必須留下單據，而不是在用餐後開一張收據併列全部餐飲費。照理說，這種規定能強迫餐廳業者詳記銷售款項，漏報時比較容易揪舉出來。需錢孔急的政府剛調升餐飲等費用的消費稅，暴增到二三%，只不過愛琴海島嶼的消費稅有所優惠。商家常逃漏稅，辯解的理由是，經濟不景氣，民眾愈來愈節儉，商家若逃漏稅，就能以低價招徠民眾消費。在「漁船」小館，有幾桌沒有依法開收據，被便衣警察查獲。便衣警察向老闆娘塞娃斯蒂．瑪隆麻提斯（Sevasti Mavrommatis）自我介紹，告訴她，由於她嚴重觸法，將會被押送法辦。五十多歲的老闆娘身材壯碩，穿著印有花朵圖形的上衣，她說她一聽即將被法辦，血壓竄升，開始發抖，覺得虛脫。幾星期後，我訪問到她。「我又沒殺人，」她說。「幹嘛抓我去跟壞人一起坐牢？」警方勉強放老闆娘去就醫，改逮捕她在餐廳端盤子的兒子伊立亞斯（Ilias）。警方打算押他上渡輪，送至內地的拘留所採集指紋，但部分島民不從。

希臘史上，賦稅不公平曾導致多次造反，而伊德拉島正醞釀一場小暴動。老闆娘的兒子被移送的消息一傳出，引發群情激憤。有風聲指出，警方已成功把伊立亞斯押上渡輪，大約六十至八十名憤怒的島民聞訊，趕至港口解救他。幾名造反民眾登船，與船員產生口角，但伊立亞斯並不在船上，因為警方得知暴民愈聚愈多，不想移送犯人至內地了，改留他在島上的小分局處理。港管官員表示，他們設法趕憤怒的島民下船，然後出港，但渡輪公司基於安全因素，宣布取消從伊德拉島出發的航班，直到情勢平靜再啟航。

夜幕降臨，造反民眾聚集島上的警察分局。這間警察局位於窄巷內，是一棟不起眼的岩造建築，樣式和周遭的建築相似。局裡的警察把門窗鎖緊，做好長夜應戰的準備。分局外面，島民切斷電力來修理警察，並從周圍的房子扔鞭炮和信號彈來轟炸分局，吶喊著「釋放伊立亞斯」。清晨時分，鎮暴警察自內地搭船趕來，想把犯人押上船——伊立亞斯稱之為「戰艦」。地方部落格寫手寫道，反抗人士群起反制，和鎮暴警察發生言語與肢體衝突，導致「催淚瓦斯在港口瀰漫，民眾叫囂，情勢非常火爆，是本島從未經歷過的亂象」。

伊立亞斯被帶到內地按指紋，迅速獲釋返家。鎮暴警察也回到島上，把繼續調查商家的便衣護送回內地。大家不禁想揣摩這些便衣的心境，因為想調查出成績，非得偷偷摸摸不可。鎮暴警察再度出動，這次島民似乎覺得好好玩，青少年忙著跟鎮暴警察自拍，部分島民認為當時的氣氛恰似嘉年華會。島民告訴我，便衣後來沒有再查到逃漏稅情況，好像這能證明島民奉行賦稅法似的。翌日，希臘媒體一窩蜂報導暴動消息，連北邊的歐洲國家媒體也關注。媒體認為，暴動進一步證明希臘漫無法治。惡名傳出去了，令很多島民尷尬。「我們的島小，不應派警察過來，」當時的鎮長在辦公室告訴我，牆上掛滿伊德拉島顯貴的畫像，風格類似維多利亞時代。「你是希臘裔，」他接著說，「為我國寫報導，要力求正確，以免家醜外揚。」

前進小島查稅只是政府革新的一角，希臘當局為的是實踐債權國最主要的要求：增加稅收。逃漏稅在希臘是全民運動且根深柢固，政府也長年不願拿出魄力查辦，這才是希臘財政困難的最大因素。倘使希臘民眾照規定繳稅，這場債務風暴或許根本掃不到希臘（也許不太合乎現實的前提是，政府必須善盡本分善用稅收）。但由於政府長年縱容甚至唆使全民逃漏稅，如今才面臨不知從何處取締起的窘境。盛行逃漏稅的項目是消費稅，來自日常交易，例如進館子用餐。儘管全球都有漏記現金交易以逃避消費稅的現象，但同樣的情形在希臘特別常見，查起來輕鬆如拿槍射水桶裡的魚。伊德拉島暴動事件的那年夏天，除了便衣警察調查之外，財政部也派員走訪觀光區大約四千家的餐廳與商店，查獲半數以上的商家犯法，犯行總計三萬一二三七件。根據歐盟執委會二〇一四年的一份報告，漏報消費稅導致希臘稅收每年短少一百億歐元，超過GDP的五%。

儘管加強調查取締，但在希臘經濟崩盤愈演愈烈之際，民眾逃漏稅的情況卻有增無減。原因是消費者可花的錢變少了，意味著民眾消費不僅減縮，出手時更精打細算避稅。逃漏稅心態增強，很大的另一項原因是當時開徵五花八門的新稅制，例如高額房地產稅和電費綁在一起，民眾如果漏繳房地產稅，極可能無電可用。希臘民眾蔑視這種新稅，稱之為哈拉奇稅（haratsi），即鄂圖曼帝國統治時引發希臘民怨的賦稅制。原本的稅率高升，新稅也來湊熱鬧，在收入暴跌之際，許多民眾的賦稅負擔更形沉重。在這種情況下，政府卻又加強取締逃漏稅，令廣大希臘民眾搖頭，覺得政府既不公平又下手過重，特別是許多民眾認定，化解危機的責任被推到老百姓身上，而那群有錢有勢、政治人脈亨通且逃稅最嚴重的肥咖，政府卻不取締。

因此，伊德拉島暴動事件引發一場情緒激動的辯論。為何小小的餐廳老闆受嚴懲，而似乎沒人敢動富貴階級的汗毛？伊德拉島事件後不久，以保守派為首的希臘政府不得不為取締行動辯白。政府發言人表示，「逃漏稅是重大問題，危害希臘經濟體質，抵銷了我們為經濟復甦所盡的所有努力，也斬傷了成長的希望。無論逃漏稅在何方，無論是誰在逃漏稅，都必須加以管制，立即剷除，以儆效尤，不容國家因此而傾覆。」極左派反對黨激左聯的回應則是，再三指控政府不願徹查與執政黨掛勾的富貴階級。「伊德拉島的餐廳老闆娘，被你們銬住，」激左聯黨魁齊普拉斯在國會表示。逃漏稅大咖在國外帳戶私藏幾十億歐元，政府敢銬住他們送監嗎？「我們拭目以待。你們才不敢法辦他們。要逮捕他們，就等我們上臺吧。」

伊德拉島事件的辯論核心是一項刻不容緩的問題：政府形同積欠一張逐日攀升，高達三千多億歐元的信用卡帳單，誰來繳這筆帳單？在伊德拉島，這問題形成一條戰線，大致劃在開遊艇渡假的有錢人和招待旅客以糊口的島民之間。有天上午，島上的這道陣線特別明顯。我走進一家書店，想買一本記者用的筆記本，發現店內有兩個人正為這事爭辯。

「在暴動之前，伊德拉島民眾的做法是好事嗎？」想買報紙的五十九歲渡假男子說。

「你踹狗的話，狗會咬你！」書店老闆嚷著。相對於遊客，他的面容蒼白。他正為島民暴動的正當性辯護。

旅客穿的T恤正面寫著「經濟學」幾個大字，他堅稱，小商店漏小稅、聚沙成塔且金額可觀，加起來就形成了「非常大的問題」。他說，他開的公司專門進口汽車零件，像這樣規模不算小的公司，逃漏稅不像商店和餐館那樣容易。「我在這裡吃喝，除非開口討收據，否則沒人肯給我！」他對老闆吼完，就踏上租來的馬達船，去享受無雲的藍天。

老闆繼續陪我討論這問題半小時。他說，警察前進伊德拉島不久，薩馬拉斯總理前往柏林見德國總理，這兩件事不是巧合。「他想做給德國人看，『我是個乖孩子。看我打擊逃漏稅吧，』」書店老闆說。「政府根本還沒開始掃蕩大資本啊。」「大資本」是左派的慣用語，意指有錢的資本主義菁英。「根本沒公道。」我湊齊零錢買筆記本，老闆盡責地給我收據。

同天入夜後，我去事件暴風眼的「漁船」小館。這間餐廳位於濱海漫步道上，屬於黃金地段，渡口就在不遠處。港邊的店面多數空盪盪，因為傍晚休息時間剛過，有些人剛從午睡醒來。夜幕愈來愈深，漸漸包圍整個鎮，但聳立的岩壁面仍陽光明媚，光度的差別令我的瞳孔難以調適。我走進餐廳，在廚房找到正在烤沙丁魚的老闆娘。服務生是她兒子伊立亞斯，年近三十，留著稀薄的山羊鬍，坐在結帳櫃檯裡，牆上掛著一排聖像。他正在數著裝在夾鏈袋裡的零錢。我在門邊的一桌坐下等他們忙完，細看牆上的家族黑白照片，其中一張是老闆娘幼年時候和父親的合影。她穿著刺繡洋裝和白鞋，站在餐廳門口旁，喜孜孜望著鏡頭，英俊的父親咧嘴摟著她。這間餐廳已家傳四代了，雖然希臘經濟禍害連連，餐廳的生意似乎還好。前幾個月國內局勢動盪不安，發生幾次聲勢浩大的抗議活動、擔心希臘脫歐所導致的擠兌、一個月內兩度國會選舉，這些都令外國旅客望而卻步，影響到希臘觀光業。儘管如此，這個小島仍廣受希臘富人的惠顧，再度光臨的外國人也絡繹不絕。

伊立亞斯過來我這桌，接受我訪問，告訴我說，他不知道警察為什麼查到十一項違規。他說，餐廳那天只坐了三桌客人，有幾道餐飲還沒上桌，收據也還沒開，「整件事很奇怪」。他母親來了，坐下告訴我，她主動向警察說，如果哪裡有疏失，她願意當場繳罰金，動不動就法辦似乎太過分了。「我請你們發揮人性，」她說她當時告訴警察。我在筆記簿記下內容時，一名穿著粉紅色衣服的女客人經過我們這桌時停下。「唯一不逃稅的就是這一家啦！」她告訴我，然後繼續走向洗手間。

伊立亞斯估計暴動當晚聲援的地方人士大約有一百到兩百人。「大家都在生氣，」他說。「四分之三的民房都被斷電了，」他說。繳不出哈拉奇稅的戶數被他嚴重誇大。他說，他和母親從早忙到晚。「政府只抓我們，不去抓大咖。他們不是抓不到大咖，就是不想去抓。」

「所以政府才找我們開刀，」母親附和。

三

第一次紓困案前後，希臘國內媒體和國外媒體紛紛報導希臘人隱藏私人游泳池的新聞。原來在希臘，自家有游泳池屬於奢侈品，必須繳稅。希臘政府禁不起查緝逃漏稅的呼聲，宣布已開始利用衛星空照圖，鎖定雅典北邊別墅密集的郊區，以判定私人泳池的數目。報稅時據實呈報自家有泳池的人僅有幾百戶。民眾一聽政府正循空照圖取締，趕緊遮掩游泳池，偽裝用的布篷需求量激增，但政府仍揪出將近一萬七千座游泳池。財政部官員當時告訴記者，在高價地段坐擁豪宅的醫師和律師，有些人報稅時謊報收入，年收入往往少於一萬二千歐元，這在當時低於報稅門檻。官員表示，高薪低報的現象非遏止不可。這顯示官方的口氣終於轉變了。在危機爆發之前，官員常鼓勵稅務員在選前不要太認真，以免破壞選民對民選官員的觀感。如今，同一批官員公開指示，今後查稅應再加把勁。然而，實質改革的能力深受希臘官僚意向的限制。官僚顯然傾向於和逃稅者串通，而非取締逃稅者。改變這種積習並不容易。

財政部一名雇員是電腦系教授，受聘開發查稅程式，但這只是財政部表面工夫的一部分。教授認為心血都白費了，索性在二〇一一年辭職。他離職後表示，資深官員不願依據他的資料去查稅，而且稅務員常用一套「四四二」分帳法：如果逮到某人欠稅一百歐元，這筆錢應讓三方分贓，即四十歐元留給逃稅人；四十歐元給稅務員，感謝他的辛勞；二十歐元意思意思繳國庫。國庫分到的錢反而最少。教授的爆料凸顯了一大難題：政府面臨的是嚴謹稅務員短缺，無法力行查稅重任。

政府這種做法行之有年，已是民間公開的祕密。逃漏稅已成天經地義的事，乃至於希臘銀行發放貸款時，都明白顧客的報稅資料僅供參考，並非實際收入。因此，在考慮發放購車或購屋貸款時，銀行採用「調節公式」，根據一些與顧客報稅收入無直接關連的數字來估算實際收入。哪些逃稅人是這一方面的高手？維吉尼亞理工大學的學者亞塔凡尼斯（Nikolaos Artavanis）、以及芝加哥大學的摩斯（Adair Morse）和祖祖拉（Margarita Tsoutsoura）找到一家願提供資料的希臘大銀行。這家銀行姑隱其名，提供這三名學者算式和數據，以及多達數萬筆的信貸申請書。三學者研究發現，希臘逃稅最厲害的族群之一是高收入職業裡的自雇者。雖然全世界自雇者低報收入的現象很常見，但三名學者發現的證據顯示，希臘這群人低報的情形特別囂張。舉例而言，學者認定，從二〇〇三至二〇一〇年，醫師、律師、會計師、以及餐飲旅館業者等專業人士中，每月繳貸款的數目竟超過申報的月收入。照常理，銀行不會對這種人放款，更不會讓一整群這種人借貸，但希臘銀行照做不誤，因為銀行業界清楚，申報收入無法反映真相。自雇者在檯面下逃稅，對希臘國庫的殺傷力特別強，因為希臘的工作人口當中有大約三分之一屬於自雇，比例在歐盟裡居首，差不多是全歐盟平均值的兩倍。據這份研究的學者保守估計，在國庫無以為繼的消息曝光的那年，也就是二〇〇九年，希臘自雇者漏報的應課稅收入（taxable income）高達二百八十億歐元，政府稅收虧損額就占了赤字近三分之一。

德國、荷蘭、芬蘭這些歐盟國家，對於參與希臘紓困案的態度甚為保留。這三國人民閱報發現希臘富人隱藏游泳池的新聞，發現希臘人口中的保時捷凱燕（Porsche Cayennes）車主平均比例異常高，發現憲法賦予希臘船運大亨免稅待遇，三國民眾讀得心驚。德國公共電視播放名為《希臘騙局》（*The Greece Lie*）的紀錄片，代民眾吐露心聲，在片中問：希臘人自己好像不願出錢救政府，德國人何必去救？在紀錄片裡，旁白以戲劇化、酸人的語氣介紹一名希臘船主為「巨擘」，船主在鏡頭前神態自若，穿著天藍色休閒西裝，看起來是有錢人，望向遊艇的船頭高聲說，腐敗的政府不懂經營之道，人民不應該向他們納稅。他問，「你願意把錢繳給黑道大哥卡彭（Al Capone）嗎？」

除了紀錄片之外，德國《明鏡》週刊也以封面故事探討此事，標題是「喊窮的騙局：歐洲危機國家如何藏錢」。這篇報導依據歐洲央行的一份調查，發現希臘以及同樣接受金援的賽普勒斯和西班牙的民眾持有的家產高於德國人。這份資訊暗示，儘管希臘政府破產，人民卻不窮。反之，在德國，政府的資金相對充裕，民眾比不上政府。希臘人的家產中位數是德國的兩倍，主因是希臘有屋階級比德國普遍得多，而且通常房子不只一棟。這份調查所使用的數據，統計時間大多取自歐債危機爆發之前，許多希臘評論家指稱這數據有誤導之嫌，恐被用來負面宣傳。在德國，總理梅克爾擔心選民自以為上當了，唯恐引發一場政治風暴，所以認同調查結果「被扭曲」的說法，在接受《畫報》（*Bild*）採訪時表示，這份調查並未包括德國高年金制度和海外資產。梅克爾的說法不無道理。德國民眾比較放心納稅，原因是民眾對政府有信心，知道稅金將以福利的形式回流入口袋。然而她未提的是，很多希臘民眾比較不願納稅給政府，但優渥的年金照領不誤，和納稅金額不成比例。

三頭希望希臘財富階級吐出一些隱藏資產。提高房地產稅是一良方。國際貨幣基金是希臘的債主之一，在伊德拉島事件前幾月，《衛報》專訪女總裁克莉絲蒂娜・拉加德（Christine Lagarde），提到希臘撙節政策影響民生時，口氣相當冷漠，並把焦點放在打擊逃漏稅上。記者問拉加德，國際貨幣基金要求希臘縮減支出，可能導致「孕婦臨盆時無人接生、病患無法取得救命藥、獨居老人因缺乏照顧而默默死去」，總裁難道不關心嗎？對此，總裁回應：「對，我比較關心尼日小村落小學生的處境。他們每天上課兩小時，三人擠一張椅子，非常渴求接受教育。我對他們念念不忘，因為我認為，他們甚至比雅典人更需要幫助。」總裁接著說，「至於雅典人，我也常想到時時刻刻想逃稅的那一群，常想到那些想逃稅的希臘人。」聽在許多希臘人的耳裡，這些話相當刻薄，總裁拉加德的臉書網頁湧現數千則的憤怒留言。總裁隨後以低姿態寫道，她「非常同情希臘人民，也同情他們面對的挑戰」，但她也再次強調，希臘人應據實納稅，尤其是中上階級的人。當時希臘正值選舉期間，政界紛紛撻伐總裁的言論，指控她刻板描述希臘人，羞辱希臘人。「希臘稅重到難以承受，有工作的人都納稅，」激左聯的齊普拉斯如此回應，接著再批評政府無膽取締「大資本」。

外界普遍懷疑政府查稅時獨漏有錢有勢階級，這在伊德拉島暴動後幾個月獲得證實。希臘記者瓦瑟凡尼斯（Kostas Vaxevanis）調查採訪，在匯豐銀行日內瓦分行整理出一份希臘存款戶名單，大約兩千人，其中不乏知名人士，例如前任和現任部長的親屬。這份名單以國際貨幣基金總裁拉加德為名，普遍稱為「拉加德名單」，原因是幾年前，拉加德擔任法國財政部長期間，法國政府曾取得一份資訊，顯示數千名歐洲人在瑞士的銀行隱名開戶。法國當局以這資料查核國內逃稅者，並將相關資料傳給歐洲其他國家，方便大家查稅。二〇一〇年，法國政府把涉及希臘的資料燒成光碟，交給拉加德的同行帕巴康斯坦丁諾（Giorgos Papaconstantinou）。娃娃臉的帕巴康斯坦丁諾屬於泛希社運黨，當時擔任希臘財政部長。帕巴康斯坦丁諾後來說，祕密帳戶的存款總額大約二百億美元。在當時，帕巴康斯坦丁諾應是調查海外帳戶的理想人選。但等到記者瓦瑟凡尼斯公布黑名單時，案子已拖了兩年，政府遲遲不調查。帕巴康斯坦丁諾後來說，原本的那片光碟搞丟了，幸好資料另存備份。比對名單之後發現，帕巴康斯坦丁諾備份裡有三人的姓名被刪除，原來這三人是帕巴康斯坦丁諾的一名表親和兩名親戚。帕巴康斯坦丁諾後來被起訴，罪名是在名單上動手腳。曾任部長的帕巴康斯坦丁諾依法有刑事豁免權，但被希臘國會表決取消。特別庭召開後，帕巴康斯坦丁諾因偽造文書罪被判緩刑一年，屬於重罪的失信罪嫌不成立。自始至終，帕巴康斯坦丁諾堅稱無辜，否認刪除親戚姓名，自稱遭人陷害。他在國會發言指出，國家有難，他成了代罪羔羊，因為債務危機爆發之初他是財政部長，吃力不討好，簽署第一次紓困案而被人唾棄。

黑名單上的惡人沒有馬上被調查，反倒是在雜誌上公布名單的記者吃上官司。雜誌發行後幾天，被希臘政府視為眼中釘的瓦瑟凡尼斯被捕，罪嫌是違反個資保護法，案子在幾天之後就開庭，速審速決。瓦瑟凡尼斯獲得無罪開釋，但檢察官發現判決有誤，聲請重審。一年後，瓦瑟凡尼斯再度被判無罪。在此同時，調查黑名單的動作依然少得可憐，慢如蝸步。瓦瑟凡尼斯被捕後，藉《衛報》表示，「在古希臘神話中，司法之神是盲目的。在現代希臘，司法之神只會眨眨眼，點點頭。」他接著說，拉加德名單顯示「整個權勢體系」如何將錢匯出國外，而且，光是調查瑞士的一間分行就能整理出這麼多帳戶。「反觀希臘國內，人民正在翻垃圾桶覓食。」

瓦瑟凡尼斯說得沒錯。希臘富人逃稅又能躲避司法，其他人則受苦受難。我在雅典見到民眾翻垃圾子母車，其中很多是衣裝體面的老人，省下退休金給困苦的兒女或孫子用。見證到這種畫面，我拚命想瞭解希臘危機的主調何在。希臘人是藏錢不給政府用的有錢人嗎？是喊窮騙局裡的演員嗎？或者，希臘人因破產和撙節政策而陷入水深火熱？

探討一陣子後，我發現我不應該二選一，因為這兩種現象都是真的。無論在哪一種社會，經濟崩盤往往對最脆弱的族群衝擊最重，在希臘絕對是如此，而希臘民眾收入差距以歐洲標準，早已算是很懸殊了。此外，應照顧最窮苦族群的福利制度卻常造福特殊利益團體，制度變得殘破零碎。歐盟僅有兩國不提供最低薪資補助：義大利和希臘。希臘家族向心力強，能爹補福利制度的缺憾，但景氣持續低迷，家族互助的能力也每況愈下。根據歐盟主計處，到了二〇一三年底，希臘有三六％的人口「面臨貧窮或社會孤立的風險」。只有保加利亞與羅馬尼亞的情況比希臘更嚴重。每五個希臘人當中，就有一個嚴重物資短缺，他們負擔不起基本家用、付不出房貸、家中難有足夠取暖的暖氣。起先是希臘政府鬧債務危機，後來漸漸波及民間，愈來愈多民眾因收入減少，稅金增加，失業率陡升，也步上政府後塵，紛紛破產。最令人憂心的是，有愈來愈多家有幼兒的民眾淪為貧民。這些人無錢藏在海外帳戶，卻為國病付出最巨額的代價。

很多最窮苦的希臘人都死心了，認為改革無望，認為賺錢的機會不會再來，認為希臘政客不可能開創較公平的制度。心死的情況多嚴重？我碰到的一個例子特別能說明。我在二〇一三年春，來到德國西南部的斯瓦比亞（Swabia），這裡有此起彼落的小山丘，景氣欣欣向榮。在德國，斯瓦比亞居民以守秩序、極節儉聞名，當地汽車製造業興盛，長年吸引南歐勞工前來就業，許多希臘人也跟著來。斯瓦比亞的希臘人多數是一九六〇、七〇年代的移民。但在我到斯瓦比亞的那段時間，不景氣的希臘每年有數萬人出走，來德國討生活，屬於新一代希臘移民。我走訪斯瓦比亞區的一座小鎮，見到這裡有幾棟半木造房屋，然後去參觀一間倉庫，老闆的父親是希臘移民。老闆告訴我，這裡的生意很好，讓他能雇用幾個希臘來的新移民。他帶我參觀之際，我認識一位新移民，名叫瑪麗亞．薩伍里度（Maria Saoulidou），三十八歲，身材纖瘦，正在掛一包包的兒童舞會用品，裡面有紅氣球和條狀的黃色紙帶，掛在架子上，準備運走，廉價商店收到後可直接展示販售。她剛來德國，家鄉在希臘北部的一個小城。她告訴我，在老家，她本來在一間超市上班，有天，老闆停止發薪給她和其他員工，但她繼續上班，指望最後還是領得到薪水，可惜事與願違。她先生是卡車司機，情況也不比她好到哪裡，錢最後用完了，夫婦才決定來德國試試看，想開創新天地。她有個叔叔也移民德國，事業有成，能在這段過渡期接濟她。她和丈夫生了兩個兒子，孩子年紀還小，所以只好留在希臘，託小孩的祖父母照顧。夫婦倆前進斯瓦比亞，在倉庫附近的公寓租地下室住，環境陰溼，家具不多，只有一張床墊和兩張椅子。她告訴我，等夫婦倆有能力維持像樣的居家生活，他們會把兒子接過來養。她當然很想念兒子們。「很苦啊，」她說。她戴著手套，拿著一包氣球，差點掉淚。我低頭看地板，注意到她穿的球鞋其中一支的鞋尖嚴重破損，露出腳趾。她說，把兒子接來德國以後，如果再回希臘，也只住幾天就走。「我們關心的不是我們的未來，」她說。「我們關心的是孩子的未來。遺憾的是，在希臘，他們沒有未來。」

三

在許多希臘人眼裡，政治人物佐哈卓普洛斯（Apostolos Tsochatzopoulos）能代表為何政府缺乏徵稅的道德勇氣。佐哈卓普洛斯取得巨富的方式是背叛人民，侵吞公款窮凶惡極，具體象徵了政治菁英和同為少數寡頭者的行為不檢與貪婪。貪汙的權勢階層受制裁的人不多，他是其中之一。在雅典搭計程車，你如果講出他的姓，必定會聽見司機臭罵他一頓。在我停留希臘期間，在雅典郊區的監獄服刑的佐哈卓普洛斯，大概是全國最多人撻伐的對象。

他是如何傾國庫自肥的？想瞭解原委，必須回溯至一九九五年十二月下旬，一艘土耳其貨輪撞上小島，這個島嚴格說來只是一塊海中巨岩，離安那托利亞（Anatolia）岸邊幾英里。貨輪觸礁，意外引發小島主權爭議。小島地勢險峻，面積約十英畝，無人居住，只看得到野山羊。旁邊另有一座小島，也同樣成為土耳其和希臘爭議的焦點。希臘政府堅持小島屬於希臘領土，願意出船拉救貨輪，但土耳其船長起初猶豫不決，辯稱小島其實是土耳其領土，應由土耳其派船營救才對。這兩國敵對的情勢由來已久，世人時有所聞。島國賽普勒斯陷入分裂狀態，兩國為其主權爭論不休，也為了賽普勒斯周圍的愛琴海領海和領空勾心鬥角。起初，觸礁事件爆發的爭議似乎稀鬆平常。土耳其貨輪最後接受由希臘拖救，事後讓希臘和土耳其外交部默默交換意見書，互表主權。希臘稱之為伊米亞島（Imia），土耳其稱之為卡答克島（Kardak）。但此事並未到此為止。

觸礁當時，希臘總理是帕潘德里歐，是泛希社運黨的高人氣創黨人，因病而讓徒弟佐哈卓普洛斯當代理總理。佐哈卓普洛斯和泛希社運黨的關係可遠溯至一九六〇年代末期，當時他還是在慕尼黑研習土木工程的留學生，希臘政府由美國撐腰的軍事獨裁政權「上校軍團」掌權。在德國，佐哈卓普洛斯加入帕潘德里歐的流亡反獨裁運動「泛希臘解放運動」，其成立宗旨日後成為泛希社運黨的黨綱：減少冷戰期間美國對希臘內政的影響，促進社會主義經濟轉型。獨裁政權在一九七四年垮臺，簡稱PASOK的泛希臘社會主義運動黨正式誕生。七年後，帕潘德里歐當選總理，著手提高政府支出，幫助欠債的民營企業改走社會主義路線，但他無法兌現「退出北大西洋公約組織並關閉希臘境內美軍基地」的選前承諾。泛希社運黨勝選後，幾乎毫無間斷地執政二十餘年，也讓佐哈卓普洛斯開始長年的部長生涯，大家暱稱他「阿奇斯」（Akis）。佐哈卓普洛斯最初執掌的是公共工程部，爾後在泛希社運黨執政期間，始終都擔任部長。佐哈卓普洛斯的眼睛深邃精明，稜角分明的臉皺紋深刻，言談溫吞和氣，維持儒雅風範。據說，帕潘德里歐將他比擬為十九世紀英國花花公子「布倫美」（Beau Brummell）。佐哈卓普洛斯對黨魁忠心耿耿的態度被人濃縮為笑話一則：帕潘德里歐問徒弟佐哈卓普洛斯，「阿奇斯，現在幾點？」佐哈卓普洛斯回答，「你希望幾點，現在就幾點。」

貨輪觸礁幾星期後，年邁的帕潘德里歐因健康急轉直下而辭去總理，忠心的佐哈卓普洛斯已代理一段期間，公認是可能的繼任人選。然而，泛希社運黨派系推舉佐哈卓普洛斯的死對頭希米提斯（Costas Simitis），險勝佐哈卓普洛斯，登上總理寶座。希米提斯曾任教授，主要目標是把希臘送進歐元區，個性溫和，不擺架子，大家認為他是支持歐盟的「現代化派」。前任總理好大喜功，意見常和他相左。由於新總理出身技術官僚，常被人貶損是「會計」。新總理就職兩天前，希臘一雜誌報導，伊米亞島主權爭議已延續一個月，土耳其「忽然大動作」嚴重挑釁。不久，希臘各報跟進，熱炒這則消息，報導內容不出：「土耳其看準了新政府是軟柿子，小島是要定了。」希米提斯才當選，主權爭議的報導陡增，並非純屬偶然。原來是希米提斯的政敵在搞鬼，想趁觸礁事件凸顯新總理軟弱，所以找媒體界的走狗幫忙。

兩國衝突的情勢陡然升高，一度有愛國人士搭船，從附近的希臘島嶼前進伊米亞島，以宣示主權。這群人包括幾名壯丁、一位黑袍牧師、兩名小男孩、一位希臘電視記者和攝影記者，登陸小島時，緊繃的場面一觸即發，兩國的戰鬥機飛掠上空，海軍小艇也在周圍海域航行，強勢逼近對方。在熱鬧的氣氛中，希臘電視攝影機拍下愛國人士舉國旗、唱國歌的畫面。

「我們把國家擺在第一位，我們的國魂在此登陸，永遠與希臘島嶼同在，此時此刻站在這塊國土上，宣示主權，」牧師對鏡頭說。牧師又說，他和同行人是邊防軍戰士（Akritai），意指在拜占庭帝國時期在東境抵禦穆斯林外侮的軍人。「無論誰攻過來，打死我才有辦法登陸。」

另外有一次，土耳其大報《自由報》（*Hurriyet*）記者以過度激烈的行動體現鼓吹式新聞學，搭乘直升機登陸小島，拔除希臘人插的國旗，改插土耳其國旗並拍照。該報在頭版刊登巨幅相片，以「戰旗」為標題。為回應土耳其記者的舉動，希臘政府派遣特戰隊登陸，把希臘國旗插回原位。土耳其的反應是派遣自己的特攻隊登陸旁邊的小島，並讓幾十艘戰艦趕至現場。一架希臘直升機失事墜海，造成機上三人喪生。人性愚昧，局勢眼看即將演變為全面軍事衝突，幸好美國外交官和柯林頓總統在最後關頭致電斡旋，為雙方磋商出一項協議，以和平為重，不再登陸插國旗。

伊米亞島事件重創希臘人心，因為許多民眾認為該島屬於希臘，無庸置疑。美國從中斡旋，希臘撤軍，被民眾視為國家怯戰畏縮。（美國一名外交官事後表示，在伊米亞島主權一事上，希臘在法律方面其實比土耳其更站得住腳。）新總理希米提斯就任，在國會演說時，感謝美國協助化解伊米亞島危機，居然被狠狠喝倒彩。希米提斯處理爭議的手法廣受批判，連泛希社運黨也不放過他。批評他的泛希社運黨派系屬於傳統派，走民族主義路線，以佐哈卓普洛斯為首。小島危機落幕後幾個月，佐哈卓普洛斯繼續挑戰新總理，想奪回泛希社運黨的主導權。新總理為修補黨內派系的裂痕，且平撫敵手，後來任命佐哈卓普洛斯擔任國防部長。這份職位的影響力深遠，特別是在當時。

希臘由於和土耳其紛爭頻仍，長久以來積極軍購，軍費開支占GDP的百分比遠遠凌駕在多數歐盟國家之上。伊米亞島事件後，國人備感羞辱，呼籲大肆採購軍武。這為佐哈卓普洛斯提供狂撈油水的良機。貪汙在希臘政壇並非罕見，但當時國防部軍購之浩大，更讓官員有機會發一筆不義之財。針對這現象，希臘知名調查採訪記者泰勒葛洛（Tasos Telloglou）曾告訴我：「在這國家，入主國防部的人有一筆預算可用，卻不會變成有錢人，騙誰？傻瓜才會相信。」

伊米亞島事件之後，希臘進行大規模的軍事現代化計畫，經費總計將近一百七十億美元。接下來十年間，希臘買了幾架美國戰機、幾艘德國潛水艇、俄國地對空飛彈、斯洛伐克大炮，後來也買了德國裝甲車等無數軍備。根據斯德哥爾摩國際和平研究所的資料，如此大手筆揮霍在軍備上，也使得小不點希臘在二〇〇二至二〇〇六年之間躍居全球第四大軍購國。佐哈卓普洛斯離開國防部幾年後，在二〇〇四年，開始有人懷疑他在部長任內藉軍購撈油水。啟人疑竇的關鍵在於，那年他迎娶第二任妻子凡瑟麗姬．史塔瑪提（Vasiliki Stamati）。家屬描述她是位謙遜的小鎮女孩，曾在公家電力公司上班，經常回到希臘中部的家鄉幫忙家裡做家事。然而，那年她和佐哈卓普洛斯結婚，看在希臘人眼裡，場面一點也不寒酸。婚禮在巴黎舉行，根據媒體報導，新郎倌坐著「亮晶晶的藍色積架名車」抵達。婚宴在四季酒店舉行，新人房也設在這裡，來賓則被安排住在較不豪華的飯店，引發怨言。由於場面看起來奢華，希臘人不禁懷疑，佐哈卓普洛斯單靠部長薪水可過優渥的生活，沒錯，但不太可能變成花錢如流水的富翁。希臘《每日報》（*Kathimerini*）以標題問，「佐哈卓普洛斯先生，你如何致富？」特別令民眾感冒的是，佐哈卓普洛斯號稱奉行社會主義，譴責「大資本」，支持社會正義和社會團結，如今卻被部分報導指出，他和妻子在四季大飯店入住的是皇家套房，占地二千六百三十平方英尺，以古董裝潢，在全球最貴的飯店房間裡排名前十到前十五名之間。佐哈卓普洛斯後來說，他們的新人房不貴，是媒體惡意抹黑。他說，那間飯店裡「有普通房間，供所有人投宿」。

婚禮後不久，希臘一名檢察官蒐集到佐哈卓普洛斯於部長任內兩項軍購的檔案，寄給國會，附帶說，這資料可能顯示前國防部長涉及不法。檢察官依法必須把檔案呈給國會，原因是檢察官不得逕行調查部長，因為希臘憲法保障現任和前任部長，除非國會表決通過，否則不能調查部長任內行使的職權。因此，國會特別召集委員會，初步調查有問題的軍購案，第一項是向美國採購的雷達系統，被批評為沒用處，不符希臘軍隊需求。第二項是向俄國採購的地對空飛彈系統，被認為太貴，效能不彰。委員會公布調查報告，但結論的歧異非常大，黨派立場鮮明。當時由新民主黨執政，該黨委員提出幾條似乎切中要領的疑問。以俄國飛彈系統而言，希臘軍方審核小組判定該系統不合規格，為什麼合格的廠商另有幾家，國防部偏偏直接向俄國下訂單，買進二十一套飛彈系統，價值約八億美元？此外，這項軍購案中，大筆大筆的錢在三家名稱大同小異的公司之間匯進匯出，這三家公司究竟扮演什麼樣的角色？一家名叫「德魯祕蘭國際希臘」（Drumilan International Hellas），設在雅典，一家名叫「德魯祕蘭補償計畫」公司（Drumilan Offset Programme），設在賽普勒斯，最後一家名叫「德魯祕蘭國際公司」（Drumilan International Ltd.），擁有上述兩家九九%的股份，設在英屬維京群島。幾年後，希臘法院認定，這三家公司涉及洗錢，把二千五百多萬美元的軍購回扣轉給佐哈卓普洛斯的海外帳戶。

國會調查委員會裡的泛希社運黨委員判定，佐哈卓普洛斯「被冒犯，被蔑視，有欠公允」。泛希社運黨的一委員名叫溫尼傑洛斯（Evangelos Venizelos），後來當上黨魁，高幬位的他當時告訴國會，調查委員會是「揭露真相的絕佳論壇」。根據他的說法，真相是，新民主黨正試圖憑空捏造醜聞，以中傷泛希社運黨，至今無一貪瀆的疑點被證實。溫尼傑洛斯說，這案子的證據「蒸發」了。大抵而言，這話似乎有道理。希臘國會並未表決是否應起訴佐哈卓普洛斯，只不過軍購疑雲仍瀰漫不散。國會委員會公布調查報告後幾個月，俄國法院審判地對空飛彈的製造商阿爾馬茲安泰（JSC Concern Almaz-Antey）公司的兩名離職主管，認定兩人濫用職權，判刑四年。俄國法院認定，在希臘軍購案中，該公司輸送金錢「利益給第三方」。

賄賂者被逮到了，收賄者究竟是誰，依然是懸案一樁。

二〇一〇年，佐哈卓普洛斯解釋不清的財富再度遭檢視。希臘《每日報》報導，佐哈卓普洛斯的妻子在希臘地價最高的住宅區購屋，樓高三層，新古典風格，位於人行步道亞瑞帕吉托街（Dionysiou Areopagitou），對面是雅典衛城，一眼可見帕德嫩神殿，售價是一百一十萬歐元，她多數以現金支付，錢來自諾比里斯（Nobilis）國際公司，設在懷俄明州夏安（Cheyenne）。在她購屋之前，諾比里斯公司向另一家海外公司買下這棟房子。這家設在賽普勒斯，名叫托卡索（Torcaso）投資公司，經調查發現，老闆竟是佐哈卓普洛斯的堂表親。他後來承認代部長洗錢無數。住屋登記在海外公司名下，一來可光明正大享用資產，二來可避稅，對前任部長夫婦而言顯然很理想。根據《每日報》，當時國會即將立新法以「重振稅務正義並打擊逃漏稅」，欲針對登記在海外公司名下的房地產加稅五倍，佐哈卓普洛斯才決定以妻子名義買下房子。

到這時候，希臘的政壇風氣已和五年前調查軍購案時大異其趣。如今，國家瀕臨破產，政府頻頻降薪減年金，民心憤怒。據傳佐哈卓普洛斯的妻子為臥房添購窗簾，竟斥資數千歐元，被諧星挖苦。國家大亂了，總該犧牲一隻肥羊來獻祭。一名主任檢察官下令初步調查佐哈卓普洛斯購屋有無違反稅務法等規定。泛希社運黨對佐哈卓普洛斯下停職令，靜候調查結果。這一次，黨內同志不準備為他辯護了。

從那一刻起，佐哈卓普洛斯的命運線垂直下降。在慕尼黑，檢察官已著手調查德國公司費洛斯達（Ferrostaal）。這家公司自稱「產業服務供應者，專精產業知識，具備融資能力」。其中有項特別的融資能力引起檢察的興趣，它被懷疑是賄賂的支出，這些賄賂大部分與佐哈卓普洛斯在國防部長任內敲定的潛水艇軍購案有關。在這階段，潛艇案疑雲已在希臘鬧得烏煙瘴氣。早在十年之前，國防部同意採購幾艘先進德國潛水艇，廠商是費洛斯達和HDW（Howaldtswerke-Deutsche Werft）組成的財團。HDW是造船公司，設在波羅的海港市基爾（Kiel）。當時HDW新開發「二一四型」柴油電潛水艇，正在物色第一個國際買主。德國檢察官後來發現，費洛斯達公司為了爭取希臘軍購，派經理人去尋求一群人的服務。這群人被他們美名為「祈禱團」。祈禱團在希臘有人脈，能遊說希臘國防部官員，對官員曉以德國潛水艇的優點。德國公司的祈禱果然靈驗了。希臘決定成立一計畫，以古希臘數學科學家阿基米德為名，購買四艘新潛艇。除此之外，雙方再簽一約，為希臘海軍目前已有的三艘德製舊潛艇現代化。這兩次交易的頭款讓希臘破費約二百億歐元。

兩次交易進行得並不順利。第一艘新潛艇在基爾完工了，測試時根據希臘海軍軍官，潛艇在某些情況下嚴重傾斜，險象環生。HDW的代表說，最初的幾種問題已經修好了，而且傾斜是正常現象。德國一名退役海軍上校上希臘電視節目說，「沒啥大不了的啦，多留意咖啡杯就行了。」雙方纏辯多日。德國廠商指控希臘不履行合約，指控希臘抱怨潛艇是為了拖延後續款項。無論何者為是，何者為非，這場舌戰意味著，伊米亞島事件爆發，令希臘軍方急著斥資採購潛水艇，結果十年後，希臘依然無新潛艇可壯軍威，連舊艇整修也沒著落。二〇一〇年，希臘政府同意接受首次紓困案後幾月，又和HDW簽訂一項複雜的協議，以新交易來取代備受爭議的軍購案。潛水艇被希臘民眾嘲笑是「斜艇」，不論公平與否，希臘軍方最後決定收下，另外五艘同型潛艇也不退回，還翻新一艘希臘舊潛艇。這項交易使希臘國庫耗損超過十億歐元。然而，到這階段，破產危機比土耳其的威脅更迫在眉睫，買潛艇似乎不明智。債主對希臘政府施壓，要求狂刪社福支出，希臘政府卻照買德國潛艇等軍備不誤，令許多希臘民眾難以接受。

潛水艇事件後來成為希臘政府昏庸、德國盛氣凌人的代名詞。我曾在雅典偶遇一位表舅，他是農夫，在戶外市集擺水果攤。他帶著一臺小機器印收據，這在農人市集很罕見，但金融犯罪調查員最近曾來查看攤販是否記錄交易數字。有一位女士向他買兩個檸檬，共二十幾分錢，他卻印收據給她，我看了暗暗嘀咕太荒謬了。表舅對我說出他的看法：花了大把錢買潛艇不交貨，買檸檬卻要開收據。表舅留著灰白大鬍鬚，是個老嬉皮，習慣捲菸抽，平常個性非常穩重，但潛艇事件令他氣得直跳腳。他氣的不只是自己的政府，也氣德國政府。「我們被他們的靴子踐踏啊！」更令希臘人氣絕的還在後頭。二〇一一年底，德國法院判定，費洛斯達公司經理人賄賂希臘官員，換取最初幾項潛艇交易。後來，軍購賄賂案另有幾樁，都與希臘國防部官員和歐洲軍武製造商（通常是德國廠商）有關。費洛斯達公司被罰款一億四千萬歐元。

這一次，涉嫌收受賄賂的人終於要負責了。二〇一二年，佐哈卓普洛斯在衛城對面的自宅裡被捕。這棟豪宅成了辦案關鍵，讓檢察官循線追查回扣與德國潛艇的關連。迷宮似的銀行轉帳直指幾年前曾買下這棟豪宅的境外公司托卡索。佐哈卓普洛斯起初被依漏報資產罪嫌定罪，判刑八年。後來他又被判定有收受數千萬美元的回扣與洗錢，這些回扣不僅與德國潛艇軍購案有關，也牽連到幾年前被調查的俄國地對空飛彈採購案。因此他被判二十年。檢察官告訴我，嚴格說來，佐哈卓普洛斯被判刑是因為他洗錢，無關收受賄賂，因為曾擔任過部長的他免受賄賂案起訴。受本案株連而被判刑的人另有十幾個，包括佐哈卓普洛斯的妻子、女兒、前妻、堂表親、會計、國防部的左右手。

佐哈卓普洛斯的案子為檢調人員挖出不少案外的線索。我訪問到幾位希臘主任檢察官，他們說，儘管前部長入獄了，軍購案的賄賂和洗錢等犯行只被調查出皮毛而已。以前國防部的功能猶如黑影幢幢的幫派網，缺乏獨立稽查單位來審核合約。一名在二〇一〇年辭職的國防部官員上希臘電視節目宣布，一九九六年以後的每一件軍購案都有瑕疵。幾位檢察官告訴我，據他們估計，從一九九八到二〇〇二年，希臘在軍購上花費一百億至一百五十億歐元，其中七%到十%是違法款項，總計達十五億歐元。

佐哈卓普洛斯被判刑後，希臘國防部一名職等不高的官員作證說，國防部和德國公司KMW（Krauss-Maffei Wegmann）談生意期間，想購買大批坦克車，他曾表露遲疑的態度。他說，後來，有位代表德國公司的希臘人在他辦公室留下一袋鈔票，共有六十萬歐元。「我的確不再反對那次軍購」，官員作證表示。他說他在職五年間，軍購案的賄賂金為他進帳數百萬美元。在佐哈卓普洛斯下臺之後，希臘總共買了一百七十輛德國豹二型坦克，總價十七億歐元。KMW公司的德國總部和希臘代表都否認行賄。這位希臘代表在軍購領域是響噹噹的人物，接受我訪問的人都以「王」或「帝」稱呼他。直至二〇一四年底，沒有人因此被起訴，但坦克車軍購案的調查仍在進行中。許多國防專家質疑這次採購是否明智，論點是，這型坦克在陸上持久戰才有作用，而希臘打這種戰爭的機率渺茫。坦克車的實用價值引發更多質疑。希臘媒體報導，買坦克時並沒有買炮彈，令許多人質疑超現代化坦克再強，無彈可發有什麼用？

雖然佐哈卓普洛斯成了萬夫所指的對象，連政壇同夥也跳進來譴責他，但實難令人相信的是，和佐哈卓普洛斯有所接觸的人竟不知國防部出了大紕漏。我想訪問的幾位高官和國防部官員，幾乎無人肯跟我討論這問題。少數幾位官員原本同意受訪，結果都爽約。有一位官員事後聯絡我，不准我洩露見面的事。我四處碰壁，訪問不到官員，急如熱鍋蟻，一事無成，漸漸覺得自己像到處訪問主廚，要求他們曝露機密食譜，再訪問也不會有太多成果。

佐哈卓普洛斯在牢裡蹲，繼續否認所有指控，聲稱他是被「權力核心」拔掉，「政壇生涯和道德俱毀」。他的心情不難理解。栽培他的政治體系如今推他出來承擔最嚴重的缺失。洗錢案審判期間，佐哈卓普洛斯再三強調，總理和多位部長組成的政府委員會也簽署軍購案。他說，如果想要讓全案水落石出，簽署的那些人也應出庭。佐哈卓普洛斯一再懇求，但始終不如願。「在當前的氣氛中，一切都攤在陽光下，」他曾在判刑前對著電視鏡頭喊話，語重心長，話未說完便打住、環視空盪盪的周遭，彷彿想從中找字。「常言道，真理自在人心。」

Ⅲ

伊米亞島事件後，希臘狂買軍備的同時，也積極申請進入歐元區。為了取得資格，希臘和所有會員國一樣，必須將年度赤字減至GDP的三％。希臘能符合這項規定，令人佩服，因為在伊米亞島事件之前，在一九九五年，希臘赤字高達GDP的九％以上。有鑒於希臘表現出控制赤字的能力，歐盟在二〇〇一年元旦歡迎希臘入歐元區。如先前報告的數字，加入歐元區的條件是，該國預算赤字須在頭幾年維持在三％。因此，希臘一方面撙節預算，另一方面能大肆採購軍備。希臘是怎麼辦到的？

並非人人都相信希臘報告的數字。倫敦有些投資金融業者看不過去，戲稱希臘主計處長是「魔術師」，能讓赤字消失。然而赤字當然沒有消失，後來希臘政府在歐盟主計處的監督下，修正一九九七至二〇〇三年的數據，顯示希臘赤字從未低於GDP的三%以下，僅僅在一九九九年接近過一次，也就是申報入歐、財政受審核的那年。換言之，希臘政府儘管在入歐前幾年戮力改善財經體質，但始終無法符合歐元區規定。歐盟主計處在二〇〇四年報告中表示，希臘計算軍費支出的方式是根本漏算，這是赤字暴增的一大主因。根據歐盟主計處的說法，希臘軍費開銷與帳面數字不符，相互矛盾，這種現象顯然可遠溯至一九九四年，甚至更早。希臘一度告訴歐盟主計處說，軍費開支是在武器交貨時才計算。另外有一次，希臘辯稱，這類軍事資料屬是機密，因此國內主計處的人拿不到武器交貨時的資訊。因此，從一九九七至二〇〇三年靠貸款購買的多數武器都未入帳。簡言之，這幾次軍購案全是檯面下的交易。

二〇一四年夏，我在雅典，拜訪了帕班東紐（Yannos Papantoniou）。他是泛希社運黨員，在希臘入歐前幾年擔任財政部長，將成功入歐視為個人政治生涯最亮麗的政績，因此不認同這項成就建築在假數據之上的說法。他此時擔任智庫「政策進步研究中心」（Center for Progressive Policy Research）主任。我去採訪的那天早上，智庫裡相當冷清，只見到一位他的助理，另有一名老人來詢問最近收到的退休年金支票為何比上次少幾歐元。助理盡量保持禮貌，但建議老人去找相關單位釋疑。老人離開後，帕班東紐走出辦公室，和我握手。他曾就讀威斯康辛大學麥迪遜校區，在劍橋取得經濟學博士，後來成為泛希社運黨「現代求新派」。從財政部卸任後，他取代佐哈卓普洛斯，繼任國防部長。

帕班東紐穿西裝外套和卡其長褲，露出熟練而燦爛的笑容，但顯得相當刻意。他的心情似乎不太好，可想而知，因為當時他因報稅問題受到各界關注。原來，他妻子的名字出現在拉加德名單上，而政府派員調查他的海外帳戶似乎也有所斬獲。在我訪問他之後的幾個月，帕班東紐夫妻因在二〇〇九年漏報資產，各被判緩刑四年。這對夫妻另外也因二〇〇八年漏報資產被起訴。他擔任國防部長期間的行為也被調查中。在我訪問他的前後，檢察官正調查重金採購豹二型坦克的過程，而這項軍購案就是在帕班東紐任內成交。此外，這位國會調查委員會的主席在十年前也調查過佐哈卓普洛斯，他接受希臘報紙訪問表示，調查結果顯示，當年國防部蔚為回扣「集團」，帕班東紐也有一份。帕班東紐的回應是，沒有證據顯示他是回扣集團的一員，將這項指控斥為誹謗。

我訪問他時，他不願討論瑞士帳戶的指控，卻在面對希臘媒體時自稱清白，但又不願提及國防部長任內的事。他說，「你知道，因為國防和這一大堆指控混為一談，焦點被模糊了。」他尷尬笑笑，接著說，「那件事不太好聽，我不希望自己的名字被扯進去。」我倒認為，當時貴為國防部長的人怎麼可能置身事外，特別是在佐哈卓普洛斯下臺之後繼任的人。我再試幾次，希望他談談剛上任時在國防部見到的現象，他說他在「革新架構和政策」方面有所貢獻。

訪問過程中，帕班東紐駁斥希臘偽造帳冊以入歐的說法。他告訴我，二〇〇四年赤字上修是新民主黨的政治伎倆，目的是讓前任執政黨泛希社運黨丟臉，提升自己財政節制的表象。他說，上修的舉動「將希臘國格抹黑為詐騙集團」，很不公平。接著，他沉思債務危機片刻。他說，儘管希臘面臨不少危機，留在歐元區仍是希臘進步的最大契機。「像希臘這樣的國家加入歐洲貨幣聯盟，對希臘政壇裡追求現代化的我輩而言，能迫使我國養成遵守規範的習慣，有助於國家自我改進，更守規矩，」他說。「我們仍抱著希望。」

3 抵抗

步槍上肩頭，
在城市、平原、村落，
我為自由開道，
為自由攤手，讓她踏掌前進。

——希臘人民解放軍ＥＬＡＳ的團歌

二〇一四年三月初，德國總統高克（Joachim Gauck）以國賓身分飛抵雅典訪問。七十四歲的高克曾任路德教派牧師，極具演說的臺風，很適合擔任虛位元首。這是高克首度訪問雅典，抵達的當天傍晚攜同居人丹倪拉．沙特（Daniela Schadt）至衛城散步。高克說，此刻對他深具意義。他小時候在東德長大，在校曾修習古希臘文，曾想像參觀西方文明堡壘的景象。他和丹倪拉在帕德嫩神殿前駐足拍照。他雙手放在石欄杆上，瞭望衛城南坡，凝視比戴奧尼索斯劇場（Dionysus Eleuthereus）更遠的地方，望向奧林匹亞宙斯神殿（Temple of Olympian Zeus）。「少年以心眼夢想，年老的今天方能親眼觀看」，高克告訴記者。散步的氣氛愉快，但此行隨後行程並不好受。

翌日，高克與希臘總統等政治人物會晤，其中一人是激左聯的葛雷卓士（Manolis Glezos），高齡九十一歲，是希臘在二戰時的抗德英雄，最聞名的壯舉是在七十三年前的春天，在德軍進占雅典幾星期後，年方十八的葛雷卓士偕同高中同學，登上衛城，把居高飄揚的右旋卐字納粹戰旗扯下來。隔天，希臘報紙刊登一則啟示，誓言以死嚴懲扯旗者，但這兩位少年從未因降旗事件被捕。此事件成為希臘淪陷後首樁反抗行動，葛雷卓士後來被捧上天，地位近乎半神半人，特別受左派人士推崇。

德國總統高克在豪華的布列塔尼大飯店（Grande Bretagne）會晤葛雷卓士，希臘國會大廈就在馬路對面。高克和葛雷卓士握手時說，「能和英雄見面認識是一份榮幸，在我面前活生生站著的是一個傳奇。」葛雷卓士板著臉以對。葛雷卓士穿著寬垮垮的深色西裝，不打領帶，稀薄雪白的長髮往後梳，髮梢落在肩上，茂盛的白色小鬍子兩端觸及臉頰紋。葛雷卓士年邁的身軀稍顯駝背，儘管如此，他的外表仍比實際年齡年輕，他機敏的藍色大眼，掌握周遭萬物動態。葛雷卓士回應時面對口譯員，而非面對高克，犯了外交禮儀大忌。「我在凱沙里安尼（Kaisariani）靶場等他，他卻沒來。」葛雷卓士指的靶場位於雅典郊區，以該區為名，是國殤紀念地。在雅典淪陷期間，納粹在此處決數百名希臘游擊隊員和共產黨員，死者之一是葛雷卓士的胞弟尼科斯（Nikos），因抗德行動在一九四四年五月十日就義。那一天，尼科斯被卡車運至靶場途中，匆匆在帽子襯裡寫下遺書：「親愛的母親。我吻妳。妳好。今天我將被處決，為希臘人民捐軀。」尼科斯簽完名，附上地址，從卡車上扔下，被路人撿起，並送到了母親手上。當母親讀到遺書時，兒子差不多在同時被槍斃。

希臘攝影記者紛紛拍攝高克的反應，閃光燈照亮他極力保持的笑臉。葛雷卓士和激左聯黨魁齊普拉斯接著和德國總統進入會議室。葛雷卓士事後表示，他事先寫好一首詩，紀念德軍占領期間被處決的四名同志，進會議室之後朗讀給德國總統聽。行刑的那段時間，葛雷卓士被拘禁在雅典的亞維洛夫（Averoff）監獄。這棟樸素的岩造巨物已被拆除。詩的開頭是：

一注意，二禁止，三滾蛋
一、二、三、四次
尖嗓撼動祥和

建築物剝除地皮
刺穿傷口血肉

身為德國總統，職責之一是再三為第三帝國的惡行懺悔。高克也告訴希臘《每日報》，此行目的之一是代表德國承認虧欠希臘一份「道德債」。然而，儘管葛雷卓士和許多希臘人樂意接受「道德債」的說法，他們其實更希望德國承認虧欠希臘實質債。「道德債是什麼意思？」葛雷卓士在會晤德國總統前上電臺表示。根據葛雷卓士等人所言，希臘淪陷期間，德國造成的損失和債務總計一千六百二十億歐元，這還不包括利息。這數字能讓希臘今日總債務減半，對希臘財政困境大有助益。可惜，德國人不太願意接受付錢給希臘人的點子。葛雷卓士說，他在大飯店會議室裡曾向高克理論，但高克多半「無言」以對，只說他願代為轉達給德國政府。

三

德國欠希臘錢的說法讓德國很難接受。二〇一三年夏，德國發行量最廣的八卦報《畫報》刊登一則報導，大概最能總結德國民心對希臘求償的感想：「這些希臘人，他們全瘋了不成？」為闡明概念，《畫報》以圖表說明歷年紓困案提供希臘金援的數目，當時總計約二千一百億歐元。《畫報》是想強調真正的負債國是哪一國。這則報導在德國財長訪希期間刊登。在希臘，和德國總理梅克爾同樣受人唾棄的政治人物就是脾氣暴躁的財長蕭伯樂（Wolfgang Schäuble）。他和梅克爾同樣象徵著導致減薪、退休金短縮、經濟產值下降的苛政。蕭伯樂訪問雅典的目的在於宣布德國已備妥一億歐元的投資基金，能幫助無錢可借的希臘商家貸款。這筆錢雖然相對而言微薄，但德國用意在於示好：德國不只是想推動財政撙節方案，其實也有心促進經濟成長。「奈何，非但好心沒好報，雅典再度釋出仇恨和惡意」，《畫報》著文表示。希臘一家報紙以希特勒時代的口號「蕭伯樂萬歲！」為標題來歡迎德國財政部長。除此之外，根據《畫報》，最大的羞辱來自激左聯黨魁。在財長蕭伯樂訪問期間，黨魁侈言德國應賠償希臘戰時的損失。在此之前，蕭伯樂已向另一家德國報紙表達他的觀點：希臘應斷絕求償的奢望，再影射求償有理一事是不負責任之舉。財長表示，希臘各黨派領導人應鼓吹改革，而非「以這種故事誤導人民入歧途」。

然而，希臘保守派政府堅稱，求償一事將訴諸國際法庭。蕭伯樂訪問期間，希臘財政部宣布，在總理指示下，財政部已集結一組人員，著手整理之前被希臘政府棄置在地下室的舊檔，這些檔案散置在各部會的地下室中，最後將這些枯黃的成堆檔案統整成七百六十一卷文件，據說能做為求償官司的呈堂證據。政府說，財政部小組已將結果密呈給希臘準司法性質的國家法律委員會（State Legal Council），據此決定最佳訴訟策略。當時的外交部長是阿朗莫普洛斯（Dimitris Avramopoulos），在國會發言時，重提希臘戰時的苦難：「經濟困乏、饑荒、戰亂、掠奪摧毀我國文化財產、占領軍縱火施暴。」外長說，希臘將「討回我們應有的部分」。就算時代不一樣了，「記憶不會說散就散」。

這些言行極可能是做給國內觀眾看的。保守派當權的政府不願觸怒勢力最強的債主德國，希臘政府和德國站在同一陣線上，對德國言聽計從。在幾個月之前，總理薩馬拉斯曾在雅典招待德國總理梅克爾，這也是自危機爆發以來，德國總理首度來訪，對希臘來說是一大轉捩點。在那之前，梅克爾的政治夥伴都建議讓希臘脫歐。梅克爾在訪問前決定，脫歐對歐元區的風險太高，應該向希臘伸援手，即使希臘人不值得一救也非救不可。因此，她平息閣員眾議，開始讚許希臘的改革行動，儘管成效不彰也頻頻美言幾句。畢竟，梅克爾當時的合作夥伴看似只有執政黨。希臘第二大黨激左聯誓言抵制她，廢除紓困案，因為激左聯認為紓困案是造成經濟災難的主因。反觀執政聯盟，仗勢的是日漸縮水的多數民眾支持。這些民眾盤算，最好還是跟德國合作，否則另一條路是脫歐，下場恐怕更加悽慘。薩馬拉斯招待梅克爾的理由是希臘選民敬畏梅克爾的權力，但這不代表選民喜歡她。踏破鐵鞋也不太能在希臘找到欣賞梅克爾的人。

在梅克爾訪問雅典期間，大約有四萬民眾前去抗議，其中有個矮小的老人，咧嘴笑著，在國會前面繞圈走，手裡的海報寫著「滾出我國妳這賤貨」。市中心多處禁止人車通行，藉此隔絕示威民眾和梅克爾，只放行符合安檢條件的人員。在禁區街頭，數千名警察每隔十碼站崗，屋頂有狙擊手待命，直升機在空中盤旋。當警民衝突聲響徹雅典鬧區之際，希臘電視臺播放兩國總理在總統官邸外閒聊散步的畫面。和政府友好的某臺評論道，薩馬拉斯的態度多麼隨和，多麼輕鬆。觀眾敢打賭，他當時並不是向德國總理求償二次大戰的損失。

在葛雷卓士打先鋒之下，激左聯把求償列為重點黨綱，當時政府覺得有必要做一做表面工夫，響應求償。希臘各黨都在響應，金黎明黨也不例外。金黎明黨雖繼承導致戰禍罪行的納粹意識形態，但卻也照樣附和求償。各大黨一同響應，是因為這話題極能打動選民的心。根據二〇一二年的一份民調，希臘人有九一％相信希臘應竭盡全力求償。超過四分之三的受訪者表示，德國正著手建立「第四帝國」。

在債務危機衝擊歐盟向心力之際，這種民意彰顯了希臘和德國選民之間的鴻溝，通常也凸顯了兩國對彼此的冷漠。德國人大致認為希臘人愛揮霍、無責任感、腐敗，與其金援，倒不如懲罰他們。畢竟，在德文裡，「債」（Schulden）的拼法近似「罪」（Schuld）。德幣一芬尼相當於百分之一馬克，而德文有句俗語：「不識芬尼價值者不應得馬克」，這也能一語道盡德國人在財政責任上的態度。的確，在經濟繁榮的那幾年，希臘人當然不識〇・〇一歐元的價值。德國選民仇視失格散財的希臘人，梅克爾為緩和民心，強調德國要求希臘進行的改革多麼痛苦。梅克爾反覆告訴選民，希臘人必須「好好做功課」，以換取德國金援。

但是，對許多希臘人而言，好好做功課意味著丟飯碗或減薪。接受德國金援的代價如此重，很多人寧可不要金援。無可避免的是，愈來愈常有人以德軍占領來比較今昔，希臘報章雜誌也常為梅克爾添上希特勒鬍或納粹臂章。在希臘，我常聽人以戰爭的字眼強調仇德意識。在我兒子的遊樂場上，在超級市場裡，坐計程車時，我都聽過。「這一次打的是經濟戰」；「跟上次打仗比較起來，這次他們傷我們更重。」後面這句不尊重淪陷期歷經大屠殺和饑荒的民眾，聽來格外荒誕，但我卻常常聽見。

隨著希臘愈陷愈深，各黨派表達反德情緒的言行變得更粗魯。希臘有個電臺晨間節目主持人卓葛斯（Giorgos Tragas），挺著大肚腩，頭髮灰白，是個走民粹路線的右翼名嘴。二〇一二年初，他上節目開場打招呼說，「德國領地的民眾，日安！」配樂是懸疑調。他接著說：「我們沒有政府。我們沒有民主。人民的意志無處伸張。我們沒有自己的法律。我們是奴隸。是走狗。是一個殖民地。」他提高嗓門到叫囂的音量。「從色雷斯（Thrace）到拉科尼亞（Laconia），外國人正在踐踏我們的國土。德國人又來放火了！他們又來火燒希臘了！」對卓葛斯來說，講這種話是家常便飯。他也常上電視學希特勒敬禮，以示嘲諷。他罵希臘國會是「通敵者」，罵梅克爾是「柏林之狗」，喜歡剪接梅克爾的發言，穿插納粹遊行和德國群眾吶喊「勝利萬歲！」的錄音舊檔。此外，納粹圖形在希臘也成了示威遊行的常景。有一次，我走在雅典中區的黃金地段，路過德國大使館，留意到兩面大布條，垂掛在對面公寓大樓外，其中一面畫著希特勒的臉、右旋卐字、以及濺血的希臘國旗，上面寫著，「一九四一年四月二十七日，德軍入侵雅典，我們反抗。」另一面布條畫著表情嚴肅的梅克爾，比著食指，和德國國旗重疊印刷，上面寫著，「二〇一三年，德國再前進雅典，我們卻呼呼大睡。」當然，德國大使館員工不喜歡每早上班時見到特大號的希特勒嘴臉。希臘當局最後撤掉布條。

有幾次，反感轉強，具有攻擊性。有一次，塞薩洛尼基舉行德國與希臘市鎮首長大會，抗議群眾高喊「納粹滾蛋！」，並以水瓶和冰咖啡攻擊德國領事荷舍歐伯麥爾（Wolfgang Hoelscher-Obermaier）。肇事者不滿的原因是，之前梅克爾派遣的特使富泰爾（Hans-Joachim Fuchtel）對記者說：「德國市政府一千人能做的事，在希臘要三千人才辦得到。」希臘人對「懶惰」的指控敏感得不得了，而通常這種批評來自德國。希臘人自認是相當勤勞的民族。二〇一二年，民調機構匹優（Pew）研究歐洲八國，其中七國人民認為德國人最「勤勞」，唯有希臘例外，因為希臘人自認最勤勞。（事實上，根據經濟合作暨發展組織OECD的一份報告，希臘人的工時確實高於歐洲其他國家，只不過這並不代表生產力也高。）德國特使富泰爾的言論被視為侮辱到希臘人的工作觀，廣受希臘媒體報導，鼓動不少怒火。富泰爾後來說，他指的是希臘市政府「生產力欠佳的結構」，無意暗示希臘人是否勤勞。

有些人攻擊德國人的手法激烈得多。希臘媒體報導，二〇一三年底雅典郊區的某天清晨，持兩把ＡＫ衝鋒槍（Kalashnikov）的歹徒對德國大使官邸的院子門掃射大約六十發子彈，其中幾顆甚至射進十幾歲的女兒房間。歹徒後來自稱「民意鬥士團」（Popular Fighters Group），發表長篇宣言，反對資本主義和帝國主義，並向「德國資本主義機器」宣戰。該團體也聲稱，曾向雅典近郊的賓士汽車總公司發射火箭彈，可惜沒中，落在附近空地上。自一九七四年軍事獨裁垮臺後，左翼恐怖分子集團就在希臘作怪，對象經常是美國人，最血腥的團體名叫「十一月十七日革命組織」，不到三十年間斷送二十三條人命，包括一名中情局分處主任等美方官員。在二〇〇七年，恐怖集團對準美國大使館發射一枚火箭推進榴彈。如今，苗頭大多指向德國。儘管希臘民眾不支持恐怖攻擊行動，這些犯行無疑凸顯了民怨日漸沸騰中。

希臘的債務危機考驗著歐盟的團結，但結果並不太樂觀。歐洲元首呼籲團結最重要，應促進歐洲進一步融合，但希臘和德國之間，債主和欠債國之間的憎恨有增無減。差別不僅限於情緒，兩國財經狀況也有顯著的落差。德國失業率降到東西德統一以來的新低，希臘的失業率卻在歐洲居冠。金融風暴來了，投資人搶購德國十年期政府公債，利率低到投資人簡直等於付錢給德國，請德國代為管錢，反觀希臘公債，卻利率最高衝到三七％左右。對希臘人而言，這表示向金融市場借錢是不可能的事，德國人卻是有借就有賺。德國既能提高社福經費，又有閒錢滋生財政盈餘，希臘則是狂刪支出，債務依然持續高升。

德國人認為，這些差異代表希臘人應向德國政策看齊，以獲得相同的成績。但在希臘，常聽到的是相反的見解：這些差別證明德國利用歐元，踏著別國的血跡前進。換言之，德國又來掠奪希臘了，但這一次不需出動一兵一卒。就是在這種氣候下，葛雷卓士才跳出來，想打完那場衛城降旗事件引發的戰役。支持者尊稱他是「民主鬥士」、「為民族抗戰的象徵」。葛雷卓士常說，當代德國人缺乏父祖輩作惡的罪惡感，求償的動機無關怨恨或報復。話雖這麼說，有時葛雷卓士話中帶刺，能呼應時局的緊繃情勢。「他們說，是我們欠他們，」葛雷卓士訪問伯羅奔尼撒半島的納夫普良市（Nafplio）時表示。「他們欠我們。我們不欠任何人任何錢，特別是不欠德國。德國欠我們一筆希臘人民的血債。」

三

一九四一年四月下旬，德軍在晴朗的早晨由北入侵雅典，單縱列的坦克、軍車和摩托車長驅直入，抵達市中心區不久，在衛城升納粹旗。希臘人稱衛城為「聖岩」，希特勒曾說衛城是「人類文化源頭」。德軍黑紅旗飄揚在雅典之上，取代了希臘的藍白旗，證實希臘人口中的「野蠻人」已到來。

當時，葛雷卓士即將進入雅典一所大學攻讀商學和經濟學位，體形精瘦的他蓄著一撇扁扁的黑鬍子，具有反權威的傾向。高中期間，他參加反法西斯社團，曾在黑板上寫反極權口號。高中的他反對的是梅塔克薩斯（Ioannis Metaxas）將軍的極右派「八月四日政權」。在軸心國入侵前，「八四」已統治希臘多年。如今隨著雅典淪陷，納粹當權，葛雷卓士的叛逆行徑變得更大膽。葛雷卓士遙想當年，他住在雅典中下階級地段梅塔索傑歐（Metaxourgeio），德軍開進雅典的當天夜裡，他和一個朋友出去探勘情勢。他注意到，德軍在各地插木牌，以德文指引方向，便利占領軍行動。葛雷卓士認為應該要破壞這些路標，所以他不等朋友同意，就立刻踹倒一支德文路標。朋友覺得最好趕快溜，但葛雷卓士留下來，繼續見路標就踹。就在這時候，他聽見腳步聲從馬路的另一頭傳過來，趕緊躲進某戶的門口。走來的路人是個長者，見到了葛雷卓士踹路標的舉動。「彎腰讓我吻你」，老人說。老人吻他額頭。葛雷卓士回憶說，對他而言，感覺像全希臘都將支持抗德行動。

接下來兩三星期，葛雷卓士多次和一位志同道合的同學桑塔斯（Apostolos Santas）碰面，討論怎麼對付占領軍。兩人考慮偷德軍手槍，或放火燒坦克、飛機。有一次，他們對準幾輛停駛的德軍車輛投擲汽油彈，可惜製彈技巧欠佳，任務失敗。最後，他們想出一個妙計。他們經常會合的地點在希臘國會大廈附近，從那裡可清楚看見衛城和飄揚的德國戰旗。兩人決定摸黑爬上去，把旗子扯下來。

幾星期後的五月三十日，克里特島（Crete）歷經十天的浴血戰役，不敵德國傘兵而淪陷。德軍宣稱已擊敗第三帝國在希臘的敵人。「講那樣，對嗎？」葛雷卓士當時心想。七十多年後的現在，他在自家客廳告訴我。「告訴你們，戰鬥從今天開始。」當天深夜，在一彎明月下，葛雷卓士和桑塔斯攀登衛城北邊的陡坡，躲進山洞片刻，然後攻抵愛奧尼亞柱式的艾雷克提歐神殿（Erechtheion）附近地面。神殿裡供奉的是雅典娜和波塞頓（Poseidon）。桑塔斯後來說，藉微弱的月光，他們看見衛城古神殿，想到自己是「偉大祖先的後代」，不禁情緒激動。

兩人不見衛兵，悄悄溜過城堡外圍，來到東邊的峭壁，納粹旗就插在這裡。他們把升旗繩拉直，好不容易讓戰旗固定，然後緣旗杆而上，終於讓戰旗落在他們頭上。兩人樂得擁吻，匆匆跳一下舞，然後帶走納粹旗，循原路撤退。他們扯下旗子有鐵十字圖形的一小角做紀念，把剩下的部分扔進枯井。

隔天，雅典多家報紙出現一則告示：德軍一面旗子被扯掉了，目前正進行調查，將以死罪論處。葛雷卓士事後說，發這則告示是德方的失策。不公布還好，消息一見報了，人盡皆知，紅遍全國，還傳到海外，黯淡了德軍所向無敵的光芒。德軍占領期間，葛雷卓士雖被拘禁數次，卻從未被查出是扯旗犯，德國直到撤軍後才明白。戰後，希臘陷入內戰，一方是曾對抗德軍的共產游擊隊，另一方是右翼反共政府，後臺是美國。內戰在一九四九年結束，即使共產黨戰敗，意識形態衝突延燒四分之一世紀，共產黨員被迫害或流放至偏遠小島。異議分子葛雷卓士坐牢和放逐的時間總共十六年。希臘政府為打擊所謂「紅法西斯」，曾經兩度判葛雷卓士死刑。若非衛城摘旗事件令他聲名遠播，引來沙特、畢卡索、戴高樂等國際名人聲援，他早就被處決了。戴高樂曾讚美他是「歐洲頭號游擊隊員」。一九六三年，在短暫出獄期間，葛雷卓士前往莫斯科領取列寧和平獎。同年，《紐約時報》記者舒茲柏格（C.L. Sulzberger）報導希臘境內的共產勢力威脅，描述葛雷卓士為「具英雄氣魄的危險人物」。

我在二〇一四年春季的某週日上午約訪葛雷卓士。他家位於大樹夾道的雅典郊區。我抵達時，身穿睡衣的他從沙發站起來，背後是堆積如山的報紙。他走向一張書桌，上面是胡亂堆著的書。他騰出空位，讓我坐下，接著簽一本他的近作《淪陷期黑皮書》（*The Black Book of the Occupation*）送我，書裡詳載二戰希臘淪陷期間的屠殺、處決、絞刑，從一九四一年六月克里特島坎達諾斯村（Kandanos）被夷平寫起，到一九四五年四月科斯島（Kos）上一男一女的絞刑結束。葛雷卓士簽書完，為我介紹他在布列塔尼大飯店向德國總統陳述的論點，分門別類歸納德國欠希臘的債（他避用「戰禍賠償」的字眼，因為他認為這詞不足以解釋希臘淪陷期間的損失）。他分的類別是：竊占歷史文物、重傷經濟、強迫貸款，從這些還可細分出其他類別。他的語調機械化，熱情顯得勉強，像是同樣的東西已報告過幾百次。他一度起身去拿檔案夾，裡面有一張納粹時代的德國馬克鈔票，是德軍占領希臘等地時的通用貨幣。這張的面額五十，印著普魯士城堡，也印著一位裹白頭巾、表情嚴肅的女子。葛雷卓士指著哥德字體的「帝國信用局」字眼，說：「見到簽名了沒？」鈔票上沒有簽名。他等我回答後，才繼續說，「假的，」葛雷卓士以指尖點一點鈔票，「是偽鈔。」葛雷卓士說，理髮師寧願免費為德軍刮鬍子，也不肯收這種鈔票，因為這種錢的匯率和希臘幣掛鉤，承認這種鈔票等於是讓希臘損失更重，因為理髮師找零，付的是希臘幣。至少在淪陷初期，希臘幣仍有些許價值。葛雷卓士說，這也算德軍偷希臘錢的一種方式。我拿著葛雷卓士的放大鏡看鈔票，問他是從哪裡撿來的。他坐著不吭聲，不看我，被問這話似乎令他心煩。「就說是我從德軍那裡偷來的吧，」他說。年齡小葛雷卓士一大截的妻子喬吉雅（Georgia）坐在沙發閱報，這時哈哈笑起來，嗓音是菸槍才有的沙啞聲。「我是占領期間的鬥士」，葛雷卓士繼續說，開始提高音量。「所以我能找到任何東西。我本來有很多，後來沒了。」我問他，是怎麼沒了，似乎讓他覺得我又問了傻問題，嗓門再高一度。我惹惱了希臘抗德英雄。「淪陷期間，我被捕三次！留得住嗎？我母親怕了，拿去燒了。」

喬吉雅插嘴。「老公，請你小聲一點！」

葛雷卓士已宣布競選歐洲議員，以九十一歲高齡參選，更讓支持者擁戴他。葛雷卓士說，他參選基於「特殊理由」，想讓歐洲人聽見「希臘向德國索債愈來愈高的呼聲」。儘管呼聲愈來愈烈，葛雷卓士要我明瞭，這件事他已經呼籲很多年了。葛雷卓士說，事實上，他早在一九六五年就向東德元首烏布利希（Walter Ulbricht）提過。當時葛雷卓士是左翼聯合民主黨（United Democratic Left）的國會議員。當時因共產黨被禁，所以另立此黨代替。葛雷卓士在東德對烏布利希說，「我是共產黨員，你是共產黨員，別以為你我是同路人，你就不必賠償第三帝國在希臘搞的所有壞事。你們欠我們錢。」根據葛雷卓士的回憶，烏布利希和高克一樣默不作聲。

向東德求償一事，令我聯想起葛雷卓士和他的政黨以及德國當前首長之間的差異。總理梅克爾和總統高克都在東德長大，政治路上多少也以反對東德起家，高克更是以東德異議人士的身分崛起。葛雷卓士雖然不提倡威權，也自稱信仰直接民主，卻在這場意識形態之爭站在對立面。激左聯涵蓋的左翼意識形態很廣，從托洛斯基主義（Trotskyism）到生態社會主義都有，根源大致可溯及一九六八年布拉格之春，與蘇聯領軍侵略捷克斯洛伐克後，希臘共黨間的分裂。希臘共產黨當時仍對蘇聯忠心不二，現在也差不多，在希臘國會中的席次穩定。其中有一派系態度較溫和，帶有歐洲共產主義色彩，演變成激左聯的前身。雖然激左聯和正統共產黨不一樣，不想再等蘇聯復興，但冷戰意識形態歧見仍殘存。例如，基輔發生獨立廣場暴動後，激左聯大老憂心歐美有意讓烏克蘭動盪，趁機遂行帝國主義。俄國吞併克里米亞、開始醞釀烏克蘭東部的動亂之後，齊普拉斯訪問莫斯科，譴責西方國家不應制裁俄國，同時也發出警訊，指出基輔有新納粹勢力成型。近似冷戰的緊張氣氛再起，激左聯選擇和老同志站在同一邊。

激左聯認為德國政府走新自由路線，是銀行業和大資本的代言人，激左聯自認正和德國打一場史詩級的意識形態大戰。在這場大戰中，希臘將激盪出火花，以觸發社會主義和團結的一場革命，在希臘如此，更希望延燒到全歐。（激左聯當時的口號是「讓希臘帶路」。）激左聯支持者辯稱，資本主義已奄奄一息，希臘正帶領所有人走向更光明的未來。在葛雷卓士眼中，希臘再度帶頭反抗。「現在希臘的情況不是偶然的，」他在客廳裡告訴我。他提醒我，二次大戰期間，墨索里尼揮軍南下，被希臘擊退，是軸心國早期的一大敗仗。「軸心國無敵的迷思被我們破解了，」他說。「現在，我們又即將立下典範。我們要的是另一個歐洲。」

希臘人民長年被奚落為歐洲危機的主因，備受屈辱，因此葛雷卓士的訊息能打動民心。激左聯向民眾保證，危機不是人民的錯，錯就錯在不受制衡的資本主義，民眾聽得很舒服。二〇一二年，激左聯差點執政，到了我訪問葛雷卓士的那時，該黨民調持續領先，使希臘成為唯一極左派政黨民氣過半的歐盟國家。由此觀之，債務危機為希臘左派提供掌權的良機。軸心國盤踞希臘時，共產黨是抗敵的主力，日後左派也嚮往同一目標。葛雷卓士曾告訴我，激左聯有個口號是呼籲選民讓左派「首度」執政，他反對這種口號，因為他說，左派以前就執政過了。淪陷期間，共產黨的抗敵鬥士從軸心國手裡奪回許多國土，當時的鬥士稱之為「自由希臘」。「我們以前就有過了，」葛雷卓士告訴我。「可惜，被我們放棄了。」他相信，現在，他們又即將當權。

想瞭解希臘人求償心切、二戰餘恨未消的情緒多麼強烈，必須先明白希臘淪陷期間的遭遇和漫長而血腥的餘波。福萊徹（Hagen Fleischer）是德裔希臘歷史學者，針對占領期間的著文廣泛，他認為希臘淪陷期被蹂躪得特別令人唏噓，唯有斯拉夫國家比希臘更慘。

以希臘而言，戰爭從一九四〇年底開打，當時希臘陸軍擊敗墨索里尼，意義重大，讓盟軍士氣大增，葛雷卓士在受訪時告訴過我。義大利軍退敗，德軍只好在六個月後進攻，親自拿下希臘。德軍進占不到兩個月，希臘全國淪為德、義、保加利亞三國軍隊共治的局面。歷史學者宏卓斯（John Louis Hondros）說，第三帝國占領西歐國家時，秉持的原則是「合理剝削」，但在希臘，德軍迅速將政策改為「無情掠奪」。德國以低價強購希臘商家、工廠和商船，和它們本身的價值不成比例。生產彈藥所需的鋁礬土、鉻礦和鎳礦等礦砂，開採後運至德國。汽車全被徵用。糧食全輸送給德國。宏卓斯寫道，占領期的頭一年半，第三帝國「榨取了幾乎每一項實用的經濟物資，回報即使有，也少之又少」。

這種待遇再加上英國封鎖海運，不消幾月，後果立現。到了一九四一年夏，希臘初露糧食不足的跡象，演變為後世所稱的「大饑荒」。倖存的希臘人幾乎每一個都能訴說這期間親身經歷或見證到的事蹟，我父親也不例外。他童年住在科林斯市附近被德軍占領的村莊，現在無法描述挨餓的感覺，但他說得出餓到最後有東西可吃的欣快感。他說，當時穀物是稀有商品，母親給他一小塊麵包，讓他沾橄欖油吃。和別人相比，他算幸運了。住在島上和雅典市內的人遠離耕地，處境更慘。史家馬佐爾（Mark Mazower）寫道，雅典是「集中營外的淪陷歐洲中，最不忍卒睹的饑荒區」。餓死的人難以計數，而且各方估計互有出入，但以當時約七百萬的總人口而言，差不多有三十萬希臘人活活餓死。

淪陷國被迫付出「占領代價」，希臘的代價尤其慘重，甚至一度超出國庫收入，不得不多印鈔票，導致急速通貨膨脹，占領代價也照通貨膨脹水準計算。根據史家克洛格（Richard Clogg）的研究，一九四六年初希臘的價格水平比一九四一年五月飆漲了超過五兆倍，比一九二〇年代初威瑪時代通膨嚴重五千倍。現代德國想盡辦法預防通膨，最常舉的慘痛史例就是威瑪時代。除了占領代價外，希臘傀儡政府也在一九四二年被迫貸款給德國四億七千六百萬帝國馬克。（以葛雷卓士的換算法而言，高達五百四十億歐元，但較普遍的估計是一百一十億。）戰爭近尾聲，第三帝國開始償還貸款，但戰敗後就不再繳款。「在淪陷之前，希臘自古以來都向外國借錢，」葛雷卓士在他家客廳受訪時告訴我。「淪陷後，又借錢。現在呢，繼續再借。從過去到現在，希臘只有一次當債主。哪一次？就是在最苦的那段期間。德國強迫向希臘貸款。」

淪陷期間物資匱乏，原有社會秩序崩解，助長了抵抗軍的勢力，特別是共產黨領銜的國家解放前線（National Liberation Front, EAM）和軍系的希臘人民解放軍（Greek People's Liberation Army, ELAS）。後者成為游擊隊主力，在希臘鄉村壯大，手法之一是消滅相互較勁的反抗軍。眼看游擊隊漸漸活躍，德軍最高統帥下令，德軍每折損一員，必須處決五十到一百名希臘人質以償命。德軍反制游擊隊的方式包括處決、焚村、屠殺，以恫嚇希臘人，希臘平民喪生人數超過兩萬人。約一百萬希臘人的住家和農場遭洗劫、摧毀。絕大多數希臘猶太人被押至奧許維茲（Auschwitz）集中營。戰前，定居希臘境內的猶太人多達八萬人，戰後倖存的猶太人僅剩不到一萬人。許多希臘人也喪命於病魔手裡。根據一項估計，有超過三分之一總人口染上肺結核、瘧疾、斑疹傷寒等傳染病。雪上加霜的是，戰爭快結束時，德國和保加利亞一面撤軍，一面按部就班破壞希臘基礎建設，摧毀了橋梁、道路、鐵路和隧道，科林斯運河也被封堵。

軸心國撤退後，希臘並未就此脫離苦海。國內各派山頭已開始敵對，火苗將引爆第二場長年戰禍。淪陷期間，大家放眼戰後新秩序，無不想搶先卡位，各派反抗軍之間自相殘殺的情況變本加厲。英國政府原想組織希臘境內的反抗行動，卻愈來愈擔心共黨勢力坐大，英國撐腰的希臘流亡政府在開羅也有同樣的顧忌。為了削減共黨勢力，英國扶植一派較小的非共黨團體，名為國家共和希臘聯盟（National Republican Greek League, EDES），可惜領導人比較像投機分子，心不在抗敵。最後，希臘人民解放軍和國家共和希臘聯盟爆發了爭鬥。希臘傀儡政府成立反共「保安營隊」，緝捕左翼游擊隊，於是引發了更多內部鬥爭。這段期間社會產生的裂痕很快演變成內戰，導致另有數萬人喪生。

德軍占領期間燒殺擄掠，造成十年苦難，至今德國高層始終不道歉，因為領導人擔心歉意一出，索賠的希臘人會變得更強勢，這是歷史學者福萊徹的說法。戰爭導致人間哀鴻遍野，希臘地少人稀，苦難不太被重視。德國總統高克為彌補這一點，特別在二〇一四年訪問希臘時，由希臘總統陪同，前往西北部的里奇亞德斯（Ligkiades），當地在一九四三年發生德軍屠殺事件，數十名死者多半是婦孺。高克在紀念碑獻花環，悼祭亡魂，淚眼面對群眾和鏡頭表示慚愧。「曾受德國文化薰陶的人竟然變成兇手，令我感到可恥，」他說。「即使在民主德國逐步面對往事的當下，竟然對德國虧欠希臘一事所知甚淺，也令我慚愧。」他接著說，但願當年犯下暴行的主事者很早就能道歉。「隱而不宣的言語，欠缺對真相的認識，進一步清除記憶中的受害者，造成了債上加債，」高克說。「因此，今天，我願代為表達罪人和戰後政界高層避談的歉意：希臘的遭遇慘痛而不公道。我謹代表德國，帶著羞恥與傷痛並存的心，在此請求死者家屬原諒。面對暴行的受害者，面對在此地和各地哀悼的民眾，我鞠躬道歉。」站在高克身旁的希臘總統開始啜泣。

不難想像的是，許多當代德國人不知納粹入侵希臘暴行，直到報章披露希臘求償的新聞才略知一二。在德國高中歷史課中，占領希臘的史實並未詳加描述，世界各地歷史課亦然。

高克訪希致歉，有助於促進德國明瞭希臘遭遇，但這項舉動似乎無助於撫平許多希臘人的情緒。里奇亞德斯大屠殺唯一在世的生還者是班普士卡司（Panagiotis Bampouskas），他在高克訪問期間接受德國通訊社訪問時說，「講空話有啥用」。發生大屠殺時，他還是嬰兒，背部挨刺刀但卻存活下來；母親和哥哥雙雙遇害，父親不久後因為傷心過度也步上黃泉路，他說。他並未參加追思儀式。「我要的是公道，要的是賠償。」

三

我去葛雷卓士家訪問他幾天後，有天晚上在葛拉茨（Galatsi）見到他在拜票。葛拉茨位於雅典郊區，是個人口稠密、以工人階級為主的社區，依山而立，岩壁陡峭，阻擋市區的鋼筋水泥再向外擴張。葛拉茨的選民帶給葛雷卓士一股家鄉人情味，因為當地很多人在數十年前都是來自錫克拉底斯群島（Cyclades）的納克索斯島（Naxos），也就是葛雷卓士的出生地，其中更有不少人來自他誕生的村子亞培蘭索斯（Apeiranthos），方言的拼法是「亞培拉圖」（Aperathu）。村子位於島的東部地區，以岩屋為主，村民特別愛戴葛雷卓士，歌頌他：「你有著一顆鋼鐵心與花崗岩胸襟，登上衛城，是亞培拉圖村勇士。」

在葛拉茨掃街時，葛雷卓士來到一座小廣場演說，被家鄉人爭相親吻。女主辦人語氣剛正，近似軍人，對著麥克風吼：「今後葛拉茨居民沒有一個會挨餓，沒有一個學生會在學校餓昏，沒有一個居民會沒電可用。」年近九旬的黑衣寡婦在葛雷卓士旁的折疊椅坐下，撫摸他的臉。我問她怎麼認識葛雷卓士，她說，「我們以前是最要好的朋友。」老婦人的女兒是退休教師，名叫卡特琳娜・布鳩卡（Katerina Bougiouka），戴著項鏈，墜子是一大顆銀心。她靠近我說，「葛雷卓士是我的精神，我的靈魂。」葛雷卓士成名後，有一次回家鄉，住在村裡十幾歲的她頭一次看到葛雷卓士。「就在那時候，我感受到上帝，」她說。「我當時覺得，他是一個神話人物，他就是海神普羅透斯（Proteus），就是古哲人第歐根尼（Diogenes），就是革命豪傑卡萊斯卡季司（Karaiskakis），」她說。「這人一刻也不停止抗爭，從來不停止。他不怕疾病。他不怕衰老。他不怕德國，不怕法西斯，不怕獨裁。他什麼也不怕。你看到活過九十一年的人能這樣昂然挺立，能站上前線奮鬥，不想抗爭的你也會跳出來抗爭，跟著他一起奮鬥。他會變成你的英雄。」

到這時候，我已聽過葛雷卓士演說幾次。他的口才流利，講話帶詩意，能擄獲聽眾的心。他能講的題材也很廣泛。我聽過他細說採金礦和其他礦產的演說（他流亡期間，被官方禁閱政治讀物，所以他讀了不少地質學書籍），他研究過一種引導雨水進地下蓄水層的方式，因此演說題材也包括灌溉，更不乏馬克思主義的金錢論。我欽佩葛雷卓士的活力和熱情，也想欽佩他本人，想和許多民眾一樣信任他英勇的美德。無奈的是，他有一項缺點引我反感。我常發現，葛雷卓士就算不是有心誤導，也常用錯資料，而且帶著民粹主義、譁眾取寵。巡迴拜票期間，有天晚上，他說希臘蘊藏豐富礦產，多得難以想像，卻擺著不開採，全因政府官員「聽命於外國人，而外國人不希望希臘發展重工業」。外國列強寧可希臘成為「歐洲渡假村」，不事生產，仰仗外人鼻息。「他們只希望我們當服務生！」他說。「你們希望希臘全民當服務生嗎？我們想不想靠自己的力量站起來？」此言引來民眾掌聲。這也是激左聯的老調，例子可任意置換，主旨一概是：希臘是受害者，列強不願希臘繁榮，只想叫希臘屈從。

葛雷卓士主打的議題是索賠，在這方面曾提出幾項真假有待商榷的說法。有幾次，我見他告訴群眾，德國最近強迫捷克共和國賠償蘇臺德地區的德國人。因為在二戰結束時，當地德國人被捷克斯拉夫逐出蘇臺德，而他們在蘇臺德的住家也被充公。葛雷卓士說，「三年前，德國向捷克求償，現在，蘇臺德地區的德國人總算收回他們的財產了。這算是往事嗎？」德國辯稱，希臘等到現在才為二戰索賠太遲了，葛雷卓士想以這個例子來凸顯德國人虛偽的一面。葛雷卓士也必定再舉另一例：「最重要的一點。」他說，德國政府最近同意，「針對受納粹暴行的猶太人，將以年金的方式分期賠償，而非一次付清。」講到「分期」、「年金」時，他一字字強調著。「換言之，被納粹迫害的猶太人和子子孫孫，都能繼續領年金！」一名旁觀民眾搖搖頭，不敢相信。「這事三個月前才發生啊，」葛雷卓士繼續。「那算往事嗎？」葛雷卓士說，他和德國總統高克見面時，曾當面舉這兩個例子，高克「無法回答我」。假使葛雷卓士果真以這些例子據理力爭，如果高克真的無言，很可能表示葛雷卓士這兩例都有誤。蘇臺德地區德國人從未獲得捷克共和國賠償，捷克也從未歸還他們的物業。再者，德國政府最近確實放寬現有的猶太年金福利，對象是曾在第三帝國占領區工作的猶太人。葛雷卓士漏提了年金福利僅限於曾為第三帝國工作的猶太人。此外，這些猶太人的後代也不會繼承年金。葛雷卓士為了強化論點，不惜昧良心捏造事實，這對他追求的理念絕對有害無益。

話說回來，葛雷卓士具有打動民心的天賦。一方面，我不齒他以假資料譁眾取寵，另一方面卻也為他一掬同情之淚，對他的觀感在這兩極端之間不停擺盪。葛雷卓士在葛拉茨演講的那一夜，他的精神特別好，特別激情。那天是他胞弟被槍斃的七十週年，他一出場就表示，今天的活動為胞弟而舉行。現場的擴音器調得非常高，葛雷卓士對著麥克風大吼大叫，聲音波動夜空。演講快結束時，他壓低嗓門。他說，大家常問他，年紀這麼大了還做這種事，會不會太累？「摯愛的朋友們，你們以為，現在對你們講話的人是葛雷卓士。」他停住片刻，然後脫口而出，「錯了！」他再度提高音量，開始破嗓。「講話的人是我死去的所有朋友！是我在戰役裡失去的袍澤和戰友。他們對我顯靈說：『葛雷卓士，我們的夢想呢？跑哪裡去了？』而站在最前面的是我弟弟，他嚴厲對我說：『哥，你活著，我卻連年輕的歲月都沒過完。我想討回你活過我卻沒活過的歲月。』叫我怎麼回應他才好呢？」講到這裡，葛雷卓士呼天喊地，活像被情人甩了，苦苦哀求著。「我怎麼回應他？怎麼回應呢？」我左看右看，想觀察他演講的效應多大，見到很多人淚流滿面。葛雷卓士終於回應了。「我說：『弟，相信我。我們正努力中。我們正在奮鬥。我們站上前線。我們不遺餘力。我們持續不斷建築著。我們除舊布新中。弟，總有一天，你的夢想將成真，你將見到美夢實現。我無法把歲月還給你，但我能代你抗爭，代替你和其他人。』所以我才在這裡。所以我才繼續奮鬥。」觀眾報以掌聲。「我絕對不肯死在床上。要死，我也站著死，與各位同在，為全民奮鬥。」接著是葛雷卓士的結尾語，我聽過不只一次了。他說，大家總告訴他，「我們需要你。」但這種看法不對。「你們一直告訴我，『葛雷卓士，我們需要你，』這國家就沒有進步的一天。等你們告訴我，『葛雷卓士，我們不需要你』，康莊大道才會開展。」

三

德國高官每次來訪，在希臘一定別具意義，一九五六年那次更是如此。當時西德總統豪斯（Theodor Heuss）受希臘國王保羅之邀，抵達雅典。保羅母親是末代德皇的胞妹。這是德國戰後總統首度訪問希臘，右翼政府想盛情款待。希臘視西德為重要經濟夥伴，也是對抗共產黨的陣線上不可多得的盟友。十一年前，希臘仍被德國占領，記憶猶新，德國總統卻在希臘受到難以置信的歡迎，至少當時報社是如此報導。民眾聚集歡迎總統，戰鬥坦克也包圍市中心的歐默諾亞（Omonoia）廣場，以增加聲勢。就連希臘農人也來湊熱鬧，大概心知德國愛買他們出口的菸草、水果、堅果和橄欖，據說農人在總統所經之處事先沿途灑花。德國報紙《時代週報》（*Die Zeit*）報導，德國總統被希臘人「真誠、單純、慇懃好客」的態度感動，也感受到希臘「不忘過去，既往不咎」的民心。和後來的高克一樣，豪斯抵達雅典不久，也前去衛城朝聖。「歐洲建築在三座小山上，」他曾說。「一是雅典衛城、一是羅馬卡庇多神殿山（Capitoline Hill）、一是各各地（Golgotha）」也就是位於耶路撒冷，耶穌被釘上十字架之地。

然而，在官方熱情寬容的表面下，實情卻複雜得多。就算希臘政府沒興趣心懷舊怨，許多希臘人卻不曾原諒戰時德國造成的損害。根據美國大使館的敘述，德國總統訪希，雅典民眾並未展現明顯的熱忱，而且為總統鼓掌時，掌聲「零星而懶散」。希臘二戰受害人團體趁這場合凸顯索賠的主張。有一團體寄信給德國大使館說，「兩國之間存在著怨恨、不公、傷痛產生的一道鴻溝，賠償能為這道鴻溝搭建一座橋梁，若不釋放賠償之意，兩國不可能產生友誼。」當時崛起的左翼反對勢力要求德國賠償，因為在一九四七年《巴黎和約》中，保加利亞與義大利曾賠償希臘一億五千美元，而義大利也移交多德喀尼群島（Dodecanese）給希臘。左翼政治人物問，最主要的加害人為何不賠償？

然而，美國明瞭一次世界大戰後的賠償政策失敗，也心知德國若被迫照各國損失程度賠償，德國必定永無復原的一天，因此美國護著德國，不讓德國照價賠償。一九五三年倫敦債務協議免除了德國巨額外債的一半，並把戰時損失的金錢賠償問題延後，直到「賠償問題的最終和解」。這項美國支持的協議是西德戰後復甦的關鍵，讓西德能從零起步，建造一個以出口為導向的穩健經濟體，而西德經濟從一九五〇年代初開始起飛。（激左聯領袖常以戰後赦免德債為例，建議德國現在也以德報怨。）希臘內戰結束後，也歷經一段經濟繁景，獲益於馬歇爾計畫，得以重建基礎建設，但左翼政治人物和受害人求償團體並未因此停止索賠。到了一九五〇年代末，葛雷卓士的聯合民主左翼黨聲勢壯大，指稱希臘政府有和德國串通之嫌，求償的聲浪愈演愈烈。

在希臘涉嫌暴行的戰犯極少因此受到制裁，所以許多希臘民眾認為這是戰後討不到公道的例子，進一步挫傷希臘政府的國內形象。希臘政府原本同意，將德國戰犯託付給德國去調查起訴，奈何德國當局無意處理納粹舊案，對希臘的案子興趣缺缺。依據中情局當時的一份報告，在豪斯訪希前後，希臘政府揚言，除非德國同意提出金錢賠償，否則將重啟德國戰犯調查案。不巧的是，在一九五七年，一位被認為有戰犯嫌疑的德國律師莫頓（Maximilian Merten）前往希臘，為他戰時通譯員的一件民事訴訟出庭作證。德國占領希臘期間，莫頓是塞薩洛尼基市軍事行政長，當地約有五萬希臘籍猶太人，幾乎全數被運去奧許維茲—比克瑙（Auschwitz-Birkenau）集中營。戰後，莫頓被美國人逮捕，但希臘政府沒有展現起訴他的意願，因此他最後獲釋。然而，莫頓赴希臘作證之前，他唯恐希臘政府改變心意，所以事先請求柏林的希臘領事館保證他不會在希臘遇到法律問題，取得保證後，莫頓才成行，不料卻立刻被捕。問題出在哪裡，各界眾說紛紜。德國政府認定，逮捕莫頓含有政治動機，因此德國勸希臘釋放他。當時有一份中情局報告，研判逮捕莫頓純屬誤解，認定莫頓不久將獲釋。然而，無疑的是，莫頓被捕也讓希臘掌握到談判籌碼。莫頓被希臘收押期間，德希簽訂一項經濟協議，其中包含兩億馬克的德國貸款，對希臘有益。德國貸款具有多重動機。一來，德國想協助希臘穩定政經局勢，確保希臘不落入蘇聯為首的共產世界。再者，德國可用金援為藉口，毋須承認德國應為戰禍賠償。這種做法照歷史學者里希特（Heinz A. Richter）的說法是「障眼賠償法」。對德國政府而言，這種做法另有一個好處。根據歷史學者蘇珊—索菲雅・司畢略提斯（Susanne-Sophia Spiliotis）所述，簽署經濟援助協定時，希臘當時的總理卡拉曼里士（Konstantinos Karamanlis）在祕密附屬協議裡向德國總理艾德諾（Konrad Adenauer）承諾，希臘願把莫頓遣返德國，今後避免起訴涉嫌暴行的德國戰犯。

協定歸協定，莫頓依然被判處重刑。莫頓被捕兩年後，希臘軍事法庭判他二十五年徒刑，但說穿了，判刑是表演，意在滿足希臘民心。幾月後，希臘政府在國會推動一項法案，大赦戰犯。當時司法部長的說法是，「激擾往事塵埃」，無助於建立希臘與西德間的政經關係。司法部長接著說，希臘「為自己的犧牲真心覺得光榮，不帶怨恨之意」。堅決反對這項大赦法案的陣營包括左派在野黨、受害人團體、以及全球猶太人大會（World Jewish Congress），後者斥大赦為「向無法無天、欠缺人性的行為讓步」。後來，希臘靜悄悄釋放莫頓，讓他返回西德，西德政府則照他在希臘服刑的日數賠償他。莫頓回西德後，指控希臘總理卡拉曼里士曾在納粹占領期間擔任線民，被卡拉曼里士和政府否認，但疑雲仍在希臘政壇翻攪一段時間，稱為「莫頓事件」。

莫頓獲釋數月後，德國也同意支付希臘一億一千五百萬馬克，以賠償被納粹因種族或信仰而迫害的希臘人民，性質類似當時德國和其他國家簽訂的猶太大屠殺生還者協議。德國外交部長致函希臘大使表示，依照協議的遣辭用字，希臘今後不得因納粹占領期間的迫害進一步索賠。但希臘大使不同意，回信表示，根據前幾年的倫敦債務協議提及的「最終和解」，希臘保留未來求償權。

柏林圍牆倒下之後，德國統一，照理應進入最終和解階段。在希臘，又有人聲討戰時德國向希臘硬借的貸款。在一九九〇年代，希臘受害人團體針對淪陷期間的德軍暴行，向德國提出集體訴訟。希臘法院判受害人勝訴，命令德國賠償損失。德國政府認為這項判決違反國家豁免權，拒絕接受，並警告希臘政府，再這樣下去，恐將重傷兩國關係。希臘受害人的反制措施是透過法律途經，沒收雅典哥德研究院等德國官方房地產，請法院拍賣，以賠償原告。但希臘政府不允許法拍進行。等到希臘陷入債務危機，重燃希臘人對德國所謂的債務心懷宿怨，令希臘政府陷入近似戰後的兩難：一方面要平息民眾索賠的聲浪，另一方面又不能觸怒大金主德國。

二〇一四年初，有一群德國國會議員要求政府解釋，為何德國認定希臘索賠於法無據。這些議員主要來自激左聯的盟友社會主義的左翼黨（Die Linke）。德國政府的回應中，有一項論點牽涉到一九九〇年承認德國統一的那項國際公約《德國最終和解條約》（*The Treaty of the Final Settlement with Respect to Germany*），由東西德簽署，連署國包括美、蘇、英、法，是最接近二戰和平公約的一項協議。德國政府的論點是，與二戰相關的所有法律問題，包括求償在內，都在這公約下達成最後和解。我去葛雷卓士家訪問他時，他指出，希臘從未簽署那項協議，也未曾和德國簽署任何一項和約，因此葛雷卓士的構想是，等激左聯執政後，他打算要求德國簽和約，強迫德國清償舊債。如何要求呢？葛雷卓士不願詳述。「我確定一旦我們討論和約，他們會願意賠償的」，他告訴我。

三

二〇一四年五月二十五日，歐洲議會選舉，激左聯在希臘擊敗新民主黨，差距僅幾個百分點。支持激左聯的民眾認為勝選具有歷史意義，因為這是極左派政黨首度贏得全國性選舉。民眾相信，激左聯不久將成希臘執政黨。果然，短短七個月後，激左聯在臨時改選中勝出，葛雷卓士獲得四十五萬票，遙遙領先歐洲議會的其他希臘候選人，民意明顯要他把索賠的聲音傳遍全歐。葛雷卓士礙於心臟有狀況，無法搭機前往歐洲議會開會地點布魯塞爾或斯特拉斯堡（Strasbourg），只好搭車北上，在兩城市找房子住下。

葛雷卓士動身的前一天晚上天氣溼熱，大家集合在雅典市中心的咖啡店歡送他，但這同時也是葛雷卓士的新書發表會。這本書是葛雷卓士語錄，由激左聯同志雷娜．杜若（Rena Dourou）編纂集結。杜若剛當選阿提卡行政區（Attica）的區長。歡送會中，葛雷卓士坐在杜若和齊普拉斯旁，兩人先後致詞稱讚葛雷卓士不辭辛勞抗爭的精神。最後發言的是葛雷卓士，有別於其他人，他起立致詞，彷彿被新兵訓練班長點名。他穿著有著整排鈕釦的短袖襯衫，露出瘦長的手臂，這身裝束，加上他面對群眾演說時難掩興奮，令他顯得像小男生。首先，他感謝幾位民眾，特別是在座兩位外交官，一是巴勒斯坦駐希臘使節，群眾報以如雷掌聲；二是越南大使，葛雷卓士稱讚越南人民渴求獨立心切，以苦拚的精神克服戰爭的科技。葛雷卓士感謝結伴前來送行的同鄉民眾的鼎力支持，然後開始說明，激左聯勝選對他這種老鬥士的意義何其大。因為老鬥士畢生奮鬥，為的就是左翼在希臘當權的這一天。「我們即將討回公道。這是事實」，他告訴群眾，漸高的嗓音岔了。「許許多多的鬥士，永不屈服的鬥士，默默努力的無名鬥士，他們打電話給我，樂得大哭。我們樂得大哭。為什麼？因為公道的路開通了」，他對著齊普拉斯說，意指齊普拉斯將領導全民踏上那條路。演說完畢，女主持人向葛雷卓士致贈一小包泥土，這包泥土取自於葛雷卓士胞弟被處決的靶場。「我要你帶著走，」她以哭音說。接著，她面對來賓：「他即將再一次攀岩，攀登險峻的岩坡」，女主持人說。「等著他摘的旗子多著呢。」

歐洲議會有哪些敵旗會被葛雷卓士扯掉，大家並不清楚，因為在歐盟龐雜的官僚體系中，歐洲議會是個相當無能的小單位。一九八〇年代，葛雷卓士曾短暫擔任歐洲議員，因無法伸張理念而辭職，返回老家納克索斯島，想在村裡建立直選民主制的政府。歐洲議會後來爭取到較大的權力，但葛雷卓士即將發現，情況仍和當年大同小異。歐洲議會的議員多達七百五十一人，說著不同的語言，辯論時每人只分得到兩三分鐘。那年改選，議會裡湧入一批極右派議員，像是法國的國民陣線黨（National Front）和英國的獨立黨都主張民族主義，意識形態大致和歐盟制度格格不入，更和他們獲選進入的議會理念不合。同樣進軍議會成功的是德國一名新納粹派國家民主黨員，以及志同道合的三名希臘金黎明黨員。歐洲議會可以說近似瘋人院。葛雷卓士不太可能藉這種場合向德國索賠。從議會的組成分子來判斷，激左聯在希臘崛起也並未如葛雷卓士所願，並沒有在歐洲各地掀起社會主義革命。

新書發表會後，葛雷卓士走上平臺，仰慕的民眾一湧而上，其中一老人體形龐大，看似年輕時威武過人。他謹慎從旁邊走過去，注意到一位便衣警察正在貼身護衛葛雷卓士。老人說，「哈！」從前，身為共產黨員的他，必須提防便衣警察潛伏。「以前我們常被他們追捕，現在呢，他們卻向你磕頭！」一小群弦樂手撥彈著樂器，民眾高歌起來。到這時候，我已察覺，有些葛雷卓士的同鄉把歌詠他視為一種藝文活動。「勇氣，不屈不撓的靈魂，鋼鐵意志，秉持同樣的堅持，你將再戰。一如當年，有心，有靈，有力。」幾位年長的婦女臨場譜起曲來：「你將成為歷史上亮麗的一頁……因為我們有葛雷卓士，我們全感到驕傲……衛城之英雄！」

我一度湊近葛雷卓士耳邊，問他以後會不會想念希臘。他說，「不會。我會把希臘帶在身上。」

4 區長命案

美德所獲的獎賞最高之處，國民也最良善。

——伯里克利斯（Pericles，按：古希臘全盛期的將領。）

潘葛尤行政區（Pangaio）位於希臘北方，林木蓊鬱而多山，區長是庫克迪斯（Triantafyllos Koukoudis）。二〇〇九年十二月二十七日的夜裡，潘葛尤區的出納處主任和副主任計誘區長到偏遠的海濱路上，想解決財務上的燃眉之急。根據檢察官指稱，那三年來，這兩名出納員和區長聯手，屢次挪公款私用。案發當月，稽查員前來例行查帳，發現區政經費短缺七十多萬歐元，顯然令這三人如坐針氈。

當晚，這位中年、有著深色眼珠的出納處副主任墨諾斯（Ioakeim Monos）致電區長，騙區長說，他願交出自己名下物業的憑證，做為緊急貸款的擔保，以填補帳冊上的缺額。「你過來，我親手交給你，」墨諾斯告訴區長，但事後正、副主任坦承，約見另有目的。墨諾斯做這種見不得人的事，跌破許多當地民眾的眼鏡，因為大家對他的評語是木訥寡言。他已婚，有四個兒子，已在區政府工作二十年，幾年前獲區長提拔到出納處工作。區府一名同事說他是個「好人」。

區長個子高，曾任體育老師，銀髮茂盛，額頭小，落腮鬍修剪整齊，綜合各界的描述是個健談友善的人，但有些本地人說，幾年前競選區長成功後，他變了，多了一份自大，講話也帶官腔。接到墨諾斯約見的電話時，這位區長已離婚，和一名妙齡女子交往幾個月。案發後，根據女友回憶，區長告訴她說，他有一場和公事有關的密會，不參加不行。區長坐進他的藍色奧迪車赴約。

見面地點位於海濱公路附近的停車場，公路沿途是愛琴海岸的沙灘，冬季車流稀疏。墨諾斯和主任薩突里迪斯（Savvas Saltouridis）同坐一車前往。主任年近五旬，身材粗壯，戴著細框眼鏡，合乎區政府帳冊主管人的形象。本地人說他個性外向，交遊很廣。他以前是查稅員，三年前區長上任時任命他主管出納處。同僚對主任的風評似乎不錯。區政府一名同事說，他是個「無懈可擊的職員」。他也會彈里拉琴（lyra）。這種樂器近似小提琴，常用來演奏黑海希臘人的傳統音樂像吉格舞曲（jig）。他和前妻生了一個女兒，離婚後娶烏克蘭女子為妻，再生兩個兒子。二〇〇九年十二月案發時，兩個兒子的年紀都還小。

主任和副主任帶烏茲衝鋒槍赴約。根據後來法院查證，當晚他們兩人抵達停車場後，主任持槍躲進附近一間已關閉的路邊小吃店裡。區長在晚間九點多到，下車後，主任從藏身處衝出來，舉槍瞄準區長的頭，開槍，兩顆子彈在近距離擊中臉部。區長倒在地上，主任再對準他的身體補五槍，然後和副主任一同把屍體擡進後車廂。遺體在三天後才被人發現。

事隔三年半，我才耳聞這案子，但希臘人仍談個不停，因為法院雖已判定兩人的罪行，兩人也因槍殺區長而入獄，卻繼續領區政府薪水，雖然非全額。公務員的鐵飯碗耐摔，連罪犯也獲保障，不怕丟工作，本案就是一項明證。（希臘一報紙標題：「殺死區長照樣領薪！」）當時，希臘的三頭債主強力推動公務員改革，要求政府開除不適任的職員。區長命案顯示革新的挑戰性多麼高。

三

一世紀前，希臘憲法明訂公務員為終身職，從此被視為天經地義的事，和地球繞太陽一樣。憲法規定，「只要依法設立的職位存在，任位之公務員得享終身職。」依照憲法，職員可因謀殺、侵占公款等行為被開除，但「須由終身職公務員至少占三分之二的委員會開會決議」。在制訂這些保障之前，以往選舉新官上任後，往往全面開除公務員，改派政壇親信任職，憲法保障公務員就是因為整體洗牌一再發生。然而，整批公務員被開除的現象沒了，法律卻無法消除指派親信的習慣，政客持續把公職當成麵包屑餵鴿子，丟給支持者或親戚。若剛好無缺，也只要增加新職位就行。二〇〇九年，希臘就業人口有大約五分之一在公家機關或國營公司上班。這比例雖然高於德國，卻仍比法國低，更比不上石油富國挪威等北歐國家。但希臘公家機關的問題癥結與其說是公務員眾多，倒不如說是良莠不齊。希臘聘用公務員時，常常資歷不計，職能不合格的職員和中階主管比比皆是，占的職位是為了職員的好處而設，不考慮是否能服務民眾。公務員一旦受到任命，無論績效好壞，幾乎不可能砸飯碗，因為開除與否屬於多數決，而表決權握在傾向於護短的同事們。可想而知，在終身職的保障之下，公務員養成一種免責心態，上班常遲到，甚至乾脆蹺班不來。即使來上班，也常動歪腦筋藉職位之便撈更多錢。如果有公務員想好好盡本分，誠實辦公，往往會感到氣餒，因為整個制度的設計似乎只獎勵惡行。

在三頭的施壓下，希臘政府被迫拿出手段，評估公務員績效。從查勤著手似乎是個不錯的起點，看看公務員是否準時上下班。初步的查勤報告不太樂觀。以文化體育部裡的一個單位為例，查核員發現，一九九八年設立的監管工時的電子系統直到二〇一二年才啟用，而且功能還無法齊全。在這單位裡，二〇一二年秋被抽查的公務員裡，約七成職員有缺曠職的現象。另一例是社會保險基金的附屬單位，缺曠職公務員高達四分之三。四個月後再查核，微微改善了七％。查勤報告寫道，社會保險基金主管非但未依規定懲處職員或扣薪，更隨便核發加班費。

幾十年來政府隱瞞公務員缺曠職的狀況，直到被債權國脅迫，才揭露出公務員的醜態。最轟動的是少數幾位政客被揪出洗錢、侵吞幾億歐元的重案，但想分一杯羹的基層公務員也涉及規模較小的貪瀆案，舉例如下。全國最大的社會保險機構裡，有六名女職員涉嫌造假，發放的福利金總計高達大約一千一百萬歐元，被依洗錢等罪嫌起訴。雅典及周邊地區的都市計畫單位有六十五名職員，涉嫌縱容屋主違反法令，以刻意且武斷的方式降低或暫緩罰款（想必短缺的罰金未必只流入屋主口袋）。在二〇一三年底，希臘《民族報》（*Ethnos*）報導，希臘財政部長致函希臘幾家銀行，要求銀行提供數百名查稅員的帳戶資訊，想調查這些查稅員是否涉嫌漏報來源可疑的收入和資產。調查員發現，以這些查稅員的薪水而言，轉帳動輒數十萬歐元，內情不單純。翌年政府表示，正調查迄今四年間公務員匯款到國外銀行的情形，金額總計約十五億歐元，涉嫌的公務員超過五千人，約有半數是教師。希臘老師通常私下為學生補習，只收現金，協助學生通過困難的考試，以順利升大學。涉嫌的公務員也有許多公立醫院醫師和國防部職員。

不令人意外，幾乎所有希臘人對公共行政觀感都不佳。二〇一二年歐盟的一項調查顯示，受訪希臘人當中，認為公家單位「差勁」的比例高達九六％，在歐盟居首。惡劣的觀感如此普遍，想必官員多數也有同感。金融風暴前所做的民調也有類似的結果，因此無法歸因於公家單位預算被刪。儘管人民不滿政府績效，在危機爆發前十年間，公務員獲得幾度加薪，漲幅非常大。依據歐洲央行公布的一份報告，在那十年間，希臘公務員平均薪資漲了一倍多，接近歐元區最大漲幅。反觀德國，人民滿意公家機關運作，公務員薪資只漲了大約一三％（漲幅如此低，若將通膨計算進去，無異於減薪）。希臘公務員也享有多種福利。坐辦公桌以電腦辦事，在希臘屬於苦差，因此敲電腦的公務員一年可多放六天假，以舒緩身心，這份福利直至二〇一三年才被政府喊停。

二〇一三年夏天，新民主黨的青年黨員米索塔奇斯（Kyriakos Mitsotakis）入閣，主管行政改革部。前任部長隸屬左翼小黨，被保守派指控阻礙革新，不符三頭的改革要求。米索塔奇斯的個性精益求精，擁有兩個哈佛學位和一個史丹佛學位，出身自希臘最顯赫的政治世家之一。他的父親是康斯坦提諾斯・米索塔奇斯（Konstantinos Mitsotakis），在一九九〇年代初曾任總理三年半，但這個位置卻坐不久。主因是他有心革新，其中幾項和三頭當前的要求一樣令民眾反感：緊縮政府支出，讓虛胖的國營企業民營化。雖然喊改革，當年總理卻也任意找政壇親信擔任公職，為人詬病。總理的兒子如今擔任這份吃力不討好的差事，一方面改革公共行政效率，另一方面實施一項不受歡迎的方案：解雇數千名公務員。長久以來，希臘沒有一個政治人物敢做這種事。他的部門正式名稱是「行政改革與電子行政部」，成立才幾年，宗旨是促進希臘公共行政現代化，只不過，這部門究竟能否促進政府效率，或者只徒增政府冗員，成果仍有待觀察。

米索塔奇斯就任後，他宣布將盡速提升行政效率，以績效為重。他說，適合的起點是開除被判刑的公務員。他接受電臺訪問時提到潘葛尤區的出納主任和副主任，並表示這種事「有害國民榮譽心」。他宣布，政府終於決議革職這兩人，永不聘用。他言下之意是，官方的懲處審核委員會已著手辦理。他表示，「罪惡源頭是一個雜草蔓生的附屬國，」老早就該動手剷除了。我聽完部長的訪問，以為正副主任已經被開除了，後來打幾通電話去部門裡詢問，部長發言人也證實如此。但是，當我聯絡潘葛尤區政府時，區長助理告訴我，沒人聽說過開除的事，兩個罪犯仍然名列支薪名單。我決定去潘葛尤區一趟，親自採訪個究竟。

三

潘葛尤區由幾個村子組成，位於希臘東北部，靠近潘葛尤山脈。本地人說，亞歷山大大帝曾在這裡開採金礦，以供應東征西討的需求。本地以北大約七十英里就是保加利亞，南邊是愛琴海北岸。區長遇害時，區政府所在地是他的家鄉尼基仙尼村（Nikisiani），位於潘葛尤山脈的坡地上，以紅瓦屋為主，到處是冷杉、山毛櫸、栗樹。後來，政府為精簡區數，合併全國幾區，將區政府遷移到較大的鄰鎮，但我有天傍晚抵達尼基仙尼村時，仍見到前區長辦公室外高掛著區政府的字樣。隔壁的小咖啡店外有一群退休老人，在栗樹下圍成半圈坐著殺時間。我跟他們坐下，點一杯咖啡。老人們看著我，好像我剛從太空船走出來似的。我以希臘語說晚安，他們客氣地回禮，然後安靜下來。馬路對面有一座小廣場，立著一排沒有旗子的旗杆，旁邊另有一間咖啡店，有另一群退休人士。他們對面又有第三家咖啡店，客人也是一群退休人士。

「你們怎麼決定要去哪家咖啡店？誰來這家咖啡店，誰去那兩家，怎麼決定的？」我問和我一起坐在樹下的老人。

「退休老人去那兩家，」一人指著另外兩家咖啡店說。我腦筋一時轉不過來，只覺得他長得像演員達佛（Willem Dafoe），接著才發現是玩笑話。我對他說，他長得像達佛，可惜他從未聽過這名字。

「這村子靠什麼維持經濟？」我問這群老人。

「靠德國的貸款啊，」一位瞇瞇眼老人抽著菸，吞雲吐霧說。

咖啡來了，我鼓起勇氣問達佛是否認識遇害的區長。

「我們當然認識他，」他說。「他以前常來陪我們喝咖啡。」

「他是個好人嗎？」我問。

「他很擅長交際，」達佛說。

「我們本地人全是好人，」另一人說。他的笑臉帶有怨氣。看來，我不太可能聽到批判區長的言論，原因之一是這裡是區長家鄉，之二是希臘人奉行俗諺「死人永遠是對的」。要罵就罵活人。

「你們認識兇手嗎？」我問大家。

無人吭聲。一人甩一甩念珠，露出痛苦的神色。「他們是別村子來的人，」他說。「他們跟我們不同族。」我當時不太理解他的語義。難道這幾村的人關係密切到視鄰村人為異族？後來我才知道，他指的是兇手的籍貫是黑海。希臘民眾對黑海希臘人有一種很不公平的刻板印象，認為他們全是惡棍。有一次，我去區域法院調一份區長命案的檔案，職員告訴我說，黑海希臘人「血脈裡有犯罪傾向」，再度提醒我這可嘆的背景。

提到兇手籍貫後，大家又沉默不語。看樣子，老人不想談命案，至少不想在其他人面前談。我喝完咖啡，服務生告知，達佛已經幫我付錢了。我謝謝他請客，正要走回我的車，不料對面廣場有人喊，「喂，美國人！過來這裡。」我見到對面咖啡店有一老人正對我招手。我改變方向，朝他走去，納悶著我的個資怎麼傳得這麼快，一下子傳到對面去了。

這位老人有著淡藍色眼珠，把頭髮染黑，對我伸出缺兩指的手。我和他握完手，開始自我介紹，卻被他打斷，好像有人已對他完整介紹過我了。

「你曉得應該把什麼東西寫進書裡嗎？」他說。

「不曉得，告訴我吧。」

「『希臘人欠幹！』」

隔桌和他對坐的朋友是八旬老翁，頂著俗氣的上短下長髮型（mullet），面露驚恐。「不行！不能寫那樣，」他的嗓門虛弱，盡了全力提高音量。

「好吧，不寫就不寫，」缺兩指的老人說。「不如寫這樣，『我們需要燒掉這整個白癡國家，從頭建立新政府。』」

「不行！不能寫成那樣，」八旬老翁說。「應該寫：『我愈看愈糊塗。』」

缺兩指的老人名叫寇茨卡瑞斯（Lambros Kotsikaris），曾在德國擔任「客工」四十九年。二次大戰後，德國經濟起飛，幾十年間，地中海沿岸各國民眾紛紛移民去打拚，總計多達數十萬人。他告訴我，他在德國一家汽車零件工廠做工，把兩根手指留在那裡。他對地方政府施政嘖有煩言，連不值得發火的芝麻小事都讓他氣呼呼。他指向馬路對面的那排空旗杆說，區政府本來掛了一排外國的國旗，很氣派，現在呢？國旗跑到哪裡去了？他抱怨輕型機車和重型機車的引擎太吵，罵本地青少年把引擎聲調得更高。他批評說，在社區墓園，要花二十歐元，才能預訂一塊墳地。

接著，他若無其事提到，主任射殺區長用的那把烏茲槍來自他的姪兒。命案開庭時，姪兒出庭，證人描述他是個打零工的未婚男子。他作證時說，烏茲衝鋒槍是他在廢棄採石場撿到的：「我知道它是違法的，但我還是把它留著。我看到了那支武器，所以就留了下來。它看起來像是裡面有子彈。」法院得知，兇手承諾以五千歐元向老人的姪兒買槍，因此判姪兒十七年徒刑，罪名是共犯加違法擁槍。老人對姪兒不太同情。「他和那夥人應該被判終生苦役才對，」老人說。

「另外那兩個犯人現在還領區政府薪水，你有什麼想法？」我問。我暗忖，令他憤怒的事那麼多，他必定對薪水照領一事有話想說。令我意外的是，他關心的事不包括這一件。「從我的觀點來看，」老人說，「這樣可以照顧他們的家屬。」

「可是，想為家屬提供福利，可以好好想一個辦法吧？」我說。「何必讓罪犯繼續領公務員薪水呢？」

「在希臘，『好』又能代表什麼？」插嘴的人是個胖子，剛剛湊近坐下，點菸抽著。

八旬老翁決定提醒我：「要寫，『我愈看愈糊塗。』」

我說，「德國人聽到這一類的事會問，『我們何必把錢南送？』」我心想，這話一定能刺激老人回應。老人剛才一度以濃濃的希臘腔炫耀他的德文說：「我會講德文。」現在，老人無語。在座有一位屠夫，地中海禿，懶散的眼神，原本一直默默坐著，這時興起了。

「告訴梅克爾總理，這裡沒東西可給了，」屠夫說。「牛已經跑掉了！我們現在手裡只剩牛鈴。」這話引來眾人哈哈笑。屠夫受鼓舞，再接再勵，一手握拳，另一手握住手腕，暗示男性生殖器。「梅克爾想來，可以給她這個！」他說。又惹大家哈哈大笑。屠夫接著邀我一起去喝茴香烈酒，但我以工作為由婉拒。

八旬老翁起身，好像被這場對話惹得心煩。「寫：『我愈看愈糊塗，』」他再次告訴我，然後跛足離去。

幾天後，我回到尼基仙尼村，在上班期間前往仍是區政府小辦事處的舊區政府所在地。這裡有一位高瘦且親切的男職員，湊在辦公桌前，正為一小群民眾填寫文件、蓋官印。辦完後，他主動帶我參觀遇害區長的辦公室。他說，區長死後，辦公室保持原狀。我們踏上幾層木樓梯，進入辦公室，辦公桌後的牆上掛著一幅達文西《最後晚餐》複製畫，大而氣派，兩旁分別是希臘國旗和歐盟旗。宗教畫像散見各處，另有一尊德謨克里圖斯（Democritus）的上半身塑像。德謨克里圖斯是古希臘思想家，曾提出原子存在論。牆上也有一面匾額，寫著歷史學家修昔提底斯（Thucydides）的名言：「民眾對統治者有信心，統治者守法，市政方能良善。」職員告訴我，區長以前是他的體育老師，個性很友善。他也說，區長和正副出納主任表面上相處融洽。「我真不敢相信，」他指的是命案。「全為了一個『錢』字。」

我離開辦公室後，去拜訪名叫夏克里士（Apostolos Tsiakiris）的區政府退休職員。他家在舊區府附近，家中環境整潔。他是區長生前的好友兼政治親信，命案後代理區長一年。他穿著短褲，坐在沙發上，背後是聖母和耶穌像。他告訴我，代理區長期間，兇手因槍擊案入獄後，他就不再支薪給他們。然而在當時，停止給薪不合法律規定。因入獄而無法上班的公務員視同「自律休假」，有權領半薪，等候地方政府懲處委員會的決議。主任被停薪，律師因此告代理區長瀆職，迫使區府繼續支薪給兩位罪犯，停薪期間的薪水也要討回。槍擊案過了大約半年，地方懲處委員會判定，正副主任涉及「可恥行為」，應被開除。主任的律師不服，上訴到雅典的二級懲處委員會，兩囚犯也因此繼續領半薪，等候上訴的結果，而這次判決會拖非常久。代理區長火大了。「殺人兇手哪能繼續領薪水，」他告訴我。「全世界沒有一個政府會做這種事。」我告別之前，問他對區長有何觀感。「他總是盡力幫忙，」他說。「他從不會拒絕任何人。」

那天，我離開村子途中，順便去當地墓園參觀。區長的墳墓立著一支大十字架，以塑膠花裝飾，另有三幅他繫著領帶的畫像。墓誌銘的作者是區長女兒：「我希望你是天上最靠近人間的一顆星，光芒擁抱普世，宛如你在世。你將永遠是我的天使。」

III

命案審判期間，正副主任對庭上表示，他們只想嚇唬區長，絕無傷害區長的意思。開槍的主任告訴陪審團：「我父母在世時教我，不要傷害任何人。我萬萬沒有做這種事的意思。」主任作證說，區長提拔他擔任出納處主任不久，開始向他需索公家錢。第一次，區長把他叫進辦公室說，「幾場選舉下來，影響到了我的財務。」主任想討好上司，調到五萬歐元給區長。根據主任的說法，接下來三年，區長不停伸手要錢。主任說，錢愈調愈多，他也愈來愈煩惱，有幾次焦慮到發抖，血壓升高，心理狀況惡化，沒辦法陪自己的小孩玩。根據證詞，他當時對自己說，「我的死期近了。我快死掉了。我很確定。」他說，二〇〇九年夏天，他提醒區長，官方會計即將前來例行查帳，區長說：「用不著擔心。橋到船頭自然直。」主任說，有一天，他向區長訴苦，沒想到區長在辦公室沙發躺下，竟伸手至下體抓癢。「我開始抓狂了」，主任告訴法院。

副主任向法庭自述為盡心盡職的公僕。「我盡我所能服務區民，做好分內的事，」他說。「不管區長吩咐什麼，我都做。」副主任說，他曾給過區長「一些款項」，但他也說，直到二〇〇九年十一月，主任向他透露，他才明白錢坑有多深。副主任告訴法庭，有一次，區長找他進辦公室，要他交出自家房屋的所有權狀。「可是，我跟這事完全沒關係啊，」副主任說他如此告訴區長。區長告訴他，「你能幫多少就幫多少，不然，等我垮臺的那天，我也會拖你們兩個一起垮。」副主任告訴法庭，到了十二月，主任提議嚇唬區長。「如果你覺得會有作用，那我們就去嚇嚇他，」副主任說他如此回應。

主任說，命案那一夜，他並沒有打算扣扳機。他說他把烏茲槍藏在夾克裡面，抖著手，拿槍出來說，「區長，請你還公款，因為我不知道未來會發生什麼事。」主任說，他以為區長見槍會害怕，沒想到區長卻說，「別鬧了，你這個拙茲基（tsoutseki）」。（拙茲基這詞源於土耳其語，本意是「花」或「侏儒」，語帶貶抑，無法翻譯。）說著，區長衝向前，撞到烏茲槍。主任向庭上供稱，他向後踉蹌，不慎扣到扳機，設定為「自動」模式的烏茲槍連續射擊。「我只扣扳機一次，」他開庭時說。「我很後悔。這種事我死也不敢再做了。我搞不懂自己怎麼那麼糊塗。我覺得丟臉，應該為自己犯的錯接受制裁，」他說。「我道歉一千遍也不夠。」

庭上不信主任的敘述。經調查發現，槍當時設定為一次一發子彈，主任蓄意連續扣扳機。槍擊案發後一年，法院判定主任蓄意謀殺，「在情緒穩定的情況下決定並實行。」他被判終身監禁。副主任是命案的直接共犯，被判十六年徒刑，另因違法持有槍械再加一年。法庭認為，兩人有意推諉侵吞公款的全責給區長，計劃殺他滅口。在我現地採訪期間，兩人面臨侵占公款的指控。檢察官說，他們與區長聯手侵吞了區府公款七十多萬歐元，其中六千歐元是公立幼稚園的基金。兩人的律師告訴我，正副主任與侵占公款無關，短缺的錢沒有進入他們的口袋。他們也為命案的判決上訴，堅稱無意殺害區長，辯稱是當時情況失控。

區長被指控中飽私囊，死後當然無法為自己辯白。區長的胞弟作證說，短缺的公款當中，有二十萬歐元被區長挪用，暫時彌補預算裡的缺額，因為當時「某件社區方案」被延誤了。「錢從一個案子調到另一案子，在區府是很常見的情形」，區長胞弟說。胞弟接著表示，另外五十萬歐元大概被正副主任吃掉了。

三

有個鄰近愛琴海的港市，名叫卡瓦拉（Kavala），市區點綴著鄂圖曼帝國時代的建築。有天上午，我去拜訪主任的律師卡凱迪司（Vasileios Kagkaidis），律師事務所位在港口附近一棟寒酸的辦公樓裡。他的業務似乎很忙。我進事務所，在一小間無窗的等候室坐下，身旁有幾個外表落魄的客戶，他們抽的菸瀰漫整間辦公室。進了律師的辦公室，我見他大聲講話，對象同時包括一位在場客戶、一支辦公室電話、一支手機、一名年輕女祕書。他掛電話才幾秒，鈴聲又響。「那是在變魔術啊！」他對著電話吼，同時掌擊桌面。「他們愛講什麼，隨他們去講，事實是，我讓他們大開眼界！」他對著另一支電話吼。最後，他對我吼：「進來吧，大個子。」律師身材矮小，頭髮已有銀絲，有著一對褐色大眼，旋轉椅背高出他的頭。他背後的書架上有一面牌子，刻著古希臘格言：「不知感恩的受益人是最穩當的死對頭。」坐律師對面的是兩位年長的客戶，都穿短褲和T恤。律師問我為何對主任的案子感興趣。我告訴他，因為債權國催希臘趕快精簡人事的當下，主任入獄後卻照樣領薪水。「歐洲三頭要求我們資遣一大堆公務員，這案子才變成熱門話題吧，」他說。「否則，他們可以一直領薪水。」他又拍桌，動作看似他對此事憤怒，但我不久後理解到，這是他講話的習慣動作。「三頭一直找可以開除的公務員，好讓我們能拿到下一劑。」幾年下來，希臘人慣用「劑」來表示紓困案的分期貸款，履行債主規定的重建方案才一次給一點，猶如發放美沙酮給嗑藥成癮的人。

我問律師，主任至今仍領公務員薪水，這有道理嗎？律師壓低音量，以平板調說，「這事背後有一個女人和三個小孩。法律有先見之明：殺人犯的小孩怎麼辦？」他的嗓子恢復正常的高分貝。「法律明智，念在一妻三子，犯人可以領半薪。」從律師的口氣，被判無期徒刑的主任即使不感激律師爭取減刑未果，也應該感恩至今仍有薪水可領。槍擊案後，代理區長拒絕向犯人支薪，爭取復薪的人畢竟是律師。提議上訴懲處委員會的人也是律師，在決議出爐之前，主任能繼續領薪水。

「他的那幾個嬰兒都靠我養，」律師說，指的是客戶的三個小孩。

「你上訴的理由是什麼？」我問他。

「哪來的理由？」他聳聳肩說，左看右看，搔搔臉，表示這問題荒謬，無關法律。「沒理由啦。拿槍殺死區長。哪裡辯得過？」他說，上訴的用意在於「拖延」。

的確，懲處委員會審核的過程拖了很久。在我前往潘葛尤區的那年夏天，也就是上訴三年後，行政改革部部長上電臺宣布，雅典二級委員會判定，正副主任都應被開除。我訪問改革部，想瞭解審查為何拖這麼久，得到的答覆不太能直鑽問題核心。「花了好長一段時間，才開始正常運作，」發言人說。同一位發言人也堅稱，正副主任已依決議被開除了。我請他確認。他說，他確定。他非常確定。然而，我在潘葛尤區訪問時，區府官員告訴我，嚴格說來，能開除他們的唯有本地官員，而本地依法還不能辦理。根據希臘當時的法律，這兩人有權再上訴，這一次上訴到全國最高的行政法院。依法，這兩人有三個月的時間可決定是否上訴，而這三個月不能從夏天算起，因為夏天屬於休閒期。這表示，犯人可一直領薪水，至少可領到秋末，如果決定上訴，還能領更久。我最後通知改革部說，正副主任被開除言之過早，發言人後來承認說法有誤。

這案子，律師似乎愈談愈無聊，改談政治。他說，他童年房間裡有一張甘迺迪總統海報。他說，甘迺迪和歐巴馬都是人類。布希呢？「整個世界被他操得亂七八糟。」律師力挺泛希社運黨。在當時，泛希社運黨在政壇被打得落花流水，被多數民眾認為是國家崩潰的禍首，挺泛希社運黨的姿態有點標新立異。「告訴美國，希臘還存在，」律師對我說。「希臘人有自由，能自由發言。」他接著再暢談心中話。他說，德國總理梅克爾就像布希，叫希臘開除公務員的人正是她。「在我看來，開除公務員是失策，」律師說。「他們有家人要養。不過呢，歐洲右派正在逼我們。換言之，就是布希。布希！」說到這裡，他停頓一下，改變策略，像一個能從任何角度辯論同一件事的律師。「不過，他們有的是鈔票，」他說，卸下剛才的義憤填膺。律師接著指向在場兩位灰髮客戶。這兩人始終恭恭敬敬地聽著。「你看到這兩條懶蟲了沒？」律師手指著他們，懶得正眼看。「希臘有三百萬個這種退休老人。懶蟲。而且領的是非法年金喔。幸好德國拿得出鈔票，他們才領得到錢。如果他們的年金被刪了，他們不互相殘殺才怪。」兩人繼續無言，其中一個微微點頭贊同。

三

我去潘葛尤區的前幾天晚上，希臘政府發言人科迪克戈魯（Simos Kedikoglou）繫著紅領帶，站在電視鏡頭前面對觀眾，宣布一項縮編公務員的計畫，規模之大在近幾年來僅見。發言人說，「在希臘民眾忍痛犧牲的當兒，裁員刻不容緩。」他的黑眉毛宛如蹺蹺板，表情誇張不自然，看似拚命假認真。裁撤的對象是國營廣電公司ＥＲＴ，冗員充斥，福利優渥，浪費公帑的程度令人咋舌，政府再也無法容忍，因此裁撤ＥＲＴ有其必要性，為的是「終結赤字，脫離危機」。發言人舉例說，ＥＲＴ的會計部門多達六個，互不往來，兩三位技術人員就能完成的工作分配給幾十人去做，而且加班費超高，不合情理。ＥＲＴ是浪費公帑最明顯的惡例，政府憑著「破釜沉舟」的意志解決這問題，在各部會聯合決議下，決定關閉ＥＲＴ，以更精簡、更優質的廣電公司取代。發言人宣布，ERT的節目將在當晚斷訊。聽到ERT新聞臺實況轉播發言人的宣布，主播和評論員極力表現新聞工作者的客觀，可惜沒用，各個看起來活像等著被處決的死囚。播報員說，鎮暴警察正趕往發射器所在的山坡地，準備拆除，不久後畫面空白一片。ERT總部位於雅典北郊，數千名抗議者認為政府的行動太專制，高呼口號暗示，一九七四年敗退的軍政府仍在統治希臘。

其他公家部門內部也有揮霍和裙帶關係的問題，或許比ERT有過之而無不及，但政府決定殺一儆百，把ERT講成是最惡劣的示範，所以決議關閉ERT。換言之，ERT亂到無可救藥，只好從頭另立一家新公司。裁撤掉ERT，公務員總數立刻減少二千六百六十人，又往三頭要求的目標邁出一大步。三頭要求希臘政府在年底前開除四千人。政府總要找個地方開刀，無可厚非，但關閉國家電視臺是眼高手低的做法，手法拙劣。對此，歐洲各大公共廣播機構的總裁連署一份聲明，指出此舉「悖離民主精神，違反專業」。儘管政府向民眾保證，將以英國BBC或德國類似單位為典範，盡速另立一家廣電公司，但很少人相信政府有這一方面的準備。的確，ERT關閉幾個月後，過渡期的公視臺淨播放著黑白電影、烹飪節目和不痛不癢的紀錄片。總理裁撤掉的公視本身有嚴重缺失，沒錯，但公視畢竟是民眾吸收新聞的一大來源，遭關閉後，政府一時無法成立新臺取而代之，迫使閱聽大眾改看民營電視臺，而主要民營臺多半被權勢團體寡占，輿論被牽往利己的方向。

開除公務員在希臘是忌諱，但在債主施壓下，政府不得不展現決心。後來，國際貨幣基金專家讚揚希臘關閉ＥＲＴ，顯示政府終於著手改革公家機關，以符合外界多年來的要求。然而，關閉ＥＲＴ是否能改善政府財政，效果並不顯著。ＥＲＴ的預算和歐洲其他國家的公視一樣另有來源，希臘這方面的經費是從電費中直接稽徵的。此外，ＥＲＴ員工最後也爭取到優厚的資遣金，揮霍掉原本另立高效率公視能節省的經費。ＥＲＴ關閉隔天，薩馬拉斯總理出席商業界一場頒獎典禮，致詞表示，裁撤公視足以證明政府有心革新公共行政，破除僵化制度和近似蘇聯的孤立。總理說，沉迷於意識形態的毛病在全球各地已消失，只在希臘殘存，形成龐大無比的官僚，阻礙了促進生產力的每一項努力。希臘政府的「揮霍和低透明度全球僅見，至少在歐洲其他國家找不到」。總理接著說，希臘人和「罪惡ＥＲＴ」共存太久了。

希臘公營事業員工惱火了，工會宣布以全面罷工反制政府。為保障並改善公務員薪資福利，罷工是數十年來常見的手段，尤其在一九八〇年代最嚴重，十年間共有將近四千五百次罷工，平均每天不只一次。在歐盟，罷工最頻繁的是希臘，遙遙領先其他國家。紓困案達成協議後，罷工變本加厲，有幾個希臘人腦筋動得快，架設一個罷工資訊網站，以希臘文「罷工」為名：www.apergia.gr，方便通勤者每天查那些公共運輸停駛。在全面罷工當天，我去採訪一場盛大的示威活動，地點在ＥＲＴ總部外。儘管那天公車和捷運大多停擺，最靠近ＥＲＴ大樓的捷運卻運作如常，以利運送大批抗議者。和我同一車廂的中年男子背著紅背包，從裡面拿出傳單發放。「這個政府支持戀童狂，你們知道嗎？」他邊發邊問。傳單轉印衛生部資料，列舉各種可申請殘障福利的心理疾病，包括性變態在內。根據這份資料，被診斷為戀童狂的病人被視罹患二〇%到三〇%的殘疾。「政府為什麼支持戀童狂，你們知道嗎？」男子發給我一張，問我。「因為他們全是戀童狂。」

「這個政府比軍政府更爛！」同車廂坐得較遠的一婦人高喊。

「我們呢？」發傳單的男子說。「我們知道未來的下場。我們會被他們趕上街頭。」

捷運抵達最靠近ERT的一站，抗議者下車，湧進一條郊區大道，兩旁商店賣的是家具和電子產品。廣播公司總部外聚集著各種極左派政黨和組織，令人目不暇給。這些團體平常理念不合，小吵不斷，如今卻團結一致對抗財閥政府。大家手持布條，上面畫著鐵錘和鐮刀，高喊支持ERT「工人」的口號。對希臘左派而言，「工人」一詞具有神聖的涵義。在左派的二元論世界觀裡，在對抗老闆的階級鬥爭中，工人總站在正義的一方。誠然，希臘不乏一群相互勾結的資本主義分子，以寡占的手法危害國家甚廣，但左派似乎像熱戀中的情人，看不見公家機關「工人」的缺點。在捍衛公職的行動中，和共黨串聯的職業工會特別顯眼，一度登上衛城，高掛鐵錘鐮刀大旗，上面寫著：「歐洲人民站起來」。在ERT外面，我盡量記下左翼團體有幾個：一、國際工人左翼（馬克思主義革命團體）；二、工人國際委員會（托洛斯基派團體）；三、激左聯之紅連線（激左聯內的「前線派」之一）；四、希臘共產組織（信奉馬克思和毛澤東的革命團體）；五、好戰工人全聯（希臘最大共產黨職業工會）；六、希臘馬列共產黨（最大共產黨的支派，以毛澤東為宗）。數量太多了，我記不勝記，索性放棄，走向總部的大門。懂得賺錢的串燒攤販在這裡設攤，生意興隆。

ERT總部樓高五層，外形單調，幾張憂鬱的員工臉龐從成排的窗戶向外望，他們吞雲吐霧地抽著菸。這些人是第一批被裁員的倒楣鬼，他們擺明了打死不退。員工已占據大樓，拒絕放棄主控權給政府。「我們還活著，還沒關門，」髮型美觀的女主播在大樓前拿著麥克風吶喊。我試想，如果同樣的事發生在美國，國家公共廣播電臺或公視員工也採取類似行動，情況會怎樣？知性名主持人芮妮．蒙恬（Renee Montagne）或羅斯（Charlie Rose）也會做這種事嗎？很難想像。不過，同樣難以想像的是美國政府派鎮暴警察去斷訊。

門口前的草坪坐著一群前來打氣的工會：泛希臘公共財務服務員工聯盟、身心病患與弱勢團體機構員工協會、希臘銀行工聯。有些團體的簡稱拗口難記，例如EDOEAP，全名是「輔助保險之聯合新聞工作組織」。這裡有幾棵橄欖樹，旁邊坐著「外膳業服務員廚師等從業人員協會」的幾名會員，布條掛在一旁：「面對老闆攻擊，我們以階級團結與動員回應。」附近有幾輛衛星轉播車，持續放送ERT節目，藉網路串流播放。大樓裡，ERT員工倉促成軍的安檢單位檢查我的媒體證件，記下我的姓名。檢查人員說，這是預防措施，以防政府爪牙和警察滲透。我走上樓，進自助餐廳，裡面滿是相互憐惜的員工。櫃檯上陳列著幾份半隻烤雞和水煮馬鈴薯，但多數人只喝咖啡抽菸。個子嬌小的收銀小姐忙著算錢，我問她ERT正式倒閉了，餐廳賺的錢哪裡去？她瞄我一眼，神態輕蔑。「什麼錢？」她說。「付我們自己薪水啦！」

我找一桌坐下，認識一位名叫瑪麗亞．卡拉堅納基（Maria Karagiannaki）的女子。她現年三十八歲，在ERT的合唱團擔任女中音，穿著藍毛線衣，搭配塗得很濃的藍眼影。我還沒問任何帶有指責意味的問題，她就開始為合唱團辯護。「有人說，我們一年只表演兩三場，其實不對，」她告訴我。「沒錯，有些表演製作費很高，不過簽署同意的人是那些政客啊。」她接著告訴我，合唱團儘管人手不足，表演起來卻有聲有色。「只用三十五人，怎麼表演威爾第的《安魂曲》（*Requiem*）嘛？」她說，合唱團曾演繹過貝多芬，獲得好多讚美，有人居然建議他們去德國，應該去教教德國人怎麼唱。這位女中音哪裡能象徵公家機關的問題所在呢？聊天過程中，我覺得難以想像。她告訴我，她的月薪才九百歐元。她認為，ERT需要大幅改革沒錯，外界罵ERT揮霍、搞裙帶關係，多數也罵得好，「但這現象全是政客搞出來的」。

她所言不無道理。不知節制的惡習，許多是希臘政客經年累月培養出來的，而ERT內部的問題，政客絕對也無法推卸責任。畢竟，ERT的董事全由國會議員指派，董事坐穩位子後，回頭再聘用政客的親友。而政客也會左右新聞節目，讓報導有利於政府。部會官員常

1. 一九八一年泛希臘社運黨總理安卓亞斯・帕潘德里歐執政時期宣布加入歐洲共同體。（Tilemahos Efthimiadis 攝）
2. 安卓亞斯・帕潘德里歐的兒子喬治・帕潘德里歐（左）執政時，首度紓困協議失利，企圖將紓困案交付公投，引發政治危機，因而被迫下臺。中間者為虛位總統帕普利亞斯及希臘東正教大主教伊羅尼莫斯（右）。（ΠΑΣΟΚ 攝）

1

2

3

4

1. 在希臘債務危機爆發後，德國總理梅克爾首度於二〇一三年拜訪希臘，並在出訪前平息國內閣員眾議，讚許希臘的改革行動。圖為新民主黨總理薩馬拉斯在雅典招待梅克爾，這段期間大約有四萬民眾前去抗議。（Αντώνης Σαμαράς Πρωθυπουργός της Ελλάδας 攝）
2. 塞薩洛尼基市長布塔里斯，為猶太裔希臘人，因為多項親土耳其的作為，以及不同於東正教的信仰，引來塞薩洛尼基主教的抨擊。他在任內也承認並重建了遭到納粹與希臘人剷除、有五百年歷史的猶太墓園。（作者提供）
3. 二〇一四年三月德國總統高克（中）訪希臘，並會見激左聯葛雷卓士（左，其弟為身亡的抗德烈士）、齊普拉斯（右）。會談中葛雷卓士向高克提出除了「道德債」之外，希望德國承認虧欠希臘實質債。（達志影像／提供授權）
4. 二〇一一年一月在亞喬．潘特雷蒙納斯廣場示威中，金黎明黨員拉哥斯是其中一位指揮者，走向鎮暴警察，一一向警察下戰帖，想跟他們對打。拉哥斯後來進軍國會成功，成為金黎明黨的國會議員。（Jebulon 攝）

1. 希臘札金索斯島被查出當地官員、醫生與居民涉嫌合作詐領盲胞補助。二〇一〇年島上三萬九千名居民中，有將近七百人申請到盲胞補助金，占人口的一・八%，大約是許多歐洲國家的九倍。調查後初步認定，領取盲胞補助的六百八十人當中，有四百九十八人不合格，其中六十一人竟有駕駛執照。（作者提供）
2. 希臘為了達到紓困備忘錄中積極徵稅、打擊逃漏稅的要求，在二〇一二年派出便衣警察祕密調查觀光勝地伊德拉島店家是否確實給收據。圖中的店家是當時遭到便衣警察押送法辦的百年老店「漁船」小館。政府的查稅舉動也引發「只抓小店不抓大資本」的民怨。（作者提供）

3. 二〇一三年德國總理梅克爾拜訪希臘期間，希臘民眾聚集在國會大廈前，抗議德國提出的財政撙節政策。（作者提供）
4. 二〇一三年三巨頭要求希臘縮減公務冗員，政府公布解雇大學行政人員名單，總計三百九十九人。十一月雅典理工學院行政人員展開罷工行動，極左派學生社團也支持並盤踞校園，到處寫上：「我們不認債」、「拒為財閥犧牲」。最後行政人員抵抗資遣有成，學校全面復課。（作者提供）

1

2

1. 希臘伯羅奔尼撒半島的納夫普良市是希臘獨立後的第一個首都。葛雷卓士訪問此地時曾表示，「德國欠我們。我們不欠任何人任何錢，特別是不欠德國。德國欠我們一筆希臘人民的血債。」
2. 薩拉梅特是席德羅村的教長伊瑪目。在難民偷渡的路線中，席德羅村附近的厄夫羅斯河被認為是相對安全的路線，但渡河的難民低估了河的深度和湍急度，因而溺斃。希臘政府認為，在厄夫羅斯河沒頂的移民多數是穆斯林，因此把喪事交給席德羅村的穆斯林神職人員。圖中此處為移民墓園。（作者提供）
3. 雅典的亞喬．潘特雷蒙納斯廣場附近有座聖潘特雷蒙教堂，這座教堂和廣場代表本區心臟。二〇一一年一月的左翼示威遊行那天，金黎明黨也示威反制，與警方爆發衝突，這座教堂當時是金黎明黨徒躲避警方的場所。（Peloponnisios 攝）
4. 二〇一三年金黎明黨在希臘國會外面舉辦的遊行，黑衫男點燃火炬，照亮希臘的藍白國旗，斷斷續續的煙火聲，「外國人滾出希臘！」（作者提供）

3

4

1. 雅典市區，擡頭就能望見古代遺跡。希臘債務危機爆發後，二〇一二年經濟衰退嚴重，當時雅典市區和郊區出現成排的倒閉商店。教堂和市府提供糧援，饑民大排長龍，隊伍環繞整個街廓。
2. 二〇一五年激左聯執政的希臘政府舉行公投表決是否接受撙節方案，六一%的選民投票反對，人潮在開票日聚集在國會對面的憲法廣場，揮舞希臘國旗，高唱國歌。圖為憲法廣場憲兵交接。

打電話進ERT，指揮記者如何報導新聞。在ERT被勒令關閉前，部分人士已看清問題所在，試圖破除惡習，奈何卻遇到政壇的強烈抗拒。二〇一一年，一名部長墨夏洛斯（Elias Mossialos）提出一套整頓方案，讓ERT高層擺脫政府操縱，以改善ERT報導的品質和客觀性。為緊縮支出，墨夏洛斯也提議收掉許多低收視率的節目。大家都反對他的提議，包括以薩馬拉斯為首的新民主黨在內。但後來以無可救藥為由關閉ERT的人，也正是薩馬拉斯。隨後上電視宣布裁撤ERT的發言人科迪克戈魯，當年曾告訴ERT記者，墨夏洛斯部長的改革提案「走向完全錯了」，會對經濟造成傷害，會導致失業，也將使得寶貴的公家資產流入民間利益團體，更何況，邊疆區域如果斷訊，頻率可能會被土耳其等敵國占用，後果不堪設想。事隔兩年，科迪克戈魯才發現ERT問題叢生嗎？不可能。再怎麼說，科迪克戈魯擔任的發言人一職也屬於新聞業，以前也曾在ERT上班過。

除了一般員工外，ERT做節目時聘用不少「顧問」，但顧問做了多少事令人存疑。我巧遇過這類顧問。我曾在雅典租屋一小段時間，二房東是一對樂師夫妻。我起先得知，他們靠演奏表演維生，雖然收入不多，但兩人的父母似乎很照顧他們。他們在雅典有幾間公寓，在巴黎至少也有一間，在愛琴海島上有一棟房子。他們告訴我，雅典的這間是他們的主要住所，之所以轉租給我，是因為演奏樂器的薪水入不敷出，因此計劃搬去巴黎，從新開始。他們的情況並非不尋常。希臘很多年輕人幾乎找不到好工作，只好出國找機會。ERT關閉後，這一對夫妻顯得意志消沉，取消前進巴黎的計畫。起初，我不瞭解ERT跟巴黎有何關連。其中一人解釋說，ERT有一個藝文節目找他們擔任顧問，如今節目不見了，他們的主要財源也飛了，因此沒錢搬去巴黎。他們知道我想找採訪對象，叫我非去找他們的姨媽談談不可，因為姨媽認識所有政治人物。我暗忖，顧問的工作該不會是透過這層關係弄到手的吧？但我沒膽子問。

ERT員工不諱言，內部確有裙帶關係等問題，然而，沾到好處的人是誰，卻沒有人願意承認。面對政府胡亂開除一通的舉動，員工的反應是縱情地自我吹捧一番。員工在大樓外高掛布條：「失業貧窮，如今連文化都散失」、「€的代價」。占領ERT大樓被員工侈言為捍衛「希臘人民的聲音」。幾個月下來，ERT新聞人員持續在外廣播新聞，報導的主題多半是閉臺抗爭的消息，把這類新聞當成是全球頭條要聞來渲染。說好聽一點，這些記者的報導缺乏客觀性，而且宣傳意味濃厚，意在抗議勒令歇業事件。在一個新聞節目中，有記者用《經濟學人》雜誌的文章借題發揮，指出政府處理ERT的手法拙劣，使得希臘人民更懷疑政府究竟有無改革的能力。這位記者其實漏掉那篇文章裡的一句：「ERT旗下的四頻道收視率低迷，節目索然無味，新聞主播是政治傀儡。」新聞節目也常找ERT員工座談，討論時事。一位半禿頭的ERT技術人員名叫尼克斯（Nikos），指責政府此舉顯示「價值觀出現危機」。他不願坐視政府奪走「老師和父母傳授的價值觀」，認為「我們視這些價值觀為北極星，願為價值觀犧牲奮鬥」。我訪問ERT期間，認識另一位技術人員，名字碰巧也是尼克斯。他告訴我，員工自述的基本薪水不宜盡信，因為實際上，很多人另外也領幾種工會協商得來的加給。他說，技術人員可領一〇%的加給金，身為工會成員再多領一〇%，更因工作具有危險性，再加二〇%。「大家玩得不亦樂乎，」他說，「玩到玩不下去了才停止。」

我和女中音聊完後，找到新聞攝影棚，認識標題編輯卡利吉斯（Kostas Karikis）。他的身材不高，灰白的頭髮理成平頭，鼻子大，小眼睛，避免和我的視線相接。四十三歲的他負責為新聞下標題，打在電視新聞畫面中。我們找到一間無人的辦公室坐下，他捲一支菸來抽，拿汽水瓶充當菸灰缸。他說，關閉ERT的決策有明顯的政治意圖。「他們要的是一個更服從政府的頻道。這是我的見解。」他大學沒畢業，一旦丟了飯碗，他擔心再也找不到工作。他說他不怕挨餓，因為他姑媽是醫生能接濟他。話說回來，對於失業的擔憂，讓他的情緒陷入谷底。

「我不年輕了，」他說，「我不是大帥哥，資歷也不符合，更沒有學位。我唯一的本事是好好做我分內的工作，藉著善用文字來維生。除了這工作，我不曉得還能做什麼事。這份工作如果沒了，我不曉得能不能活下去。」我贊同他的下一句話，認為這句話能適切評估希臘政治大環境。「這個社會是一個非常依賴國家挹注金錢的社會」，他邊說邊捻熄菸頭。「這社會走的是傾向共黨路線的資本主義，讓人民分到一小杯國庫的羹，好讓人民閉上嘴，繼續隱忍上下交相賊的現象。現在他們竟然說，我們拿了國家錢，所以錯在我們。」他停頓一下，然後爆粗口，「狗屁！」接著，他以較平靜的語氣說，「政府赤字沉重，責任在我們身上，只因我們薪水領特別多？這是迷思啊。真實度連五成都不到。頂多兩成五吧。」

幾天後，我重回ERT訪問，發現外面草坪上搭起一座舞臺，ERT的樂手正在表演，以吸引民眾前來，為抗議行動提供續航力。我進大樓，通過安檢，在攝影棚控制室找到標題編輯卡利吉斯。今天晚上有大新聞：希臘聯合政府的幾位巨頭開會協商ERT的命運。左傾的兩黨發言反對總理的行動。很多ERT員工預測聯合政府撐不久，所以很可能保得住飯碗。在控制室裡，十幾個失業員工坐在十幾個螢幕前，卡利吉斯守著其中之一站著，鬍渣已長成鬍子，眼袋暗沉。這幾天，他睡在ERT大樓裡的沙發上，以防止警方突襲。據信警方將在近幾天趁夜突擊。卡利吉斯身旁有一位年輕女子，正在敲一個特大號的鍵盤。控制室裡聲音嘈雜，人人都在比誰講話最大聲，而兩名主管的音量蓋過其他人。一位主管喊：「下標題：『三黨協商破局！』」卡利吉斯覆誦給大鍵盤小姐，她打完字，標題出現在螢幕上。卡利吉斯對主管喊，建議標題改成：聯合政府能否存活仍是問號，但被主管否決。主管說，政府倒不倒，現階段言之過早。「我不是說『問號』了嗎？」卡利吉斯回嘴辯護。主管又喊：「『政情通宵驚悚。』」卡利吉斯覆誦，小姐打完字，標題出現螢幕上。其中一位主管個子瘦小，嗓子卻最為洪亮，下令在背景播放「戲劇化配樂」，接著要求畫面分成左右兩格，參照他正監看中的民營頻道。負責分割畫面的女子不從，反對說，其中一畫面的舞臺空著，還沒有政治人物上去，播放這鏡頭太可笑了。「分！叫妳分割，妳就分割，」矮子主管說。「我們要顯示驚悚氣氛。強調的是期待。我叫妳分割畫面，妳就分割畫面。」部屬遵從，但也叫上司「放輕鬆」。上司說，「我照喊不誤。妳給我乖乖分割畫面，少囉唆。」標題標錯了空舞臺的地點，卡利吉斯急了，彷彿有嬰兒被車子輾過，雙手按太陽穴，像女巫似的哀嚎，負責打字的女子趕緊更正。

那天晚上，有幾位政治人物對著鏡頭發言，只澄清一件事，針對關閉ＥＲＴ是否明智，是否合法，三黨無共識。儘管如此，政府垮臺、國會改選的機率渺茫。去年夏天，希臘一個月內接連兩次大選後，搖搖欲墜的聯合政府才成型。兩度全國改選，差點搞得國家分崩離析。一年後的今天假如再改選一次，希臘必定不支倒地。那一夜在我離開ＥＲＴ攝影棚之際，後續情況如何發展仍不明朗。但卡利吉斯樂觀以對。他陪我走出控制室時，預測政府即將提前改選，激左聯會上臺，ＥＲＴ將重新開張。「看樣子，政府會垮臺，我們會平安無事。」

卡利吉斯的預言拖了一段時日才成真。保守派領銜的政府暫時穩住局勢，但三黨裡的最小黨民主左翼黨，最後為了ＥＲＴ事件而退出政府。（民主左翼黨雖有共黨的淵源，卻因支持歐元區的屬性而加入聯合政府。）剩下的泛希社運黨和新民主黨靠著少數席位保住政權。儘管執政勢力衰退，政府表示，這種變局具正面意義。如今，左翼不再攪局，政府會更有能力和效率實施改革。ERT員工繼續占領設施和場地，私傳訊號至秋天。可惜在十一月某天凌晨四點，亦即ERT被勒令關閉後五個月，鎮暴警察攻陷大樓。ERT員工頑強抵抗了幾個月，如今只能靠激左聯勝選來拯救他們。

III

儘管率先被開刀的是ERT員工，但並不表示其他公務員在經濟崩盤中能逃過一劫。危機爆發前的十年間，公務員薪水幾度暴漲，現在三頭逼他們吐出來，希臘公務員的薪水最多跌了三五%。這麼做的用意不僅能減低政府人事支出，更能提振希臘經濟競爭力。由於公務員薪資漲跌能直接影響民間薪資水準，照常理而言，前者一調降，後者的薪水也會跟著跌，讓希臘出口貨物價格更有競爭力。或者，根據我聽到部分民眾所言，降薪計畫的目的是把薪水打壓成中國的水平，好讓希臘人未來能搶到組裝iPad的工作，做到手指麻木。三頭的計畫似乎奏效了，因為危機爆發後，希臘平均收入跌了大約四分之一。然而，希臘政府被迫砍薪的政策是否能延續下去，仍有待觀察。為了減薪的事，政府被工會告上法院。到了二〇一四年，官司有所斬獲，薪水恢復了一些。例如希臘最高法院判決，刪減軍警薪資和退休金違憲。不出所料，法官也裁定緊縮司法人員退休金違憲。

雖然公務員減薪，生活水平大不如前，但整體而言，仍比民間企業員工的情況好很多。民營企業被金融風暴吹垮了，很多員工的工作環境之差，中國工廠相形之下還更令人羨慕。希臘絕大多數失業人口來自民營企業。即使保住飯碗，工作環境也急速惡化。根據二〇一三年的一份研究，能準時發薪的希臘公司只占半數，即使發得出薪水，金額也通常少得可憐。縱使在公務員減薪政策實施後，以大學畢業、近三十歲資歷的就業人口而言，公務員薪水仍比民間多出將近一倍。受高失業率和勞動市場失序的影響，民營企業的薪水銳減。希臘勞動部長在二〇一三年宣布，五分之一的民營員工月薪低於五百歐元。民間企業薪水和公務員之間的落差如此之深，激起民怨，許多民眾因此贊成取消公務員特權。「民營公司員工被貶為次等公民看待，令人無法接受」，《雅典書評》雜誌在二〇一一年寫公開信給三頭。「為什麼有這種差別待遇？因為希臘維繫政權的方式是不斷擴充公家機關，如今不願縮編，不難理解。但是，人民受不了了！公家單位既癡肥又亂象橫生，阻礙到民間經濟活動，影響到公共商品的供應，代價何其沉重，希臘納稅人還要再忍耐多久？」

公務員工作有保障，助長民怨，但希臘公家單位其實瘦身有成，因為在金融危機初期，幾萬名公務員提前退休，為的是在減薪之前保住優渥的退休金。由於在職員工數和退休人數之間成反比，公務員退休潮並未替政府省下大錢。儘管如此，公務員減少，希臘政府朝著三頭的規定挺進，期望在二〇一五年底前解雇十五萬名公務員。但三頭不肯讓希臘以漸次縮編的方式達成目標。二〇一三年，三頭嫌希臘改革不力，扣住紓困貸款不發，要求希臘先挑選一萬五千名不適任、怠職或多餘的冗員開除，才領得到貸款。三頭准希臘政府另聘數目相當的新員工，資歷和實用度必須符合標準。此舉應可改良公家機關的體質。

為公家單位注入新血，照理說可以造福社會，但被犧牲的是公務員，公家機關的工會成員無一看得出好處在哪裡。地方政府公務員工會反對得特別誇張，不僅衝破國會大門，全國各地政府淪陷的新聞也時有所聞。我在雅典近郊的鎮府親眼目睹，員工熱烈討論反抗策略：怠工、再多辦幾場罷工、提出法律訴訟，但在最大一間會議室裡，很多員工抽菸喝酒，猛灌一種名為齊普羅酒（tsipouro）的果渣白蘭地，簡直把鎮府變成自己的休閒場所。另有一次，我在希臘中部的崔卡拉市（Trikala），見到一群粗壯的工會領袖衝進市府辦公室熄燈並趕走所有人，一位領袖叫囂著：「這是員工的決議。」一位女辦事員想辦完某件公文，伸手去開燈，挨了這位工會頭子拍桌罵：「妳沒羞恥心嗎？」接著又罵，「一堆混帳！不准辦公。滾出去！」另外有一次，我在萊斯博斯島（Lesbos）上，見到市府清潔員工抗議。他們開走當地的垃圾車隊，來到市府前，猛拉警報，狂按喇叭，彷彿一種粗製濫造的空襲警報。見到這情景，我不禁心想，員工恣意占用市府辦公室和垃圾車等等的公家財產，據為己有，顯示他們以社會大眾自居。

到了二〇一三年夏，乃至於下一年，被鎖定開除的全國公務員串聯反抗。公立醫院的醫師出走。學校警衛企圖衝撞鎮暴警察陣線，欲強行進入政府辦公室。那些被解雇的財政部清潔人員「清潔阿姨」，在財政部外面搭帳篷露宿抗議，常和鎮暴警察發生衝突。在兩所雅典的知名公立大學裡，行政人員在二〇一三年冬季班罷工，封鎖校園建築，禁止師生入內。

十一月某天午後，我去名校雅典理工學院，訪問正在開會的罷工行政人員。我走進雅典近郊的主校區，只見鋼筋水泥，荒涼一片，心想，這裡很適合拍世界末日電影。美國大學效法希臘古典風格興建柱廊，造得詩情畫意，但在希臘校園往往見不到這種引人歌詠的美景，只見共產黨等極左派學生社團盤踞，到處寫上：「我們不認債」、「拒為財閥犧牲」。在校園禮堂裡，我發現幾百名行政人員坐著，講臺牆上高掛耶穌畫像，氣氛令人心驚。那天早上，政府公布即將被解雇的大學行政人員名單，總計三百九十九人因評比偏低而遭裁員，因此聚集在這裡討論下一步怎麼走。多數人支持保持現狀，繼續占據校園，但有一人持反對意見。留著落腮鬍的他面貌慈祥，上臺提議說，部分人員應返回工作崗位，即刻實施怠工行動，以此表達立場軟化，因為這表示教室又可以開門了。反對這提議的人紛紛喝倒彩，爆發爭議，憤怒的職員站起來，彷彿足球迷跟裁判爭論。「現在走回頭路，那怎麼行！」氣話滿天飛，想聽懂完整的句子也難。有人點菸抽，以平穩心情。

相持不下的議題另有一件。員工意識到，由於長期罷工期間他們仍繼續領薪水，引起希臘媒體痛批。之所以仍有薪水可領，是因為罷工的行政人員仍能控制大學的支薪系統。有人進一步提議從本月底開始止付行政人員、全校教職員、所有教授在內的薪資。這項提議引發討論。教授最初原本和行政人員一同罷工，以示團結，但後來決定恢復上課。一名婦女走向麥克風說，年節快到了，現在喊止付，她狠不下心去附和。「我家失火了，不表示鄰居家也應該被燒掉」，她說。此言激發熱議，吵鬧聲再起。一女子尖聲喊，「你們難道看不出情況怎樣了嗎？」說完，氣呼呼離去，邊走邊深吸幾口菸以舒緩情緒。裂痕出現了，一邊是名列解雇名單上的員工，另一邊是榜上無名者，後者似乎漸漸失去戰鬥的衝勁。最後表決之下，支持繼續罷工、止付所有人薪水的一邊獲得壓倒性勝利。會後，我訪問行政人員工會副會長，她名叫凱悌雅．帕班尼克婁（Katia Papanikolaou），金髮嬌小的她穿著牛仔靴。她在開除名單上。「我們豁出去了，」她告訴我。「再拚也少不了一塊肉，」她接著說。「我們正在作戰。」

隔天，我在校園，又看到工會副會長，她在機械學院對學生演說。在那之前，共黨學生社團為支持行政人員，也占領校園裡的建築，但愈來愈多學生擔心整學期沒課可上，轉而要求復課。因此，副會長等行政人員奉命向學生溝通，以獲得學生持續支持。他反覆出席工會會議激情發言，菸一根接一根抽，聲音也因此沙啞。她勸學生繼續打拚，不要為了行政人員抗爭，而是為了學生自己。她說，行政人員罷工的本意不在阻礙他們受教育，而是為了救教育。畢竟，沒有行政人員，學生如何辦注冊？這間歷史悠久的學校如何運作？「教育必須持續下去，心智才可保持開放，」她以懇求的語氣說。學生以罕見的態度默默聆聽著。在這類會議上，學生把敬意保留給工人階級演講者。副會長繼續說，「教育是社會的基礎。你們應持續盡心力，不要為我們，要為你們自己。我們已經出局了。你們可不希望明天落入我們這種下場。」話說得義正嚴辭，但我覺得缺乏崇高理念，而且自保的意向赤裸裸。我以為，或許部分學生會跳出來罵，但學生不願質疑「工人」，特別是被三頭逼退的工人。學生們鼓掌，似乎信服了。

多年前，雅典理工學院學生血腥反抗美國支持的軍事獨裁。此時適逢四十週年，幾場紀念活動進行中，包括左翼團體遊行至美國大使館的抗議行動。週年紀念的主題是「麵包、教育、自由」，罷工中的行政人員跟著附和。紀念日當天，行政人員朗讀一份宣言：這場抗爭並非只想捍衛工作權，也想阻止大學教育淪為大企業的生產機制，專門製造一群「訓練範圍狹隘的廉價勞工」、「貶抑人性，以薪水奴役最聰敏的心智」。行政人員也說，他們已竭盡所能，迎戰霸權，抵抗「一股不穿軍服卻到處潛伏、侮辱人性理想的惡勢力」。

大學行政人員抵抗資遣有成，學校最後全面復課。二〇一五年初，激左聯執政，大學行政人員等公務員的警報解除，近期不必擔心被解雇。新任行政改革部長是左翼，誓言讓前政府不顧大規模抗議而開除的數千名公務員復職。除此之外，激左聯宣布，公視ERT也將重新開張。被解雇的公視員工得知即將復職，歡心雀躍。一直在財政部外露宿抗議的「清潔阿姨」也穿上紅色橡皮手套，走上街頭慶祝，對著前政府的官員吶喊：「你們被開除了！」

雅典理工學院紀念血腥抗爭的同時，行政改革部長米索塔奇斯發一則推特文：「正義來晚了，潘葛尤區長的兇手今天終於被開除。」槍擊案至今已將近四年。

Ⅲ

槍擊犯的妻子一直擔心這一刻。我走訪潘葛尤區的那年夏天，也曾去他們夫妻成家的小鎮丘托克比（Chortokopi）。該鎮之名來自黑海希臘人的村落，如今位於土耳其境內，在黑海城市卓布桑（Trabzon）以南的山區。有天晚上，我驅車前往主任家。這裡的建築風格近似拉斯維加斯郊區，主任家也不例外，挑高兩層樓，以寬廣的陽臺環繞，一條黃金獵犬在前院呼呼喘氣，旁邊有幾臺兒童腳踏車和幾株修剪過的松樹。我按門鈴無人應，只好去鎮中心的廣場，這裡有一群高聳的懸鈴樹，我在樹蔭下的咖啡店坐了下來。兩個看似悶得發慌的年輕人喝著冰咖啡，幾個老人坐著撥弄念珠，撞珠聲為樹上吱吱叫的蝗蟲製造節奏。我點一杯咖啡，問服務生，這裡有沒有人認識主任家屬。他匆匆打一通電話，通知主任的親兄弟喬戈斯（Giorgos）前來。

我愈等愈緊張，不知喬戈斯對我來訪有何反應。前一天，我去探監，照典獄長的說法，正副主任都不肯會客。我等喬戈斯前來的時候，腦海赫然浮現一個問號：警方後來有沒有扣押那支烏茲槍？一輛紅色小卡車靠邊停車，下車的人是個壯漢，皮膚曬得黝黑，虎背熊腰，朝我走來的姿態嚇人，幸好他挺著啤酒肚，棕色眼珠散發和平風度，我才稍稍鬆口氣。他說，「要不是我正在理頭髮，不然早就來了。」我和他坐一桌，點兩杯咖啡。我問他，哥哥的家人日子過得怎樣。「我哥做了一件蠢事，但是，他的家人有哪一點做錯了？小孩子將來怎麼辦？他們也非死不可嗎？」他的意思是，家人仰賴主任的半薪過活。喬戈斯說，他已經盡力幫他們了，但他是個農人，也有自己的小孩要養。「家裡電費多少，你曉不曉得？」他指的是主任的家。他接著取出一張一九九八年在波士頓的舊照，主角是主任。這是我頭一次見到主任的長相。相片裡的主任坐在椅子上，彈著里拉琴，直視鏡頭，像鳥一樣面無表情，雙眼深邃，彷彿寧可躲起來，腳前有一堆美金鈔票。「錢那麼多，看到沒？」喬戈斯說。「好多錢吶。」他說，哥哥曾受邀前往紐約、波士頓、慕尼黑等地，為當地黑海希臘人演奏里拉琴，賺了好多錢，才蓋得出這棟有陽臺的房子。喬戈斯似乎自認應為這棟房子講道理。我取出照相機，翻拍這張相片存證，喬戈斯在一旁耐心等候。「錢一定要拍進去喔，」他說。「好多錢啊。」

應我要求，喬戈斯打電話給嫂子。她同意前來咖啡店。在嫂子抵達前，喬戈斯先走一步，推說兩人合不來，但他並未解釋為什麼。不久，一位體形偏重的金髮婦人穿著拖鞋走來，身上是一件「憤怒鳥」的T恤。她客氣和我握握手，在我對面坐下，鑰匙擺在桌上，請服務生端一杯水給她。我問她，她和小孩日子過得如何，她竟然哭了起來。她說，丈夫被關，她至今仍不敢相信。「總覺得他遠行幾天就會回家了，」她說。八歲大的兒子仍無法調適，需要心理輔導，但她沒錢帶兒子去看病。丈夫的半薪沒了，日子會更加難過。「希臘面臨經濟危機，他們想砍薪，我能理解，」她說。「可是，我這下子怎麼過活呢？我能靠什麼過日子？」

她說，她原本在一間語言學校擔任清潔工，校方被迫裁減支出，她被解雇了。如今，為貼補家用，她每週照顧一位老人幾天，另外找不到更好的工作。雪上加霜的是，區政府很可能法拍他們的房子。她說，蓋這棟房子的錢是她丈夫很久以前賺的，生財之道不是里拉琴，而是股票。「他服務了那麼多年，薪水怎麼能說砍就砍？」她說，丈夫擔任公僕二十年，在鬧出這風波之前的績效一直良好。淚水又噗簌簌流下兩頰。「那筆薪水如果真的被砍了，我無法想像自己該怎麼辦，」她說。「沒工作可找了。」

5 叛教者

聖母顫抖不已，聖像落淚。
「安靜吧，聖母；聖像，勿泣。
事隔多年，你我將能東山再起。」
——〈聖索菲亞大教堂之歌〉（Song of Hagia Sophia）

根據東正教典籍，西元九八二年某天夜裡，天使長加百利降臨人間，化身僧侶，來到亞陀斯山半島（Athos）。該地多山，地形封閉，有幾處拜占庭帝國最受崇敬的修道院，加百利前來參與黎明前的祈禱會，面對著聖母和耶穌的聖像。加百利詠訟著：「哦，聖母（Theotokos），最聖潔、最有福的您，此地真正適合祝福您，我們的上帝之母。」身旁的僧侶聽見他的歌聲如天籟，明白他是天使，加百利旋即消失。根據幾種傳說，這時聖像散發聖光，維持一段時間。

在二〇一二年十月某週六，天氣晴朗炎熱，信徒從亞陀斯山迎來同一幅聖像，搭乘希臘海軍炮艇，送抵北部希臘第二大城塞薩洛尼基的岸邊，以紀念塞薩洛尼基市脫離鄂圖曼帝國統治一百週年。從亞陀斯山搭船到塞薩洛尼基市要幾小時，僧侶出借一幅聖像給該市幾星期，以慶祝盛會。軍樂隊在港口恭迎聖像，隨行的有幾十名希臘白衣海軍和迷彩服陸軍列隊歡迎，更有幾位政治人物。我和幾千名希臘民眾站在一起，流著汗，聚集在塞薩洛尼基市最顯著的地標白塔（Lefkos Pyrgos）。這棟圓筒形堡壘在鄂圖曼時代落成，作用是抵禦外侮。第一次巴爾幹戰爭期間，鄂圖曼軍投降，塞薩洛尼基市在一九一二年秋成為希臘領土，冥冥之中湊巧的是，當天是該市守護神迪米特里歐（Demetrios）的盛宴節。迪米特里歐是羅馬將領，在西元四世紀初因信仰基督教而在當地殉節。

舞臺上坐著全國位階最高的神職人員，全身黑帽黑袍，兩旁是不修邊幅、打扮成傳統山賊革命軍的表演人員，身穿百褶裙和以毛球裝飾的鞋子，面容疲憊，彷彿應邀參加過太多同類型慶典了。在岸邊，幾位神職人員走出炮艇船艙，連身長袍隨風舞動，後面跟著一群擡著聖像的水兵。聖像裝在木框玻璃箱中，邊框用白花裝飾，水兵吃力擡著，改搭停靠海軍炮艇旁的海岸防衛隊小艇。神職人員、水兵、聖像就位後，小艇航向港口，民眾屏息以待，沿岸咖啡店隨風送來微弱的電子音樂，年輕人如常從事週末活動，不關心這場神聖的典禮。

小艇靠岸，在場民眾報以掌聲，許多人單手高舉相機，另一手在胸前比劃十字。聖母的希臘名是帕納吉亞（Panagia），意指「全聖」。民眾似乎相信，聖母即將步下小艇。屏息再期待幾分鐘，等著水兵將聖像擡上岸。率先下船的是神職人員，隨後是擡著聖像的水兵。擴音器傳來口令：「舉槍致敬！」陸地上的軍人立正，步槍舉至胸前。軍樂隊開始演奏《國旗進行曲》（The March of the Flag），鐃鈸和銅管樂器聲不絕於耳。兩名神職人員甩著冒煙的香爐，帶領水兵和聖像步上紅毯，穿越列隊士兵，不荷步槍的士兵舉手敬禮。

軍人向聖母行軍禮，我看得強忍住冷笑，旁人見了一定覺得我不夠虔誠。在這之前，我身旁已有幾人對我露出狐疑的眼光，因為我不比劃十字，只顧著在小筆記簿上寫字。我從小在政教嚴格分離的美國長大，在這裡見到聖母接受軍禮迎接，感覺很難適應，但希臘信徒卻覺得稀鬆平常。希臘不實行西方國家的政教分離概念。自古以來，希臘的東正教以希臘傳承者自居，是希臘認同的守護者。希臘立國至今，宗教一直界定希臘民族性。希臘革命軍宣布脫離鄂圖曼帝國獨立，在一八二二年制訂首部憲法，當時將希臘人界定為住在自由疆土上的基督徒。為什麼？因為被鄂圖曼帝國統治幾世紀下來，人民區別異己的指標是宗教而非族裔，因此新國家的多數國民主要以宗教界定個人屬性。同樣的，未受教育的農民也不以「希臘」自居，因為「希臘」一詞幾世紀以來帶有異教徒的貶意，因此民眾仍常自稱羅馬人，因為「羅馬人」具有基督徒的涵義。

希臘政教不分的情形延續下來，部分原因是鄂圖曼帝國的遺毒不散。在鄂圖曼統治下，東正教負責治理基督徒，並向教徒徵稅，主教和政府官員基本上是同義詞，由此培養出宗教和民族融合的風氣。現在，希臘東正教神職人員由國家支薪，自總理以降的官員也常以宗教儀式宣誓就職，主持典禮的是高級僧侶而非法官，彷彿賜予治理權的是教會。二〇一五年，激左聯黨魁是不信教的齊普拉斯，就職典禮不循宗教禮儀，創希臘總理先河，引發教會高層不滿。在他之前，宣誓總理就職的是雅典暨全希臘大主教，以「三位一體之聖名」就任。

塞薩洛尼基市恭迎聖母像的那天，大主教等神職人員站臺上，迎接聖像上岸，公共電視實況轉播，以美國公視（PBS）絕不會用的說法報導：

「軍隊正向聖母行軍禮，而聖母正在閱兵，」主持人向觀眾解釋。

「祂是新夏娃，祂服從主的意念，修正了原罪，」記者在現場報導。

「除了這些身分之外，聖母更是將軍，是捍衛者，也是將軍，」主持人說。的確，聖母算是一種高階將領。有一首拜占庭詩詞稱聖母為「捍衛將領」，讚美她在六二六年保護君士坦丁堡，擊退遊牧騎兵戰士。在希臘，拜聖母能迴避各種禍害，不僅能保祐國家抵抗敵人，也能求雨抗旱，近代更能從經濟苦海拯救國家。

「聖母致力協助希臘，」現場記者報導著，翻譯高僧禱告詞。記者接著說，聖母是「仲介」，能代國家與耶穌商量。「教會諸聖人將致力協助我們渡過未來難關，」他繼續報導。「聖母與聖人全體將在希臘上空畫一個大圓圈，以保祐希臘。國家小，一次又一次遭戰火蹂躪，困境接連來，屢次遭強國併吞，然而希臘至今依然挺立，能活到現在並非純屬運氣。因為有人保祐著你我。保祐我們的是基督和仲介的聖母。」

聖母像被擡向臺前，高僧團聚，軍樂隊停奏，水兵將聖母舉向與高僧等高的空中，高僧開始詠唱千年前加百利唱的同一首讚美聖母詩。美中不足的是，一陣騷動突起，儀式被迫中斷。

「叛徒！應該當著我們的面受詛咒！」兩名蓄鬍黑袍僧侶咆哮，衝向塞薩洛尼基市長布塔里斯（Yiannis Boutaris）。七十歲的銀髮市長是菸槍，身上有刺青，體形清瘦。「布塔里斯，你這個無賴！」攻向市長的僧侶之一怒罵。一群陸軍軍官出面制止，抓住僧侶，隨後警察趕來，把他們拖走。打鬥中，一人的道袍被扯破。「你貪圖土耳其人！」其中一人罵道。

三

我首度聽到市長之名是幾個月前的事，當時是耶誕節，我回紐約長島的父母家中慶祝，家裡有一份希臘報紙《國家前鋒報》（*National Herald*），有天早上擺在廚房桌上，我留意到標題：「布塔里斯向阿塔土耳克（Atatürk）招手，開創新紀元。」報導指出，布塔里斯剛入主塞薩洛尼基市府，原本有意在市區為土耳其共和國國父阿塔土耳克興建紀念碑，如今「改變說法」。報導寫著，市長最初的說法「引爆希臘國內外民眾的義憤」。在廣大希臘人民眼裡，阿塔土耳克是壞人，該報也指稱：「在他統治下，希臘人被逐出小亞細亞，數千人死亡，希臘城市司米納（Smyrna）被燒毀，民眾遭屠殺。」

市長接受該報訪問指出，他其實無意為阿塔土耳克立碑。在希臘政壇，此舉無異於自斷政治生涯。他想做的其實是吸引土耳其遊客前來塞薩洛尼基，因為阿塔土耳克據說在一八八一年前後在此地誕生。「讓土耳其人來希臘觀光，就像我們去君士坦丁堡旅遊、讓土耳其人賺錢一樣，」市長說。希臘人將伊斯坦堡稱為君士坦丁堡。拜占庭帝國的名勝吸引不少希臘人前往觀光。市長也說，他將努力吸引其他國外觀光客前來尋根，包括住在以色列的塞法迪猶太人（Sephardic Jews）。「本市需要尋找定位，」市長繼續說。塞薩洛尼基市具有多元化的歷史，「我們不應該遮遮掩掩，好像在怕什麼東西似的。」

我對這位市長非常感興趣。多彩多姿的文化傳統揉合出當前的希臘社會，民眾應該擁抱歷史，重視文化才對，結果長年下來壓抑過去，唯恐危害到立國史傳：希臘的源頭是純淨而不中斷的希臘文明。自從希臘獨立以來，學界、政壇、教育界、宗教界無不推廣一種偏頗陳腐的歷史觀，而事實若有損這份史傳，一律會被篡改或漏掉。不面對史實的苦衷不難理解。

十九世紀初，希臘獨立成功，並非全靠山地游擊隊的奮戰，功勞也要算西歐國家一筆。西歐民眾把希臘視為啟蒙先師，嚮往解放希臘人，讓希臘脫離穆斯林統治的黑暗時期。這批外國希臘迷當中，最富勝名的是英國浪漫派貴族詩人拜倫。古希臘交棒給新生代，新希臘爭取解放，拜倫深受其理念的吸引，遠赴南歐參與革命戰爭，可惜還沒上戰場就發高燒病死，徒留幾首讚美希臘的詩，例如〈希臘列嶼〉（The Isles of Greece）、〈浴火莎孚歌頌熱愛之地〉（Where burning Sappho loved and sung）（按：莎孚，西元前六世紀希臘女抒情詩人）、〈狄洛斯島升起，福玻斯誕生之地！〉（Where Delos rose, and Phoebus sprung!）（按：Phoebus，太陽神）

峰巒遠望馬拉松平原——
平原遠望汪洋；
我於此獨思一小時，
夢懷希臘仍自由在望；

希臘革命之所以能成功，這種浪漫理想的號召是一大因素。旅居歐洲、受過教育、重商的希臘人受這種思想影響，擁抱浪漫情懷，響應祖國同胞的叛變。暴動爆發時，歐洲自願軍前往希臘，協助希臘人打一場史詩般的戰爭，但當他們抵達時，他們多半對現實情景失望。

他們把戰場想像成理念崇高、風度翩翩的一般情景，實地卻發現希臘游擊隊由軍閥指揮，而軍閥固然懷抱民族鬥志，卻也想趁革命撈錢，增加自己的財富和勢力。希臘叛軍也開始屠殺手無寸鐵的土耳其百姓。轉眼間，定居伯羅奔尼撒半島的土耳其人若非逃生至外地，就是被屠殺。鄂圖曼人為懲罰叛軍，也對定居土耳其境內的希臘民眾大開殺戒，雙方共有數萬平民被迅速屠殺。在此同時，希臘境內叛軍控制區陷入無法治狀態，成群戰士恣意擄掠打劫。希臘軍閥為了爭奪戰利品也自相殘殺起來。簡而言之，場面並不浪漫。

眼見這種情況，許多歐洲自願軍悵然離去。儘管如此，令人失望的戰場實境並未稍減歐洲各大首都的希臘迷熱情。希臘叛軍的形象被歐洲人理想化，希臘人順水推舟，用來廣徵物資。叛軍一領袖曾以文字向歐洲求援：「歐洲各國皆源於母國希臘，亦因希臘而獲啟蒙，因此希臘有權據理向您急徵金錢、武器、高見，並懷抱厚望，盼求友情援助。」援助果然來了，希臘王國正式在一八三二年成立，但領土只包括現今本土的南部，包括伯羅奔尼撒半島以及許多小島。立國之初，鄂圖曼帝國境內的希臘人比國內希臘人口更多。

隨後，希臘思想家擔起推廣國家認同的責任，盡量讓國家形象吻合希臘民族性和東正教的混合體。鄂圖曼統治下的希臘人受盡欺壓，思想家這時常強調這一點，以鞏固國家向心力。獨立建國後幾十年間，中小學教育也循著同一條路線走。鄂圖曼時期一詞的希臘文是Tourkokratia，被教科書寫成是希臘國史源遠流長，只不過曾被異族入侵，中斷幾世紀而已。

唯一需要知道的是，希臘人被殘暴奴役幾百年，後來才重獲自由，恢復希臘民族自主。除此之外還有什麼值得認識的呢？

長久以來，希臘兒童在校認識到什麼樣的血淚史，由我母親童年受教育的例子可見一斑。學校找話劇演員，她前去試演一個希臘美女的角色，穿著象徵希臘的藍和白，引來黑馬褲、戴氈帽的土耳其青年司令向她放電示好，身為少女的她對他反應不佳。

「受驚的妙齡希臘姑娘，驕傲的處女，我對妳做了什麼事，竟令妳淚眼以對？」土耳其人說。

「你為何叫我看你？」她回答。「為何叫我笑眼以對？你，司令，曾血洗我們的往事，燒掉我們的小房子和所有美好的事物。如今，身為人母者哭泣，子女也跟著她們哭泣。」

司令朝她靠近幾步，語氣變得強硬。

「嫁給土耳其人，妳才知道妳會變得多麼富裕。妳將能與土耳其人同在，如同阿里王君（Ali Pasha）之千金！」

聖潔的處女不心動，無畏的她提高嗓門回應：「我父母寧可宰了我，也不願讓聖潔的女兒被迫成為土耳其人！」

面對義正詞嚴的她，司令不為所動。他拔出軍刀。

「好吧，看一看這把刀。如果妳不要我，刀將刺進妳的心臟，妳的靈魂將瞬間離妳而去！」

「來吧，惡棍！以雙刃刀鋒殺了我。為了崇高的祖國，我的榮譽心將被殺害。」

無情司令箭步上前，一刀刺進酥胸。姑娘跪地，喘了最後幾口愛國氣息，倒地不起。

「我當時很瘦，很容易表演倒下去的動作，」母親告訴我試演的過程。那是將近六十年前的事了。

從她那一代到現代人，很多希臘兒童在校學習的是，鄂圖曼人禁止希臘小孩學希臘文，兒童只好摸黑偷偷去教堂和修道院的地下室上「祕密學校」，牧師藉著燭光，不僅教孩童希臘文和信仰，也能對他們灌輸希臘史永恆光輝和啟蒙時代。祕校有一首兒歌，通常借用〈一閃一閃亮晶晶〉的曲調，歌詞如下，差不多人人都會唱：

我的小明月，
照亮我的步履，
好讓我能上學，
去學習讀與寫，
去學習上帝教誨。

這類祕校故事也教給了希臘移民的小孩。一九八〇年代，我和我哥在長島長大，也常去一間希臘東正教教堂上宗教課和語言課，我哥曾在教堂話劇中飾演祕校牧師。教堂裡有一座室內籃球場，可做為教友交誼廳，他坐在板凳上，穿著連身長袍，表演傳授上帝教誨給身邊的男女學童，其他小孩則對著麥克風朗誦詩詞，主題是土耳其高壓統治。

然而，祕校故事並不單純。現代希臘學者指出，沒有證據顯示這種祕校曾經存在。的確，當年祕校沒有存在的必要。儘管鄂圖曼帝國的非穆斯林受盡歧視，也被課徵重稅苛稅，其實基督徒和猶太人都被視為「聖經人民」，有權信仰他們自己的宗教。希臘人在君士坦丁堡的聖索菲亞大教堂被改成清真寺，至今仍令希臘人捶胸頓足，諸如此類的憾事很多，但帝國其實賦予東正教相當大的權力，讓教會自行統治信眾、教育下一代。事實上，教會高層常讚美帝國保護東正教免受西方天主教汙染。後來，希臘爆發革命，東正教領袖普世牧首格雷戈里奧五世（Grigorios V）譴責叛軍領袖不該造反。結果，鄂圖曼帝國仍怪罪教主無能，讓東正教徒無法效忠帝國，因此在復活節週日吊死教主。後來，教主被供奉為希臘民族烈士。希臘獨立成功後，來自巴伐利亞的奧圖王認定不宜讓東正教人民繼續受鄂圖曼領土內的伊斯坦堡牧首指揮，因而在一八三三年宣布成立自治希臘教會，結合教會與新國家，兩者密不可分。建國之初，為了幫助神職人員激發民眾對鄂圖曼暴政的反抗，因此教導學童認識祕校等傳奇，其實真相並未如此單純。

為了要薰陶出希臘理想意識，新國家也創立「復古希臘文」（Katharevousa）為國語，這是一種「淨化」過的古文，由革命思想家科拉伊斯（Adamantios Korais）發明，目的是為希臘文增添古風。復古文過度文謅謅，接連幾代的學童被迫學這種語言，到了一九七〇年代，口語化的希臘文才成為官方語。新國家另外在許多方面推動不太希臘的「希臘化」。村名不像希臘文，一律改名。希臘境內的其他語言全被打壓。（以布塔里斯市長為例，他具有瓦拉基人（Vlach）血統。瓦拉基人住在希臘中部和北部，語言近似羅馬尼亞文，正逐漸消失中。）最後甚至連咖啡名都被希臘化了。我父母童年時，光顧咖啡店的人都點「土耳其咖啡」。父母年老後，返希臘探親，發現大家都改喝「希臘咖啡」，其實兩者是同一種東西。在今天，把這種飲料稱為土耳其咖啡，恐怕會惹民族心強烈的希臘人生氣。同樣的，你如果否認祕校存在，也會被罵成衛道人士或叛徒。罵布塔里斯的人會罵你「媚土耳其」。

布塔里斯向土耳其遊客招手，深深觸怒了大批希臘民心。這些人長年仇恨土耳其，敵意深厚。和所有宿敵國家一樣，希臘也精心培養這份敵意，聲稱是一種不容質疑、自然而然產生的情緒。部分希臘民族主義人士避提「土耳其」，改用「東鄰」。布塔里斯似乎喜歡挑撥這份民族情緒。早先，他曾建議以阿塔土耳克命名他誕生的那條小街，以改善兩國關係。改名的點子招來強烈反彈，謠言指出布塔里斯想把聖迪米特里歐大道改成阿塔土耳克大道。到了布塔里斯競選市長時，他已放棄改街名，只不過許多人仍以此痛批他。

阿塔土耳克特別令希臘人深惡痛絕，因為他破壞了「大計」（Megali Idea）。長久以來，希臘渴望收復拜占庭時代的疆域，特別是君士坦丁堡。第一次世界大戰後，鄂圖曼帝國瓦解，協約國意圖割據，想實現「大計」的希臘軍隊入侵安那托利亞。但土耳其軍在阿塔土耳克率領下，最後擊退希臘軍。對於定居小亞細亞的希臘東正教徒而言，戰敗的結果慘痛，因為復仇心切的土耳其軍殺人無數，將希臘人逐出家園。後來，兩國政府同意，依照宗教屬性來交換人民，最後有超過一百萬名希臘東正教徒被逐出小亞細亞，在希臘落腳，其中很多人的土耳其語比希臘文流利。人數較少的穆斯林則被逐出希臘，移居新國家土耳其，許多移民的希臘文比土耳其文流利。希臘簡稱這些事件是「巨災」，土耳其則稱之為獨立戰爭。從此，兩國數度劍拔弩張，險些開打。在一九七〇年代，兩國為愛琴海島國賽普勒斯的前途僵持不下，幾次爆發衝突。賽普勒斯島上有希臘人也有土耳其人，效忠各自的宗主國，兩國也為領海和領空爭議不休。希臘爆發債務危機後，右翼提出警告，認為土耳其將趁希臘國力衰退，強化愛琴海的軍事部署。右翼主張希臘應維持警戒心，布塔里斯卻主張改善和土耳其等鄰國的關係，以助希臘渡過金融海嘯。

三

我首次訪問布塔里斯市長是在伊斯坦堡，當時他已經就職幾個月，正為了吸引土耳其遊客而拜訪伊斯坦堡。他應當地大學之邀，在土耳其與希臘關係學術大會中演說，投宿在麗思卡爾頓酒店（Ritz-Carlton）。他抵達土耳其的那天，我在深夜和他在飯店樓頂見面。市長一身勁裝，偏好吊帶和紅襪子，有點老搖滾巨星的調調。他嗓音低沉沙啞而平板，略顯恍惚，臉上深刻的皺紋暗示多年縱情於物慾。他抽的是沒有濾嘴的駱駝香菸，幾乎一根接一根，毫無間斷，彷彿不抽會死似的。右拇指下有一隻藍綠色蜥蜴刺青，尾巴延伸至手腕，他說用意是自我提醒，蜥蜴具有受傷後重生的能力。他把自己的星座雙子座刺在右手中指和無名指上。根據瓦拉基族傳統，左耳的金耳環能保祐他免受邪眼侵害。

布塔里斯畢生大半從事釀酒業。一八七九年，祖父在塞薩洛尼基市西郊山上的村子裡創立葡萄酒莊，當時該地仍屬鄂圖曼帝國。後來布塔里斯繼承了酒莊。當地種植的黑葡萄比較酸，能釀造出一種低甜度的紅酒，名為希諾瑪洛（Xinomavro）。布塔里斯曾有酒癮，但之後的二十年來他滴酒不沾，自釀的酒他雖會品嚐，但不會吞下去。家族事業名叫布塔里斯酒莊，曾經破產，他動用不少個人資產才維持公司營運，但他的資產始終無法復原。最後，他把公司傳給弟弟，自創一個較小的品牌基爾洋尼（Kir-Yianni），現在由兒子經營。布塔里斯酒莊歷經財務風暴屹立至今，如今仍是希臘知名度最高的葡萄酒品牌之一。陪同布塔里斯受訪的是一位身穿高級西裝的助理卡瑪拉斯（Antonis Kamaras），曾從事銀行業，高壯的他體形比布塔里斯大一倍。助理讀過倫敦經濟學院，任務是把市長的強硬宣示軟化為具有凝聚力的政策口號。助理的父親是成功的菸草商，是布塔里斯的朋友，富商之子和市長合作之下，散發出一股貴族家道中落的氣息。

從大飯店的樓頂露臺瞭望出去，是波瀾起伏的博斯普魯斯海峽（Bosporus），歐亞隔海相望，兩岸都屬於土耳其領土。海面映照著市區的燈火。我們坐的這桌旁邊有個三人樂隊，正演奏拉丁風格的新世紀音樂，和本地似乎不相稱。布塔里斯翹腳點菸。有個體態玲瓏的女子穿著藍短裙和細跟鞋，走過我們這桌，看樣子是來大飯店釣凱子，市長好像有意上鉤，頭隨著她的路徑轉動，露出看似真正痛心的表情，然後望向助理，彷彿助理能解釋：天下為何有這種美人胚子存在？為何她們如此誘惑我？助理盡可能維持風度轉移話題。「這裡有很多金髮美腿妹，」說著，他也翹二郎腿，點一支小雪茄。「明天學術會議一開始，這一型八成不會來太多。」布塔里斯的焦點轉向魅力較弱的我，開始接受我的訪問。他在國內拚觀光，民眾的反應如何？「鄂圖曼時代，塞薩洛尼基是個欣欣向榮的城市，」他以低沉的平板調說。「以前是個猶太城市，是個土耳其城市。」

塞薩洛尼基成為希臘領土時，希臘民族是三大族群裡最小的一個，因此市長的上述言論無可厚非。塞薩洛尼基早在西元前三世紀建立，以亞歷山大大帝的同父異母妹妹為名。如果市長不把塞薩洛尼基稱為希臘城市，聽在反對者耳裡，無異是挑釁，是妖言惑眾，最能引爆怒火。然而，在希臘領土擴張，把塞薩洛尼基納入版圖之前，猶太人一直是最大的宗教族群，用拉迪諾語（Ladino，猶太西班牙文）稱之為「以色列之母」，希臘高中歷史課絕不會教這一點點訊息。如布塔里斯所言：「學生不知道，因為沒人告訴他們。」

西班牙宗教法庭期間，猶太人被驅逐出境，隨後在十五世紀開始移民塞薩洛尼基。之前的幾十年間，希臘人反抗鄂圖曼軍，因而遭屠殺殆盡，鄂圖曼官員有意增加人口，所以歡迎猶太移民。鄂圖曼統治期間，塞薩洛尼基成為全球猶太人口最多的都市之一，拉迪諾語在港市普及，比希臘語和土耳其語更常聽見。塞薩洛尼基市進入希臘版圖後，猶太人擔心自由會被希臘政府限制，因為市政府負責把一大群宗教少數民族融入全國，而希臘民眾則質疑一個人是否能既是希臘人也是猶太人。儘管如此，希臘國允許猶太人延續鄂圖曼時期的自治權。猶太學童學習希臘文，宣誓效忠新國家。

然而，一種深層的蛻變正在進行中，翻轉了市民信教的比例。土耳其建國後，趕走希臘人，難民湧進塞薩洛尼基。一九一七年，市區發生大火，延燒範圍廣泛，猶太區災情尤其慘重，導致許多猶太人遷居外地，但在二戰納粹占領時，市區仍有大約五萬名猶太人。首次遣送猶太人至奧許維茲集中營始於一九四三年三月，雷厲風行之下，短短幾月之內，塞薩洛尼基市區猶太人的社會幾乎完全滅絕，戰後倖存的猶太人不到兩千名。希臘人原本質疑希臘人和猶太人能否並存，這時不太需要再質疑了。如今，猶太人近乎絕跡，市民也容易漠視猶太人曾群居市內的事實。

然而，上任後才一個月，布塔里斯就遠赴以色列。他接受《耶路撒冷郵報》（*Jerusalem Post*）時說，「本市號稱巴爾幹耶路撒冷，不是浪得虛名的。當年的盛景可望重現。」市長也向該報表示，他在高中的第一任女友是猶太人。同一趟行程裡，他面對一群原籍是塞薩洛尼基市、曾經從大屠殺中生還者的猶太人。他鼓勵他們去觀光，以協助家鄉拚經濟。市長的努力似乎有所回報。他上任九個月後，來塞薩洛尼基市觀光的以色列遊客激增四倍，土耳其觀光客也成長，只不過沒有到陡升的程度，但市長仍持續奮鬥中。他在大飯店接受我訪問時說，對許多土耳其人而言，塞薩洛尼基市是阿塔土耳克的出生地，非去走一走不可。希臘人在小亞細亞遇到大災難，歸罪於阿塔土耳克，無可厚非，但布塔里斯告訴我，「你對他的觀感再差，他終究是塞薩洛尼基之子。」助理卡瑪拉斯此時插嘴說，這一點特別容易引起市民議論，因為許多市民的祖籍在小亞細亞，祖先是被驅逐出境的希臘難民。「他啊，講話口氣太衝了，」助理說。助理喜歡修飾市長的觀點，改成連反對市長的人都能理解的明智經濟政策。「有鑒於內需崩盤，我們想做的是從外進口需求，」助理說。「門戶開，財源跟著來。」

隔天上午，我在大飯店的樓頂，看市長接受土耳其媒體訪問，一家接一家。土耳其民眾，從敵視民族主義的左翼，到滿意於市長、同情土耳其的民族主義者，無不對市長展現濃厚的興趣。我不禁懷疑，他在土耳其的人氣說不定比在希臘高。第一位訪問他的人是位窈窕的女記者，用挑逗攻勢做為採訪策略，不一會兒，市長就捲起袖子，秀手臂上的刺青給她看。他以刺青紀念已故的前妻。「我們當年一同過著如夢似幻的生活，」他告訴女記者。

「你信奉的哲學是什麼？」她這時問。

「做個正正當當的好人，」布塔里斯說。

和那天訪問市長的每一位土耳其記者一樣，她也問及以阿塔土耳克改街名的提案。

「現在你當上市長了，為什麼不把阿塔土耳克出生的那條街改成他的名字？」她問。

「這件事很微妙，」布塔里斯說。他接著表示，改名的點子象徵著「前瞻」，淡忘歷史仇恨，可惜希臘民眾反應不佳。

「我可以報導說，你希望改街名嗎？」她說。市長有點如坐針氈，似乎禁不起誘惑，想以肯定句回答，不願讓女記者失望。旁聽的助理正在抽小雪茄，這時插嘴解圍。「對提案的反應太強烈了，所以我們認為，想改善希臘和土耳其關係，比改街名更好的方法多的是，」助理說。經典名曲〈月河〉的旋律從飯店擴音器飄送而來，一名攝影記者開始捕捉市長的鏡頭。「可以麻煩你比個和平的手勢嗎？」女記者要求布塔里斯。市長應允了。

那天上午，市長受訪時重複的主題不外乎：希臘與土耳其「有著一份非常非常相通的歷史淵源」；希臘人心態近似土耳其人心態；他覺得自己比較近似土耳其人，和瑞典人之類的歐洲人反而覺得差別太大。他反覆提及，土耳其航空有伊斯坦堡直飛塞薩洛尼基的班機，來塞薩洛尼基市血拚的遊客「發現好多美不勝收的東西，簡直不敢相信自己的眼睛」。

有一位電視記者問市長，舉行百年紀念慶祝會，會不會挑起仇視土耳其的情緒？市長回答說，正好相反。百年紀念會是一個強調兩國交集的良機。市長指出，鄂圖曼人不開一槍，就把塞薩洛尼基割讓給希臘，而且塞薩洛尼基市被解放後的第一任民選市長是土耳其人。「需要慶祝勝利嗎？我倒覺得不必，」市長說。「那才不是勝利，應該是轉型。」

聽到這裡，我納悶，這位市長是怎麼當選的？二〇一〇年選舉，他只贏對手三百票，雖然如此，在希臘經濟持續探底的年代，他的勝選顯示民心渴望新型的政治。左傾和中間派政黨聯合支持布塔里斯，而他的政見融合右翼較常主張的重商政策，同時避免趨近右派古板而民族心強烈的取向。在希臘，把這些元素湊在一起相當獨特，選民似乎願意試試看。當然，在前任市長的對比之下，改善再微細，也會被視為巨變。前市長是帕巴喬戈普洛斯（Vasilis Papageorgopoulos），被指控有嚴重的公款私用惡習。帕巴喬戈普洛斯以前是牙科醫師，也是短跑健將，曾在歐洲運動會為國家奪得銅牌，綽號是「飛躍醫生」，以新民主黨員的身分擔任市長十年。布塔里斯是二戰後該市首位民選猶太首長，他上任後，他的財政副市長發現市府赤字嚴重，顯然是前任市政府捏造帳冊。兩年後，前市長與兩名助理被判無期徒刑，罪名是侵吞大約一千八百萬歐元。當時佐哈卓普洛斯仍未被判刑，嚴懲前市長是希臘政壇多年來首次有人因罪行重大而被判重刑，意義不凡。部分希臘報紙樂觀看待此事，認為是新時代的開端，希臘政客終於因胡作非為而受制裁，但這想法似乎是一廂情願。前市長喊冤上訴，自稱受到政治迫害，刑期後來減為十二年。

布塔里斯上任短短幾年，會計部門已能平衡市府收支，引起總理薩馬拉斯的興趣。一位市府官員告訴我，總理對市長說，「那個猶太人應該來雅典幫我忙。」市長以改革派自居，又滿身刺青，也令國際媒體趨之若鶩。希臘壞消息連連，記者想挖一些好消息來報導，見市長心喜，對他讚譽有加。《紐約時報》專訪他，標題是「希臘市長願秀一手，讓雅典效法」。英國《每日電訊報》：「希臘的願景。」德國《南德日報》（*Sueddeutsche Zeitung*）：「市民的最後冀望。」多倫多《環球郵報》（*Globe and Mail*）：「希臘英雄屠財經妖魔。」國際媒體把他捧為救星，反觀國內，希臘人對他的觀感褒貶不一。許多選民仍明顯鄙視他，特別是宗教保守派人士，恭迎聖母像儀式的衝突是一例。

三

警方拖走抗議僧侶後，群眾開始議論紛紛。

「市長一定是做了什麼事，他們才氣成那樣，」我身邊有一位矮婦人說。

「因為市長不讓他們接近聖母像啦，」另一婦女回應。

「如果是這樣，他們抗議有理。」

「滾蛋，布塔里斯！」一婦女叫囂。

「布塔里斯，你的到來玷汙了儀式！」一名男子吼著。

我身旁的男子說他名叫奈塔瑞歐斯（Nektarios），我問他，為何市長被罵。

「因為他不信神，是個惡魔，」他說。

「為什麼是惡魔？」我問。

「他愛阿塔土耳克。」

議論聲持續之際，一位政治人物上臺。他名叫卡勞葛魯（Theodoros Karaoglou），黑髮整齊中分，若無其事地開講。他說，聖母像的到來「有助於備受試煉的國民活化宗教與民族情感」。他接著表示，希臘人固守傳統，「你我勿忘教會何其宏偉，護衛著民族和文化的遺產。」他也說，國家與教會應「並肩奮鬥，以支持陷入經濟苦海的所有同胞」，如此，危機才可望解除，「希臘必將重新站起來。聖母與你我同在。」

卡勞葛魯是中央級的部長，主管「馬其頓與色雷斯部」，在恭迎聖母儀式前幾天，我去辦公室訪問他。寬廣豪華的部長辦公室位於一棟雄偉的大樓內，是鄂圖曼市政府的舊址。部長指出，一世紀之前，這裡是鄂圖曼軍官塔辛（Hasan Tahsin Pasha）向希臘軍投降的地點。他告訴我，這月再過一兩週，馬其頓與色雷斯部會在週六舉辦盛大慶典，以紀念塞薩洛尼基脫離鄂圖曼「奴役」。七百名希臘軍人將著古裝，其中許多人騎著馬，還原百年前希臘軍凱旋入城的景象，遊行至馬其頓與色雷斯部，然後由希臘總統升希臘國旗，一切將會和一九一二年希臘軍攻下塞薩洛尼基市時一樣。升旗後，軍人繼續行進，經過一座小教堂，在場有塞薩洛尼基市主教和兩百名神職人員，以拜占庭詩歌讚美聖母是「捍衛將軍」。神職人員接著也唱希臘國歌。軍人接著遊行至白塔，參加「全希臘最大一面國旗」的升旗典禮，隨後舉行二十一響禮炮儀式，海上一艘希臘戰艦也會以大炮響應。「當前氣氛凝重，」部長告訴我，「我們的目標是製造民族尊嚴的氣氛。」

馬其頓與色雷斯部的存在正是基於民族尊嚴。以地區為名的希臘中央部會僅此一家，能留存至今的關鍵在於部名含有「馬其頓」這詞。塞薩洛尼基市的所在地就是馬其頓區。一九九一年，南斯拉夫裂解成幾國，其中之一自稱馬其頓共和國，「馬其頓」之名激起希臘民族主義狂熱，從此爭議不休。多數希臘人不許世上出現一個叫作「馬其頓」的國家，也容不下「馬其頓語」，因為馬其頓之名是希臘的，自古以來如此。希臘民眾相信，侵占馬其頓之名不僅反映出該國想爭奪希臘文化財產，也可能導致希臘北部的領土被竊據。再者，這些前南斯拉夫人更可能因此自稱亞歷山大大帝是馬其頓人。亞歷山大另名馬其頓亞歷山大三世，是希臘最偉大的民族英雄。希臘人如此斤斤計較，其實有點情有可原。北部疆土曾爆發幾次爭奪戰，至今記憶猶新，而火上添油的是，馬其頓國首都斯科普耶（Skopje）民族心強的官員也幾度提及大馬其頓區的「精神統一」，更令希臘人焦慮。儘管如此，有人會說，希臘人的反應未免太過火了吧。一九九二年二月，塞薩洛尼基全市停課，公務員不上班，一同走上街頭，抗議鄰國有意占用「馬其頓」之名。根據一些單位估計，抗議的民眾多達一百萬，占全國人口一〇%。同年，雅典也舉行示威抗議，人數和塞薩洛尼基不相上下。基於希臘持續反對，聯合國將自稱「馬其頓共和國」的國家改稱為「前南斯拉夫共和國馬其頓」，縮寫為FYROM。

部長在辦公室接受我訪問時說，馬其頓與色雷斯部的存在是「想散布民族符碼的訊息」，以傳達馬其頓永遠只有一個，只屬於希臘。部長接著說，存在的第二個原因是對抗北希臘的高失業率。在我訪問期間，令我不解的是，除了讓公務員占缺領薪之外，馬其頓與色雷斯部怎可能解決失業率問題？部內的人員好像不怎麼忙的樣子。在大走廊上，我見到幾群員工坐著折疊椅抽菸。質疑馬其頓與色雷斯部功能何在的人顯然不只我一個。二〇〇九年，泛希社運黨總理帕潘德里歐把該部降級為「總祕書處」。二〇一二年六月，右翼總理薩馬拉斯上臺，立刻恢復馬其頓與色雷斯部。馬其頓名稱之爭情勢最沸騰的時候，薩馬拉斯退出新民主黨，另立一個更強調民族主義的「政治之春黨」(Political Spring)，唯一黨綱是在馬其頓爭議中採取強硬立場，但後來爭議退燒，他重回新民主黨。部長告訴我，「名稱裡有『馬其頓』的部如果關了，會釋放錯誤的訊號，」如同對國界另一邊的敵國說，「我們不再那麼關心了。」

訪問完部長後，我致電市長，問他對部長的百年慶計畫有何意見。「我很生氣，」市長告訴我。他說，生氣的第一個原因是，馬其頓與色雷斯部根本沒有存在的必要。第二，百年慶的計畫「花俏地不得了」。市長說，他一定杯葛慶祝會的遊行。當地報紙後來披露此事後，市長指責馬其頓與色雷斯部規劃的慶祝會「有法西斯味道」，逼得部長出面回應。「顯然市長和我對以下兩件事的見解不同，一是擺脫土耳其桎梏百年慶的重要性，二是歷史意義深遠的國家紀念日的慶祝方式，」部長說。「此外，由於歷史健忘症危害到全民共同的記憶，我想強調：一個遺忘歷史的民族是沒有未來的。」

III

恭迎聖母儀式中，僧侶斥責市長之際，塞薩洛尼基主教安提莫斯（Anthimos）的表情耐人尋味。他的個子不高，鬍子留得很長。騷動發生時，他的臉稍微側對著抗議者，斜眼看著，和其他神職人員一起坐在臺上，雙手放在權杖上，視線不完全固定在騷動，因為鄙事並不足以讓主教全神關注。他戴著眼鏡，滿臉灰白的大鬍子，旁人難以判斷他的表情，但我暗忖，我好像看見他微微竊喜的模樣。

塞薩洛尼基主教不欣賞市長的部分言論，嫌市長不夠希臘，愛談塞薩洛尼基市無關基督教的過去。反之，市長也不欣賞主教，認為主教把週日布道當作有線電視脫口秀，主教不該狠批國家當前的發展減損了「希臘基督教」傳統。布道時，主教對以下主題常發出多如牛毛的警告：來自土耳其或自稱馬其頓的那國對希臘疆域的威脅；允許市內舉辦同志光榮日遊行的威脅；非法移民的威脅；歐盟霸權的威脅；伊斯蘭教想征服歐洲的威脅。

二〇一〇年，布塔里斯競選市長期間曾說，主教的基本教義派觀點令他聯想到「聖戰游擊隊」。布塔里斯也建議，主教應花多一些時間救助窮人，不要忙著添購新法衣。這些言論傳出後，兩人同時出席聖迪米特里歐遺骨紀念堂的一場儀式，布塔里斯走向主教，親吻主教手裡的金十字架。候選人表達虔誠之心，主教不領情，以食指比著布塔里斯罵，「你再不認錯，我將盡力保證你進不了市長辦公室。」

主教和市長持續公開鬥爭，希臘媒體大喜，密切報導著。每當兩人現身同一地，市民就期待有好戲可看。有一次，布塔里斯說，如果主教那麼喜歡發表政治高見，建議主教刮掉鬍鬚，成立政黨。然而市長當選後，任公職的兩人無法互相迴避，只好盡量淡化口頭之爭，極力維持友好的表象。市長告訴我，他如果和主教一同出席某個公開場合，「我打招呼的第一個對象是主教，也會在他臉頰親一下。」當然，這舉動也可被解讀為另有居心，蓄意貶損主教，因為吻主教的常見方式是對主教的手恭敬一吻。以主教而言，他似乎仍積極利用布道的機會批判市政，但他避提市長的大名。

市長處心積慮邀請猶太人前來觀光，但在某個星期天，主教警告信眾，猶太商人覬覦港口的房地產，想買來興建大飯店。「我不懷惡意，」主教說，「請大家記住，我們愛猶太人。我們在塞薩洛尼基和雅典幫助過他們。我也解釋過，我們的信仰和猶太人同樣源自《舊約聖經》。」以他置身的城市，講這種話顯得有點奇怪。二次大戰淪陷期間，雅典等地的牧師和非神職人員確實幫助過猶太人躲納粹。但在塞薩洛尼基，歷史顯示結局慘不忍睹。主教繼續警告說，塞薩洛尼基市即將主辦一場學術會議以強調猶太人的歷史，碰巧和百年慶典撞期，贊助單位包括塞薩洛尼基市猶太社群、耶路撒冷希伯來大學等以色列團體。他稍微提高音量，加重「猶太人」和「以色列」的語氣，以凸顯這場會議的猶太味多濃。他指出，塞薩洛尼基市府也是贊助單位，說完稍微停頓一下，彷彿深感不安，彷彿市府是叛徒，不應該參與。主教說，「希望將來有一天，各位會想起我說過的這些事」，言下之意是，想起來的時候已經太遲了。他認為，主管官員應該澄清一下：「究竟在搞什麼鬼？」隨後，主教下結論：「猶太人正在挑逗塞薩洛尼基。」他讓這句話沉澱片刻。「各位問我，『這話是什麼意思？』我不打算明講。各位全都明瞭。各位都知道。我們現在有歐洲。我們有移民。我們有非法移民。我們面臨各種威脅」，意指土耳其對愛琴海的野心。他最後說，「恕我無法再多說了，」彷彿多言恐將莫名其妙引燃猶太人怒火。

另一個禮拜日，惹主教生氣的是一則報導：一家講馬其頓語的電臺申請執照，想在北希臘營運，意圖進行「宣傳戰」。主教說，如果這家電臺申請到執照，「青年和我，以及有意願的所有人」，將搭乘「四十至五十輛巴士，把所有東西搗毀成碎玻璃和鐵釘」。主教接著說，「除此之外的方式無一可取。」另外有一次，主教不滿土耳其連續劇在希臘火紅，斥之為「對民族意識是一種侮辱和挑釁」，近似對土耳其人說：「我們投降了。」有一次，主教訪問過雅典後，說他看見為數眾多的移民把雅典「染黑了」，他差點「失去理智」。他說，土耳其政府計劃以穆斯林移民淹沒希臘，「土耳其化」希臘，所以希臘的對抗之道就是把移民送回他們的穆斯林祖國。另外有一次，他對信眾說，希臘神聖的理念支柱面臨愈來愈強的威脅，國內瀰漫一股「痲瘋」，明顯「企圖踐踏、剷除數千年希臘基督教拜占庭文化的奇蹟」。他說，這文化由驚世偉人和科學家建立，著作占滿全歐洲圖書館。「這文化偉大，是我們的文化，而我們是這文化的傳承者，」主教說。「而在這裡，希臘境內的部分人士竟想和這文化切割，或想改成別的名稱。」他繼續說，想做這種事的人「染上了否認現實、篡改史實的痲瘋病」。他的結尾語聽似正面駁斥市長的施政。「如果我們維持希臘心，信東正教，經濟一定會好轉，」他說。「我相信，我們不會被擊垮。」

三

恭迎聖母像的那天，市長走向麥克風時，抗議的僧侶已不見蹤影。令我詫異的是，市長沒被噓。宗教場合對市長不利，市長盡量循規蹈矩。他停頓一下，逐一看著神職人員，然後才開口。他向希臘教會的領袖點頭尊稱，「法座。」他對主教尊稱，「尊長。」他對另一位高僧說，「閣下。」市長表示，聖母像的到來，「正值我國戰後史上的最關鍵時刻之一，此時國民正過著艱苦的日子。」他低頭念稿子，語音疲憊，感覺虛假。市長繼續說，神職人員恭迎聖母，「對本市與市民展現出愛心、鼓勵、安慰、關懷，讓有病痛的民眾，以及日常生活與家庭被危機擊垮的那些人能倍感窩心。」他最後說，「我們感激這一份好意，在此以敬意和榮譽回報。」現場的掌聲零零星星。

致詞完畢，聖母被請上拖車，由一輛迷彩吉普車拖運遊街，兩旁有搖晃著香爐的神職人員護駕，帶頭的是軍樂隊，以及打扮成白衫革命山賊、持出鞘刀劍的古裝軍官，也有一隊步伐凌亂的士兵。跟在後面的是幾百名臉色鬱悶的神職人員和僧侶，以及握著蠟燭、蠟淚滴到手上的黑袍修女。穿西裝的政治人物也和數千民眾隨行，跟著聖母踏上一條名為「國防」的街道。遊行隊伍通過名校亞里斯多德大學的校園，門面不整的建築外被噴上種種口號，例如「拒讓法西斯主義再起」、「學生出走萬歲」。校園所在地曾經是歐洲最大的猶太墓園之一，墳墓多達數十萬座，在德據時代被納粹摧毀，而希臘政府也想清空這塊地，因為政府也想善用這一大塊土地。

遊行隊伍繼續通過一排排難看的公寓，基本上是多了陽臺的鋼筋水泥箱形建築，在希臘城市是常見的建築。公寓居民探頭出來看聖母，比劃著十字。最後，聖母抵達聖迪米特里歐教堂，被擡進綠色大理石柱門裡，裡面是挑高而空曠的木造天花板。聖母像擺在祭壇前，朝聖者在昏暗的拱廊下大排長龍，隊伍排到門外陽光下，民眾排幾小時等著能在聖母前比劃十字，親吻裝著聖母像的玻璃箱。另外也有人等著向聖迪米特里歐的遺骨致敬。遺骨裝在一口銀色小靈柩，旁邊有一大幅聖像描繪他殉道的場景：多名羅馬士兵舉矛刺進他的胸膛。他遇難的地點是羅馬澡堂，這座教堂就是蓋在澡堂原址，墓穴裡仍保留幾種羅馬時代的古蹟。迪米特里歐有「沒藥泉」的美名，因為他的墳墓據說會離奇流出沒藥。許多人信誓旦旦說嗅得到沒藥香，但我那次去卻聞不到。

隔天上午，我回教堂，掛在教堂門面上的音箱播放著「哈利路亞」幽幽吟唱聲，等著親吻聖母像的人龍未散。我和一位歷史學者約在裡面見。他名叫納爾（Devin Naar），三十歲不到，來自西雅圖的華盛頓大學，特別對塞薩洛尼基和其猶太史實感興趣。我和他認識是在幾天前在雅德雷茲卡隆（Yad Lezicaron）猶太教堂週五夜的安息日（Shabbat）儀式上。塞薩洛尼基市目前的猶太人口大約一千人，信教比較虔誠的民眾常去那間猶太教堂。納爾的祖先是塞法迪猶太人，於十六世紀初設籍塞薩洛尼基，建立名為新里斯本的猶太教堂。幾世紀後，在二次大戰之前，納爾的曾祖父舉家移民美國。納爾有些親戚留在塞薩洛尼基，他想瞭解親戚的悲慘遭遇，所以對本市萌生興趣。納爾身材高瘦，留著長長的捲髮，談起他研究的題材時情緒高亢，不時以雙手加強語氣，彷彿挖掘出佚散的檔案資料，埋首多日之後才剛走出來，迫不及待想公布他的發現。他來塞薩洛尼基參加學術會議，正是主教告誡的那一種猶太人「挑逗」活動。

納爾和我走過等候親吻聖母像的隊伍，踏進陡峭的大理石階，深入墓穴，裡面幾乎無旁人。我們走過屬於早期教堂一部分的大理石噴泉古蹟，見到燈火展示著羅馬時代的柱頭。納爾不太理會那些柱頭，視線對準大理石地板，尋找猶太墓園被摧毀後殘餘的墓碑。墓園被剷除後，很多墓碑成為建材，至今仍散見於市區。我曾在郊區見過一棟民房，圍牆以猶太人的大理石墓碑為主，希伯來字體和猶太曆的忌日清晰可見，我當場愣得目瞪口呆，一名老婦人正好路過，告訴我說，那些文字是「花紋」，是屋主最近刻上去的，但我覺得老婦人一定明白事實。一九一七年大火肆虐下，聖迪米特里歐教堂幾乎全毀，二次大戰後重建，當時墓碑建材多得是。納爾告訴我，改建教堂時一定也用到墓碑。他找到一片大理石，看似有希伯來文被鑿掉的痕跡，拿出相機拍照。隨後，我們去教堂的側院，看到很多大理石板堆疊在草叢裡，多數刻著古希臘文，但也有幾片墓碑上有希伯來字體。納爾穿越草叢，見到更多堆大理石板，他繼續再找墓碑。暖風徐徐送來神職人員詠唱聲，一時之間，表面帶有學者鎮定氣度的納爾似乎怒火中燒，隨時可能爆發。納爾後來指出，擅動墓碑雖然對亡者不敬，卻產生一種始料未及的後果：墓碑散見全市各地，意外成了紀念碑，明眼人一看就懂，讓塞薩洛尼基市內差點被抹煞的史實重見天日。

三

希臘民族意識高漲，長久以來隱瞞多元化的過去，這種固步自封的心態反過來汙損了希臘一詞的概念，讓希臘顯得迂腐、封閉、不堪一擊。在經濟危機中，事實也證明，這種邏輯對希臘各地具有恐怖的影響。希臘人普遍自認血統純正，優越於異族，具體呈現的態度是敵視移民以及扶搖直上的金黎明黨聲勢。金黎明黨走法西斯路線，意識形態上仇恨猶太和土耳其。儘管如此，在此同時，明顯可見的是，塞薩洛尼基市出現思想丕變的曙光。在市長推銷下，觀光客激增，也引來國際媒體關注，市民顯然嚐到了敞開心胸看待歷史的好處。二〇一四年春，塞薩洛尼基市選民讓布塔里斯連任成功，得票率高達五八％，巨幅超前上次險勝的票數。

連任數月後，在沉悶的十一月天，布塔里斯前往亞里斯多德大學參加揭幕式並致詞，以紀念猶太墓園被剷除的事件。市長站在分枝大燭臺銅像旁，戴著格紋猶太帽。一般來說，希臘政治人物怕民眾反感，即使踏進猶太教堂也通常不願戴這種小帽。市長告訴民眾，納粹占領期間，部分希臘人背叛了猶太裔的市民同胞，令本市蒙羞。更令本市慚愧的是，拖了這麼多年，本市才承認這座已有五百年歷史的猶太墓園。市長的致詞引起熱烈掌聲。市長接著說，塞薩洛尼基市拖了這麼久才打破沉默，很不應該。

6 移民潮

我是一個不幸的異邦客，無依無靠，在貴鎮貴國舉目無親。

——奧德修斯（Odysseus），出自荷馬《奧德賽》

希臘東北邊境是色雷斯區，有一條混濁的河，名叫厄夫羅斯（Evros），對岸是土耳其。厄夫羅斯河畔有個靜謐的希臘小鎮泰伽若（Tycheró），取名自希臘文「幸運」，地處溼氣重的三角洲，農田以棉花、小麥、向日葵為主，天空中有猛禽類、鵜鶘以及愈來愈罕見的其他候鳥飛翔。二〇一一年十二月，某天冷冽的早晨，在鎮郊一條僻靜的山坡路上，我看到九個人成群走著，多數是非洲人，宛如茫然撤退中的疲憊士兵。其中一女子個子非常高佻，姿色美得令人屏息，穿著名牌牛仔褲和豔紅的羊毛大衣，腳上是灰襪子加拖鞋，想必今早渡河時沒保住鞋子。在當時，厄夫羅斯河成了進入歐盟的主要管道，逃避戰火和貧窮的亞、非洲難民從這裡入境。希臘的厄夫羅斯河谷有幾座邊疆小鎮，原本生活平淡無奇，如今難民成群的景象已令人見怪不怪。

這群人朝我走來，我問他們，有沒有人會講英文。他們藉這機會歇歇腳，在紅磚人行道坐下。有位戴著冬帽和飛行員大墨鏡的年輕男人說：「非常累。」他接著問，「警察局在哪裡？」我指向下坡處，在不遠的鐵路旁有一棟純白色的建築就是警察局，是移民被拘留的地方。那天稍早，我路過警察局，見到油漆工正用白漆粉刷門面，彷彿能粉飾品質低落的內部似的。這一類拘留移民的希臘警察局最近引來人權團體的關注。根據人權觀察組織（Human Rights Watch）一份報告，移民表示在這一間警察局，他們得睡在厚紙板上，無廁所可用，只好在角落小便。警局的守衛常帶他們去野地大便。婦孺常和男人同擠一處空間。同一份報告指出，部分移民自稱曾因討水喝而挨守衛拳打腳踢。儘管如此，多數移民仍找警察局自首。依照美國移民法，非法移民若無尋求庇護的正當理由，移民官可盡速將他們遣返，但歐盟不然。歐盟為保障移民有機會申請庇護，不讓移民被快速遣返。因此，希臘警方的做法是先拘留移民，發文件允許他們合法滯留一小段時期，然後釋放。滯留期通常是一個月，有些情況比較久。有了這份許可，移民可合法前進雅典，申請庇護，過程冗長，鮮少有人能成功，但移民可申請延長居留權。

那一年，渡河來到泰伽若鎮等邊境小鎮的移民有數萬人，人數逐漸增加，不巧的是，希臘的政經風暴正值巔峰期。希臘向來就不是一個特別歡迎移民的國家，這時候移民更招人嫌惡。那年申請庇護的移民以阿富汗人最多，可惜他們入境後才發現，希臘提供的援助少之又少，甚至沒有。在同一段時期，大批巴基斯坦移民來了，孟加拉移民也愈來愈多，都希望能在黑市找到工作，而當時正好經濟崩盤，職缺枯竭。走私移民的人蛇集團收了錢，卻向移民隱瞞希臘國內窘迫的狀況，許多移民到了希臘才知前途黯淡。而瞭解狀況的移民無意在希臘久留，只打算溜進另一個歐洲國家。嚴格說來，希臘是歐洲國家，但這些移民嫌此地和他們理想中的歐洲落差太大。尋求庇護的移民想去德國、挪威、瑞典，在這些國家提出申請獲准的機率較合理，也有福利可領。不幸的是，進希臘雖難，離開希臘往往更難幾倍。

那天上午，我在泰伽若人行道上認識的那群移民，多數來自索馬利亞。在當時，從索馬利亞入歐的路線之一是從非洲飛到敘利亞，然後走陸路，辛苦跋涉穿越土耳其，進入希臘。這條路線比較安全，而較常用也較危險的方式是從利比亞上船，搭乘過度擁擠又搖搖晃晃的小船，橫渡地中海至義大利，但多數人偷渡失敗。這群索馬利亞人當中，有位名叫歐司曼（Abdulkadir Osman）的十八歲少年，身穿一件比細瘦的他大了幾號的黑皮夾克，嘴上有初生的細鬍，手裡拎著充當行李箱用的女用大包包。「索馬利亞的情勢好亂，」他告訴我。「我的國家是非常危險的，尤其對年輕人而言。希臘既和平又穩定。對我來說相當是適合我生活。」

這群人只能談這麼多了。休息片刻，大家站起來，繼續帶著倦意匆匆前進警察局，以為遠行至此，終於能找到一個休息的地方。

移民從東邊的農地冒出來，走進鎮上，鎮民早已見慣了。在我認識那群索馬利亞人的路上，有天我走過一間大咖啡店，裡面有很多握著念珠的退休老人，算是鎮上平日生意最好的店家之一。幾個老人坐在前面一桌，我路過時，他們見我一臉落腮鬍，猜我是阿富汗人。我以希臘語說，「不盡然。」他們連忙道歉，推說情勢所然，不能怪罪他們。其中戴著碼頭工人帽的人說，「他們弄髒了整個國家！」大概見是我面露反感吧，因為他覺得有必要為自己辯護。「我們怕了，」他說。「如果你是老頭子，看見五十個黑人路過你家門前那條街，那裡黑壓壓的人哪！你難道不怕嗎？」我告訴他，我剛遇見一群索馬利亞人，不覺得他們有什麼可怕。另一位老人插嘴，自以為能仲裁讓我們互相體諒。「美國半數是黑人，所以他習慣了，」他向同夥人解釋。戴帽老人說，對啊，「不過美國是個好大的國家，我們呢，區區幾個人而已。他們會占滿整個國家啊。」

皮膚多黑，會「弄髒」整個地方，這類言論我聽多了，不再驚訝。事實上，我離開咖啡店不久，經過公車站，遇見一位胖壯的中年希臘婦人。她戴著粗框太陽眼鏡，正在等公車，我和她攀談起來。「他們是黑人，」她指的是最近進鎮的移民。「他們好黑啊，黑。」她說，移民當然不惹她心煩，但她居然接著講了心煩者才會講的話。「他們弄髒了這地方，」她說。

「保加利亞人和吉普賽人也是。我們吃他們的髒東西。」我問她是否知道鎮上移民拘留所的居住環境，她說警局裡面「好舒適」。她接著說，「他們有房子可住，有東西可吃，警察在夏天甚至請外膳呢，花不少錢，」她說。「我們現在是賺錢養外國人。」

她似乎愈講愈起勁，想和我辯論一場，但這時來了一位包著格紋頭巾的女子，額頭上有繃帶，走在路上，帶著一個約五歲大的男童，小孩穿著黃色冬季大衣，上面印著「小聯盟」。女子走向我們，並以穆斯林問候語跟我們打招呼。她以流利的英文告訴我，她來自非洲厄利垂亞。我問她額頭怎麼了，她解釋說，前來希臘的路上腿軟，跌倒撞地受傷。幾天前，她和丈夫帶著兩個兒子渡河入境希臘，現在全家自由了，八歲的長子仍在拘留所。其原因原來是，邊境官員問她長子從哪裡來時，他聽到身邊的移民說「索馬利亞」，他也照著說，和父母的回答不一致，因此被官員扣留。這場烏龍導致他們苦等六天還盼不到兒子。在等候期間，他們三人暫住在同一條路上的未完工的房屋裡。

公車來了，沉默不語的中年希臘婦人和我們道再見後就上了車。我接著再問厄利垂亞婦人，能不能帶我去參觀她住的地方。她同意了，帶我走上坡路過去，途經荒涼的火車站，旁邊有一連串鐵皮屋，裡面以厚紙板充當床墊讓移民睡覺。厄利垂亞這家人決定不住這裡，改住一間空有骨架的未完工紅磚屋，以厚紙板做為門窗，睡在一個牆上有個大洞、面對馬路的房間。地上放了個髒兮兮的床墊，他們拿厚紙板隔著睡，以免弄髒自己。其餘的家具僅有放在院子用的兩個破塑膠椅。隔壁房間住著另一家人，他們掛上印有凱蒂貓的粉紅色毛巾來隔開兩間房間。居住環境如此不堪，這對母子的儀容看起來還算整潔有尊嚴。女子穿著一塵不染的白色冬季大衣，小男孩笑臉盈盈且活潑。我取出相機想拍照，徵求他們同意，女子點頭並帶兒子站在臨時住家的開口擺姿勢。兒子決定以他認為看起來最酷的姿勢站著，大概是在模仿印象裡的流行樂男孩團體。母親雙手握在腹部前，望向遠方，表情似乎揉合了哀愁、決心與恐懼。

丈夫從鎮裡回來了。他說他剛進鎮裡打幾通電話。他身形瘦弱，一副學者的模樣。他告訴我，他們全家從厄利垂亞步行到蘇丹，然後搭上尼羅河的船，航行到埃及。在埃及，他們付錢買假護照，飛向伊斯坦堡，接著前往希臘邊界，大部分是用走的。他說，舉家移民是因為政府「非常壞」，找他麻煩。他要求我不要報導他的行業，也不要提他跟政府的過節，唯恐生平細節揭發他的身分，殃及家鄉親戚。他接著向我告辭，說他想帶妻子去警察局探望兒子。

三

二〇〇八年初，喀布爾有一名為國際部隊工作的阿富汗籍通譯，自認生命受神學士（Taliban）

威脅，決定趕緊離開阿富汗。在為外國軍隊翻譯的期間，他認識幾位比利時人，覺得他們相當和善，因此認為移民比利時應該不錯。他付一萬二千美元給人蛇集團，想進入歐洲，遠行了幾個月，穿越伊朗和土耳其。希臘在土耳其外海有個萊斯博斯島，地勢崎嶇，野風強勁，這位阿富汗通譯在十二月乘土耳其船抵達島上，正式進入歐盟。在希臘，他得知前進比利時比他的認知困難許多。幾年後，他的遭遇演變為訴訟案，告進歐洲人權法院，等著法官判決希臘和比利時兩國是否虐待他。

法院資料僅以MSS代表那位阿富汗人的姓名。在萊斯博斯島上，他被扣留一星期，領到一份命令他離開希臘的文件。幾月後，他來到比利時申請庇護。然而，根據歐盟規定，移民最先入境的會員國應負責審理其庇護申請。換言之，由於他從希臘入歐盟，比利時可把他送回希臘。在希臘這種規定令人頭痛，義大利人和西班牙人也有同感，只因這三國接近較窮的動亂地區，移民的負擔比其他國家更重。希臘因而自稱「歐洲地下室」，沒人要的移民全被踢下去。以阿富汗通譯的案例而言，比利時官員聯絡相關的希臘單位，要求他們審理庇護申請，但希臘遲遲不回應。比利時官員等了兩個月，以為希臘默許了比利時的要求，逕行遣返他回希臘。阿富汗人搭機抵達雅典時被捕，關進機場隔壁的拘留所。根據法院資料，他說，他和二十個牢友擠在一個小房間，「分到的食物很少，睡在骯髒的床墊上，有時沒床墊就直接睡地板。」三天後，他領到一張「粉紅卡」獲釋，表示他正申請庇護。雖然粉紅卡讓他能待在希臘，等候申請結果，可惜他獲得庇護的機率近乎零。他第一次進希臘的那一年，在希臘首次申請庇護就成功的人當中，沒有一個是阿富汗籍。相對的，在歐盟其他國家，平均而言，阿富汗人申請到庇護的成功率是五成。

這位阿富汗人說，他獲釋後住在雅典市中心的公園。兩個月後，他持偽造保加利亞身分證，企圖登機離開希臘，在雅典國際機場被逮捕，收押的地方和上次相同。這一次，阿富汗人聲稱警察打他。被關七天後，他獲得釋放。大約一年後，他在希臘申請庇護仍未判決，他又想逃出希臘，這次從伯羅奔尼撒半島北岸的港市帕卓斯（Patras）。移民常在這裡躲進貨輪，偷渡到義大利。希臘警方在帕卓斯逮捕他，大老遠把他運到土耳其邊界，逼他和其他移民進入土耳其。這種做法稱為「逼退」，人權團體屢次收到類似行徑的指控。根據阿富汗人所言，這一次國界另一邊有土耳其警方守著，「逼退」才不了了之。

希臘政府對這些指控一概否認，出庭辯稱，阿富汗人自稱受到不人道待遇是空口無憑。但在二〇一一年，法院列舉人權組織記錄到的二十幾份指控：警方虐待、逼退、拘留所環境汙穢、庇護體制的主要目的在於否決庇護申請，因此裁定阿富汗人的證詞可信。這幾份報告只消瞄一眼，就能略知移民慘狀。其中一案例發生在萊斯博斯島，聯合國難民署（UNHCR）發現八百五十幾名移民，其中沒有父母陪同的兒童多達兩百名，多數是阿富汗人，被拘留在舊倉庫裡，其中一間擠了一百五十名婦女和五十個嬰兒，許多人因擁擠不堪、環境不衛生而生病。另一案例發生在雅典機場隔壁的拘留所，也就是阿富汗通譯兩度被關的那間，歐洲預防虐待委員會前去查訪，記錄到幾件「警察虐待」的事跡，以及移民「被迫喝馬桶水」等情事。

法院判定，希臘和比利時兩國都違反歐洲人權公約中禁止不人道或有辱人格的待遇之規定。本質上，希臘是虐待者，但比利時也罪在把阿富汗人遣返希臘。法院承認，希臘的移民負擔比其他歐盟國家沉重，但這並不能減免希臘守法的責任。這項判決迫使歐盟國家暫停將尋求庇護者送回希臘。雖然如此，多數移民為了得到這份判決的好處，仍必須想辦法偷溜出希臘，去另一歐洲國家。以阿富汗人的辛酸來看，這未必容易。同時，歐洲政壇對希臘再施壓，叫希臘加強邊境管制，以確保移民不會北逃。希臘西邊臨愛奧尼亞海，北邊是巴爾幹半島山脈，許多尋求庇護的移民，特別是籌不出錢給蛇頭的人，當他們面臨這些地理限制時，會覺得自己被困住了。我訪問到這時住在雅典的一名阿富汗移民，他告訴我，希臘好比「一個大籠子」。

III

泰伽若鎮以北大約十五英里處，厄夫羅斯河轉向，流經蘇富里鎮（Soufli）。位於山坡地上的蘇富里鎮有很多紅瓦屋和磚造舊倉庫，蠶絲業在此曾經鼎盛，如今則如沒落的美國中西部一般，榮景不再，但與蠶絲相關的觀光業仍帶來薄弱的經濟命脈，讓小鎮得以存活。蘇富里的大街離河邊大約才三分之一英里，因此渡河成功的移民常路過這裡的麵包店和咖啡廳。在我採訪期間，鎮民常用「戲劇化」和「悲劇」來描述移民，但有時候他們似乎也在形容自身的心路歷程。圓臉的鎮長名叫普流斯（Evangelos Poulios），坐在辦公桌裡，牆上掛著《最後晚餐》的大畫像。鎮長告訴我，治安並未因移民湧入而惡化。話說回來，「鎮民晚上見到移民會害怕。」此外，他也希望本鎮以蠶絲業的歷史聞名，不願被移民用作渡河基地。「會讓遊客留下壞印象啊，」鎮長說。

有天上午，在鎮上的火車站附近，我認識一位四十歲的阿爾及利亞人，他名叫塔奇亞（Ahmed Takia），正在翻垃圾桶覓食，他也從菸蒂收集沒燒完的菸草好把它湊成一支捲菸。塔奇亞高瘦，滄桑的臉孔有皺紋，身上是連帽針織毛衣，前後各有一個狼頭的圖案。他跋涉期間扭傷腳踝，因此腳跛得厲害。火車站外有張長椅，那就是他前一晚的床，但目前車站的門鎖了起來不能使用。

塔奇亞不太通英文，但我們能以西班牙語對話，因為他在西班牙當修車工時學了一些，而我在美國中學也學過粗淺的西班牙文。他告訴我，他來自奧倫（Oran），位於阿爾及利亞的地中海岸上。他原本的目的地是德國，想去投靠住在萊比錫的哥哥。他的計畫是先來希臘，找工作掙一點旅費，再踏上沒走完的路。奈何事與願違。近一個月前，他從泰伽若鎮的拘留所出來後，他藉著跳火車周遊希臘找工作。他有位同伴名叫塔科伊（Abdullah Takoi），二十三歲，也是阿爾及利亞人。我和塔奇亞對話的當兒，塔科伊睡在火車站長椅上，以歐盟旗當被子。他們兩人完全找不到工作，兩袖清風回到邊界，體重比啟程之初輕了許多。火車站外面有個行李磅秤，塔奇亞站上去，指針顯示七十公斤。他說他離開阿爾及利亞時將近九十公斤。「我的構想是先打工，再想辦法前進，但沒想到會這樣。我的夢想是歐洲。結果卻什麼也沒有。」

稍後，我走進鎮裡，買一袋三角起士派（tiropites）後，再回到火車站。年紀較小的塔科伊已經醒了，我們三人一起吃午餐。他們告訴我，傍晚有一班載客火車，能沿著厄夫羅斯河谷往北走大概三十英里，他們可以坐到歐列斯提亞達鎮（Orestiada），然後再試最後一次，找找工作，如果找不到，他們會設法回土耳其。塔奇亞告訴我，他的這位同伴是廚師，說著對著攏起的指尖吻一下，發出「姆哇」的聲音表示廚藝精湛。廚師仍半睡半醒，話不多，但當塔奇亞提起他們學到的希臘文時，廚師聊起勁了。塔奇亞說「skoupidia」（垃圾）。廚師跟著說「malaka」（王八），這些是希臘到處都聽得到的俚語，罵人時用得到。他接著說「fige」（滾蛋）。廚師隨後把三個字串在一起，依照他們常聽見的順序說，「fige malaka」邊說邊奸笑。我問塔奇亞，他們還懂其他字嗎？塔奇亞搖搖頭。我問，「你們會『哈囉』嗎？」塔奇亞又搖搖頭。

車站前又出現一位年輕人，穿著英國十字圖案的夾克，上面印著「時裝與牛仔褲」，冬帽下露出染成金色的頭髮，讓他看似跑錯地方的衝浪客。他名叫索塔尼（Mohammad Soltani），一見廚師就來個大大的擁抱。索塔尼會英文，我問他，廚師是他的老友嗎？他說，「不是。我昨晚才認識他。不過，能活到今天，我很高興。」索塔尼解釋，今天一大早，他想渡河回土耳其，用藍色塑膠袋把衣物包好，穿著T恤，銜著背包，涉水入河，還沒到河中間，水就淹到胸部，他累得走不動，只好回頭上岸。他脫下長褲，露出大腿和小腿腹上被草叢刮傷的紅印給我們看，然後在長椅坐下。

索塔尼告訴我，他是阿富汗人，但童年在伊朗渡過，改信巴哈教（Bahaism）。他本希望他能以宗教為由申請庇護，可惜沒成功。三年前，他搬去土耳其，最近他決定嘗試偷渡到義大利。他來到希臘港市帕卓斯，兩度躲進貨櫃卡車下面，想跟著貨櫃登上貨輪，前往義大利，可惜兩次都被警方揪出來。「混帳，混帳，混帳」，警察踹他，以希臘文罵他。他舉手護臉，手被踹到現在仍不太正常，他說。他讓我看左手腕腫脹的部位，無名指和小指也微微彎曲變形。我遇到的移民當中，聲稱在帕卓斯挨警察揍的人不只他一個。根據德國和希臘人權團體的一份聯合報告，移民是警方蓄意施暴的一個族群。「壞處太多了，」索塔尼說。「這國家不好。我都往光明面去想，但運氣卻不好。」

一輛計程車開過來。前一天，我在附近的蘇富里鎮警察局，見到這位司機和七個本鎮計程車司機在外面等。警局每天釋放一批移民，他們等著載客。最接近本鎮的城市是亞歷山卓波里（Alexandroupoli），位於愛琴海岸，車程四十五分鐘，索費八十歐元。搭公共運輸比較划算，但這群司機卻避而不談。這位運將不願告知真名，只自我介紹是本鎮計程車協會的主席。胖胖的他戴墨鏡，下排牙齒缺了幾顆。他以希臘文說，「今天沒火車啦」，以為我會代他翻譯。我告訴他，這兩位阿爾及利亞人得知北上列車下午四點左右進站，他們會搭這班火車。司機聽了說，「沒證件上不了火車啦。」我說，他們有證件。但運將不想離開。他等著等著，站上磅秤，體重顯示一百公斤。他說他前一陣子感冒，掉了幾公斤；不錯，對身體有好處。

火車來了，車廂布滿塗鴉。三位移民收拾行李和水瓶。計程車司機對他們比手劃腳，意思是他們不能上火車。我站在運將背後，對他們搖頭示意：不要理他。兩位阿爾及利亞人奔向火車，塔奇亞的步伐跛得可憐。有個車廂被噴上巨幅的豎拇指圖，他們跑向這車廂。在跳上車前，塔奇亞停下腳步，向我揮別。我也揮手回禮。列車長下車，望向月臺問我，「他們想去哪裡？」我聳聳肩。他也聳肩，站上火車關門。火車離站之際，阿爾及利亞人隔著車窗向我揮手，我也揮揮手，霎時覺得此刻值得慶祝。

剛才下車的乘客是一個矮小的阿富汗人，服裝時髦，頭髮像拖把，迷失方向似地東張西望，用英文問我怎麼去土耳其。「我好累，」他說。計程車司機想載他去國界，拉我當口譯，和他討價還價，但價碼談不成。「告訴他，如果他回去，他會挨土耳其人毒打」，司機駛去之前告訴我。「他們跟我們這裡的人不一樣。」司機居然關心阿富汗人的福祉，令我訝異，但我懷疑，講這話的原因是阿富汗人擇土棄希，傷到了希臘司機的尊嚴。

阿富汗人不願告知姓名，問我警察局在哪裡，我指著鐵路延伸的方向，他要求我隨行。途中他告訴我，他往北闖關最遠到了塞爾維亞的貝爾格勒（Belgrade），當時他攔計程車，請司機載他去移民群居的區域，沒想到司機竟報警，最後被警方踢出境。他到了雅典，不知怎麼辦。「太多難民了，」他說。「生活非常壞。沒錢。睡在公園裡。我累了。現在我只能回去。我完了。」走到警察局了。警察局是個立方形的黃色建築，後面以圍牆圍出一片土地，讓移民露宿在骯髒的泡棉床墊上。送他到警局後，我向他道別，他卻問我可不可以陪他進去，幫他口譯。我還來不及考慮是否妥當，這時警察走出來，示意我們靠過去。他穿著藍制服和靴子，體形高壯，外表散發的權威感卻被隨手甩的念珠沖淡幾分。他問我們的來意，我告訴他，這位阿富汗人想知道怎麼去土耳其。「如果他想回去，他只能照他來的方式回去，」警官說著，目光瞥往厄夫羅斯河的方向。另一位警官探頭出門，叫我們進去。入內後警察把門關上。

我們進一個小房間，被監視鏡頭包圍。叫我們進來的警察坐在辦公桌裡，表情是悶得發慌多於嚴厲。警官說，如果阿富汗人想自首，他可以分到一個睡袋，晚上在後院床墊過一夜，明早會領到一張表格，限他在三十天之內離境。他可持這份文件至希臘邊哨，可獲准回土耳其。至於土耳其人想如何處置他，警官莫可奈何。阿富汗人默默站著思考。「別怕，」拿著念珠的警官對阿富汗人說。阿富汗人接受了，但我懷疑假如他不接受，警察會不會直接放他走？警察開鎖，打開小房間的門，一位在門外的警察帶他走。「謝謝你，」阿富汗人在門砰然關上前說。

「你是誰？」辦公桌後方的警官問我。我告訴他，我正在報導邊境的狀況，他叫我出示證件。他把基本資料記在一張紙上，寫完後把證件遞還給我。「是猶太人在搞鬼嗎？」他說。「或是美國人在搞鬼？我不曉得。總之幕後有黑手。」他指的是希臘面臨的移民潮現象。念珠警察接著說，「我們變成歐洲的地下室了」。歐盟邊境管制單位名叫Frontex，目前正加強涉入希臘境管措施，我問他，歐盟對希臘是否有幫助？「一點忙都幫不上，」辦公桌後方的警官說。

接著，他指向局外的一小棟白色貨櫃屋。「他們只坐在那裡面，早上進來，記下他們要的資料就走，薪水是我們的兩倍多。」我說，貨櫃屋裡的歐盟境管員受過訓練，能判別移民的國籍，這是決定是否能獲得庇護的一大關鍵。「這些東西我不懂啦，不過，這幕後肯定有人在搞鬼」，辦公桌警官繼續說。「會不會是穆斯林的聖戰士詭計？」他說。念珠警官附和：「總有一天，他們會號召發動聖戰，對付我們。不是用刀喔，是用叉子戳。」

兩位警察想瞭解我的想法。我告訴他們，我認為移民湧入是因為祖國太窮或太動盪，他們未必想待在希臘。「來這裡很容易，」辦公桌警官說。「留在老家奮鬥，改善祖國，比較困難。」我這時想到，他的觀點是否也適用在希臘人身上？我考慮要不要問他。我父母也是在祖國鬧窮的年代出走，如今許多希臘人再度因高失業率而移民。但我決定不說也罷。在我離開警局前，我請他們告知姓名，他們不肯。「不准你報這個，」念珠警察說。「不對，要報，要報，」辦公桌長官說，「這是事實。」

三

橫渡地中海入歐的路線較常用但險象環生，渡厄夫羅斯河相對安全，也成了進入歐盟的前幾志願。話說回來，涉水渡河的移民低估了厄夫羅斯河的深度和湍急度，不知有多少移民因而溺斃，長眠此地。在我採訪期間，雜草叢生的河岸常有被沖上岸的屍首，腐爛程度不等。這裡有個寧靜的小村子名叫席德羅（Sidero），位於河谷以西的山區，住著不少穆斯林。許多死者被運到村子郊外埋葬。一九二〇年代初，土耳其和希臘兩國交換人民，多數穆斯林被趕出希臘，但色雷斯區居民獲得赦免，得以留在原地。希臘政府認為，在厄夫羅斯河沒頂的移民多數是穆斯林，因此把喪事交給席德羅村的穆斯林神職人員。

有天下午，我搭計程車從蘇富里鎮來到席德羅村，司機載我到一座萊姆綠色的清真寺，讓我下車。這棟清真寺有個矮矮的金屬尖塔。在希臘各地，如果出現清真寺，必定會引起民眾強烈抗議，色雷斯區是唯一的例外。希臘有個令人質疑的普遍觀念：本地穆斯林的祖先是古希臘的色雷斯人（Thracians），他們的頭髮和皮膚的顏色較淡，有些人會以此特徵為證據。因此，希臘縱容本地人信伊斯蘭教。然而，本區席德羅村等地的穆斯林居民常自認是土耳其後裔，這觀念往往惹希臘同胞不悅。

席德羅村屬於高原地形，似乎伸手就可摸到天上疾行的積雲。起初，我見不到一個人影。幾隻母雞過馬路。村子是聚居的平房民居，而包圍村子的是冬季灰濛濛的森林和原野，灌木叢生的原野點綴著啃草羊，這裡除了風聲之外別無聲響。剎那間，希臘面臨的種種危機顯得遙不可及又抽象。一位男子走出清真寺，頭戴白色無邊帽，頂部縫著金花環，瞳孔是栗子色，灰白的鬍子修剪有型，以烘托下頷線條。他自我介紹他是薩拉梅特（Hasan Saramet），是本村的「侯賈」（hodja）。這是土耳其文的尊稱，意思是教長伊瑪目。薩拉梅特講希臘文帶有口音，母語是土耳其文。他身邊有個比他年輕的青年，唇上一抹薄薄的鬍子也戴白帽。他自我介紹名叫庫魯（Abdulrahim Kuru），是召禱員。

這兩人說可以帶我去看移民墓園。我們坐進庫魯的小車，幾分鐘就來到村子郊外。庫魯邊開車邊說他遇到移民的往事。他說他有一次帶著自己小孩，發現有人昏倒路旁。「我下車，推他幾下，」庫魯說。「他睜開眼睛。那時候下著雨。我幫小孩準備了三明治，其中一個送給他吃。我不曉得他吃下去會不會傷身，因為他不吃。我扶他起來，問他，『你是哪裡來的？』

他說，『巴基斯坦。這裡是什麼地方，土耳其或希臘？』」這兩位穆斯林說，送三明治或衣物是他們幫助移民的極限，因為讓移民搭便車的風險很高。假如被警察抓到車上有個非法移民，恐怕會被指控是人蛇集團。

來到墓地，庫魯停下車子。這裡位於小山頂，以圍牆圍住，褐土上有推土機的輪痕。兩人推開一道沉重的鐵門。一排排的泥土堆就是墳墓。侯賈估計，這裡埋了四百人。有一次，他們一口氣埋了二十五人。「他們以為會有好日子可過，」他說。「結果連命都沒了。」「應該先告訴他們這裡的情況，叫他們別來才對，」庫魯說。「我們把他們視為命運多舛的人。他們去天堂。」

侯賈微笑，露出下排牙齒的一顆銀牙冠。他的表情略帶怨氣，好像他對這情況有所疑慮。接著，他走向比較新的幾堆土。「有個十六歲阿富汗少女葬在這裡，」他說。「唉，她爸媽哭得好慘。」庫魯告訴我說，少女的母親是基督徒，父親是穆斯林，先移民去雅典，留兩個女兒在伊朗，等生活穩定後才接女兒過來。十六歲的這個溺水了，腐屍浮現，另一個失蹤。父母前來邊境參加女兒的喪禮。「我們叫母親別看，」庫魯說。

回村裡的山路上，他們又對我訴說幾個他們遇見的移民遭遇。庫魯說，有一回隆冬期間，他在山區看到三個男人走在路上，雖然怕惹麻煩，但這次狠不下心拒絕載他們。「其中一個情況非常糟，」庫魯說他快死了。「所以我冒險載他去警察局。」

侯賈接著說，「他們走進村子裡問，『雅典在哪裡？』」

三

我遇到的移民中，幾乎所有人都志在雅典。在蘇富里鎮邊境警察局，有個非洲人隔著圍牆問我，「雅典好嗎？」我回答說，「雅典不好。」他看著我，一副拒絕相信的模樣。他說，「雅典是好的。」很多移民抵達雅典後，發現不僅找不到工作，三餐不繼，雪上加霜的是法西斯派的金黎明黨日漸壯大，黨魁正發動「大屠殺」對付外國人。儘管雅典的生活條件極度艱難，即使只有一口飯吃，通常也勝過老家的情況。以孟加拉移民在雅典為例，大家常見他們推著滿是廢金屬的購物推車。我遇到一位孟加拉人，他的推車裡有一大臺鍋爐，他告訴我，這東西一公斤可賺十七分錢，和他在孟加拉的日薪比起來，這工作賺錢容易多了。戶外市集裡，農人運來成箱的蔬果，有些移民在這裡幫忙卸貨，或在郊區打掃庭院，待遇比較好。市中心區蓋了太多房子，有些地段的中產階級家庭很早就退居郊區，呼吸新鮮空氣，空出廉價的公寓租給移民，一間三百歐元，由幾個人分租，價碼還可應付。

二〇一三年夏天我在雅典，有天我遇到幾位孟加拉人。他們看準了一個利潤豐厚的違法商機。我當時路過的地段稱為艾沙切亞區（Exarcheia），到處是塗鴉，景象髒亂，群集著老少左翼分子、無政府主義者、毒蟲、耍酷的潮男女。艾沙切亞是他們的碉堡，但這不僅是象徵的說法而已。此區位於大片坡地上，有些地方很陡，地處司翠菲丘（Strefi），山頂綠意盎然，是雅典海拔較高的地點。警方不喜歡貿然進入這一區的窄街，寧可躲在戒備森嚴的警察局裡，活像盤踞在敵境一塊土地的戰鬥員。確實如此。警察愛擺出法西斯嘴臉，常挨青年扔汽油彈。這一天，我走過名為普拉艾沙（Plateia Exarcheion）的小廣場，是此區的核心地帶，裡面住著毒蟲，激進街頭混混也在這裡半定居。廣場外圍有些較光鮮的咖啡店，是大學生呼朋引伴的場所。我走著走著，一群孟加拉人衝過我身旁，神情是既恐慌又樂在其中。警察手持警棍追趕，靈活度遠比不上他們，又被一身裝備壓著，白頭盔好像比他的頭圍大幾號。孟加拉人衝過廣場之後分散，鑽進住宅區密密麻麻的巷弄。警察跑到廣場時停下，左看右看，然後走回頭路，看見一大購物袋裡裝著香菸盒，藏在兩輛車之間。警察拿起袋子，跳上同事騎的摩托車離去。不到兩分鐘，孟加拉人在同一個角落冒出來。他們在這裡賣黑市香菸，生意興隆。被警察追是這行業的風險之一，他們習以為常了。

這一夥賣私菸的孟加拉人有四、五人，帶頭的是二十七歲的穆罕默德（Mohammed）。他一回來，立刻發現那一大袋東西不見了。「警察幹麻非拿走不可嘛？」痛失一筆錢的他說。那一袋共有兩百八十包香菸，他估算損失金額是兩百八十歐元。穆罕默德是個高瘦的青年，戴著雪鐵龍車（Citroen）的小帽，眼珠在帽沿下忙著溜轉，似乎是從事這一行培養出的習慣，因為他必須放眼四方，以注意顧客和警察。他的上衣印有「日本汽車零件」和「吉森隊」的字樣，也畫著日本國旗的紅太陽。若非他手裡拿著粉紅色購物袋，旁人一定以為他正要跳進跑車裡。購物袋寫著女裝品牌名稱ZIC ZAC，裡面裝滿菸品。沙喜恩（Shaheen）是這群人中最年輕的，二十歲，穿著粉紅條紋上衣，背著紅色小背包，一副生意人的模樣。他們在馬路對面的水溝網蓋下面藏著庫存，他過去清點。沙喜恩先左看右看，才彎腰移開網蓋，從裡面取出幾盒銷路最旺的品牌RGD，綽號是「黑菸」，包裝上注明中國大陸製造。這時來了一位嬌小的紅捲髮女士，走向沙喜恩，向他買兩包，遞給他一枚兩歐元硬幣。另一位顧客喊著穆斯林問候語。這人頭髮灰白，天氣熱得他敞開上衣的上半排鈕釦。他買兩盒仿冒的Lucky Strike菸，拍拍穆罕默德的背，然後走開。「希臘人需要非常烈的菸，」穆罕默德說。他本人不抽，因此商品的品質全靠想像力和顧客評語來判定。「顧客告訴我，這些菸不怎麼好，」他說。「但因為希臘經濟不好，他們不能去書報攤買。」

商業策略就在這裡。以歐盟國家吸菸率而言，希臘和保加利亞互爭龍頭寶座；希臘的吸菸率超過四〇%。可支配所得銳減，合法菸頻加新稅，菸癮令需求居高不下，有這三個條件交互作用，孟加拉人的黑市菸以低價供應需求，因此生意興隆。穆罕默德賣的菸一包一歐元，大約是一般商店價的五分之一，但高級菸可賣到一．三歐元。艾沙切亞區也提供孟加拉人一個絕佳的生意環境。這一帶有很多無政府主義者，亦即穆罕默德口中的「學生」，能為他的銷售團隊提供某種程度的保護，比較不會被警察抓到。「學生們是非常瘋狂的，」穆罕默德告訴我。「他們製造汽油彈。製作非常容易的。多數學生都有。」話雖這麼說，警察還是經常來。那年春天穆罕默德賣私菸被捕，被判刑十月，易科罰金三千歐元。「希臘警察比孟加拉警察好，」穆罕默德說。「希臘警察只稍微打人。孟加拉警察打得比較重。」穆罕默德上訴，獲得法官釋放，因為他告訴法官，「再給我一次機會，我再也不賣菸了。」穆罕默德好像覺得愧疚似的，反覆向我說明這一行的正當性。和賣毒品比較起來，賣菸還不算不道德，他說。「香菸壞，但不算太壞。」他寧可找一份正常的工作，他說，但正常工作不存在。「沒辦法，」他說。

穆罕默德告訴我，他高二輟學，為了養家而在厚紙箱工廠做工。輟學是不得已的，因為退休警察父親把家產拿去投資，買了幾噸馬鈴薯，生意失敗。「那一年，馬鈴薯賣不出去，」穆罕默德解釋。穆罕默德在工廠的月薪約六千五百孟加拉幣，換算當時匯率大約六十歐元，能幫忙養活三個弟妹，但錢還是不夠用，所以他前進歐洲。「我那時候想，啊，希臘就在歐洲，」他倚著一輛標緻轎車說。前來希臘的旅途走走停停，因為他必須一邊打工籌旅費，前後花了兩年半才抵達希臘。在伊朗，他在德黑蘭一家麵包店上班。在土耳其東部，他在餐廳殺雞、打掃，一年賺幾歐元。在每一站存夠錢了，他會找蛇頭帶他前往下一站。「我的目標總是希臘，」他說。二〇一〇年春，穆罕默德越過邊界，對眼前的景象感到意外。在孟加拉，他看過寶萊塢電影《來來去去》(*Chalte Chalte*),故事是一對情侶遊希臘。劇中男主角對女主角唱:「天啊,妳表達的意象何等美妙」,兩人邊唱邊跳,漫遊白漆建築遍布的密科諾斯島(Mykonos),以及雅典名勝。「妳揭露的是何等天機?妳的媚眼想告訴我什麼?」穆罕默德告訴我,鏡頭把希臘拍得乾乾淨淨,亮晶晶的。「我看著電影,想著希臘是非常美麗的。結果我一到,卻覺得非常髒。」

對穆罕默德這樣的人而言,希臘庇護體系的問題層出不窮,他正好有漏洞可鑽。以他的條件來說,申請庇護成功的機率微乎其微,但在等候最後判決的期間,他可以合法滯留希臘。由於庇護程序繁瑣,常被官僚體系一拖就是幾年,因此提出申請書就等於取得居留許可。穆罕默德抵達希臘後,他自稱在孟加拉是異議分子,遭迫害,因此需要申請政治庇護,在華人餐館的廚房找到工作,每星期上班四天,一天十四個鐘頭,月薪六百歐元。二〇一一年,餐館生意暴跌,「超級大混蛋」老闆減薪到五百歐元,工作日每週增加一天,穆罕默德辭職不幹了。事後他發現,辭職大概是失策,因為他到處找不到工作。「在雅典找了又找。希臘人全都空了」,他指的是口袋空空。「我們是外國人。非法的。哪裡找得到工作?那時候,我有點瘋癲。瘋癲瘋狂。」他說,有個朋友建議他考慮做黑市香菸的生意。「我想,總比找工作好,」穆罕默德說。他說他已賣黑菸差不多半年了,但從他的龍頭地位來判斷,我猜不只半年。他的手下日賺大約二十歐元,生意好的日子賺更多,從早到晚工作,無週休,但他自己每週五下午放假去清真寺禱告，地點在市中心人車密集的歐莫諾亞廣場，周邊地段殘破低級。穆罕默德說，他已經匯了一千五百歐元回孟加拉貼補家用，存款更多。「我想著未來，」他說。「希臘人愛及時行樂，不考慮未來。他們愛花錢，貪玩。」我臨走前告訴穆罕默德，我對孟加拉所知不多，只知孟加拉是個窮國，成衣工廠曾發生大火，很多工人葬身火窟。他一聽我提到祖國的成衣業，竟然微笑得意起來。他說他去過希臘一家大商店H&M，「好多好多孟加拉衣服。我買一件T恤。貴但品質高。」

隔天是星期五，我早上又回到原地，看見穆罕默德和同夥人追著一輛藍色轎車狂奔，車子被紅燈攔下，被他們趕上，他們對著黑車窗猛捶。綠燈亮了，車子開走，他們莫可奈何。穆罕默德喘著氣回來。「你看，」他說著舉起一張二十歐元偽鈔，水彩塗料脫色了。「大損失。」他的銷售員之一是個虎背熊腰的孟加拉人，上衣胸前印著「上選」一詞，氣得臭罵，頻頻甩頭，彷彿想驅魔。「我們做違法工作，」穆罕默德說，「但我們有信用。我從不付假鈔。從不從不。他是個非常壞的人。不是好人。」他指的是藍轎車裡的阿爾巴尼亞人。接下來半小時，穆罕默德想不出該說什麼。「我們的利潤很小。為什麼有人對我們做這種事呢？」他說。「如果他敢再來，我一定記住他的長相，以後他就曉得我們是誰了。」我問他，這話是什麼意思。「下次他們來，我們一定打他，」他解釋。穆罕默德告訴我，這一帶有十五到二十個孟加拉人，有時靠人多的優勢自保商機。有一次，有個毒蟲買一包菸，錢不夠，雙方大吵一架，毒蟲的態度兇起來，「所以我們打他。踹他。十五個人。我們沒斷他肋骨。骨折。」另有一次，有個毒蟲不給歐元，以一枚土耳其里拉幣代替。「氣得我們很多人大罵，我想他也許是有點害怕，所以把菸還給我們。我們只是保護自己而已。不然我們從來不惹任何人。」

正午過後，人車多起來，生意也開始好轉。一輛一九八〇年代的藍色高級賓士車駛來，停在街角，駕駛是個戴墨鏡的老人，舉起一包抽完的金山菸盒，正面印著金色的高山圖樣，宣傳語是「維吉尼亞最優質原味菸」。沙喜恩賣他一盒，老人掏出十歐元鈔，繼續慢慢駛離。「他是一個非常好的人，」穆罕默德說。「他每三、四天回來。他不說話。買一盒。從不付假鈔。」有個男人騎輕型機車過來，以懷疑的眼光看商品，穆罕默德提供建議。金山細菸非常淡。「Raquel菸像萬寶路但不是萬寶路。」機車騎士各買一盒。有位和藹的老婆婆走過來，要一包RGD。「這種菸最好不過了，」她告訴我。「抽了喉嚨不痛。」

下午一點二十五分，穆罕默德宣布說他要去禱告會了。他說他想先回家，換穿比較像樣的衣服，然後騎單車去清真寺。我問他，我可以去那裡找他嗎？他說可以。清真寺位於窄街的一棟破倉庫裡，附近居民以巴基斯坦人、孟加拉人、華人移民為主，多數店面冷清，唯獨一家賣印度檳榔葉的南亞雜貨店生意不錯。我走進倉庫，踏上陰暗的窄梯來到頂樓，見到一群戴白色無邊帽的孟加拉人坐在綠地毯上，一名白袍教長坐在最前面，對著麥克風以孟加拉文布道，回音效果為他的語音增添一分神聖的氣勢。像這種非正式的清真寺，在雅典很常見。

之前的十年間，屢次有人提議興建一棟正式的清真寺，每次都被本地人強力封殺。我抵達不久，穆罕默德來了，在地毯上坐了下來。我不懂孟加拉文，布道聽得無聊，決定去外面等他。

馬路對面有家布料店，屬於新古典建築風格，看起來殘破不堪，店面掛著招牌寫著L.Konstantinidis。這一帶以前有很多希臘人開的布料行，這一家是少數僅存的商家。我進去逛逛看。有位留著一頭毛躁白髮的人從裡面走出來，他的背後有著從地板堆到屋頂的成捲布料。我自我介紹，告訴他說，我來這裡的目的是採訪清真寺。「孟加拉人到處吐痰，把希臘人害慘了，你也報導嗎？」他說。

「照你這麼說，他們煩到你了嗎？」我問。

「他們不煩我，」他說，似乎丟開心中的不悅。「不過嘛，他們偷走了樓上的水管和門上的銅握把。不過他們是餓壞了。他們為什麼餓？這才是問題所在。」我問他，有答案嗎？「因為我們白人正在毀滅地球，」他說。詫異之下，我問他是什麼意思。老闆告訴我，人類曾定居火星，結果資源被白人剝奪一空，如今白人老毛病再犯，又想搞垮地球。他或許留意到我一臉不相信的表情。「別以為我精神錯亂，」他說。「以前火星上有水有生命嗎？美國航太總署有很多希臘人，他們總有一天會查個清楚的，你放心。」我改變話題，問他這家店的歷史。他說，這家店從一九五九年開店至今，創始人是小亞細亞來的難民父親。他說他的志願是太空物理學，可惜父親叫他幫忙做生意。「所以我在這裡長大，在這裡變老，」他說。二十年前，附近的布料行一家接一家關門，「被全球化吃掉了。」他的店能存活至今，全因他生財有道：他從中國大陸進口布料，供應警察制服製造廠。老闆接著闡述希臘破產的主因。「資本家蓄積財富，不讓財富外流，因為如果工人有錢了，工人才不肯工作。這裡的情況就是這樣。借錢容易，大家全都成了有錢人，所以我們乾脆不工作，就這樣把國家給毀了。」

兩個希臘人走進店裡，一人頂著長捲髮，活像八〇年代視覺系搖滾樂手，髮型流裡流氣。大家站著聊天說，這一帶的希臘人全搬走了。這時候，有個矮小的華人女士走進來，請他們把剛停在外面的車子開走。這位女士穿著貼身的淺藍色長褲，高跟鞋上有粉紅玫瑰。老闆告訴這兩人，「最好照她的話去做。不然她絕不放過你。」這位華人女士住在對面漆著萊姆綠的兩層樓房子內，正準備進一大批貨。和同區的建築相形之下，她家算是維護得盡善盡美，陽臺盆栽插著一支彩虹風車。馬路盡頭停著一輛拖板卡車，運著一大箱船運貨櫃，上面以醒目的字體注明COSCO，即中國遠洋運輸集團，是中共國營事業。幾年前，中遠集團旗下的單位在地中海大港皮雷埃夫斯（Piraeus）取得貨櫃碼頭營運權。皮雷埃夫斯靠近雅典，中遠集團重金投資，提高了貨運量，也增加不少工作機會。對中國大陸而言，貨物想賣進歐洲，皮雷埃夫斯是不可多得的據點港口。這些貨物當中，顯然有一大批是狀似網球拍的電蚊拍，停在馬路盡頭的那個貨櫃裡全是這種東西。貨櫃太大進不了這條街，所以女華人花錢找來幾位原本在街頭閒晃的南亞壯漢，請他們幫忙卸貨，把箱子搬進她家。布料店裡的男人站在門口看著大箱大箱的電蚊拍被搬進女華人家的一樓。我曾在街頭見過移民兜售同款電蚊拍。看樣子，這位女華人是他們的大盤商。「全球化範例，」我對布料店主說。「希臘人可以跟她學習學習，」我半開玩笑說，但店裡的男士們當真了。「這道理我們以前懂，現在忘光了，」髮型流裡流氣的男子說。

後來，我在清真寺外看見穆罕默德正在為自己的單車開鎖。我問他，他剛才祈禱什麼？「求我的幸福。求我家人幸福。求所有穆斯林幸福。求全人類幸福。」他跳上腳踏車，往上坡騎去，回到他做生意的街角。

三

「好客」一詞在希臘文是philoxenia，意思是「對陌生人友愛」。國際普遍認為，希臘人是最好客的民族之一，確有其事。每年前來希臘的觀光客遠超過希臘總人口，而希臘民眾確實誠摯歡迎遊客，需錢孔急的希臘人也歡迎遊客的錢。以我個人經驗而言，我常在希臘領受到超乎常態的熱情與慷慨。我從柏林帶妻小前來雅典時，我發現每次走過農人戶外市集，攤販必定猛對我兒子塞禮物。即使他們發現我太太不會講希臘文，而我的希臘文帶有美國腔，他們的熱情也不減。「幾顆橘子送小孩！讓他吃了健康！」我們逛著攤位，見到許多面容已曬出皺紋的攤販做著吐口水的動作，象徵預防邪眼，因為若得到的愛慕眼光太多，會無心招來這種惡果。我們在柏林不會碰到這種情形。

然而，好客熱忱通常不適用在找工作的窮苦移民身上。一九九〇年代以來，排斥移民的現象變得明顯。鐵幕倒臺後，阿爾巴尼亞人非法越界進希臘。希臘不習慣接受大批異族移民。儘管阿爾巴尼亞移民的工資低廉，能從中得利的人振臂歡迎他們的勞力，但大部分卻不歡迎移民本身。希臘當然不是唯一對移民既愛又恨的歐洲國家，但希臘人對移民的警覺性具體呈現在幾種獨特的方面。例如，希臘學校舉辦愛國遊行時，第一名的學生有舉國旗代表全校的殊榮，但第一名如果是阿爾巴尼亞裔的學生，爭議就來了。北希臘小鎮有個阿爾巴尼亞裔學生，在二〇〇〇年代初兩度奪得第一名，兩次都被剝奪舉國旗的榮耀。根據當時英國《獨立報》，該鎮家長會發言人表示，「民族英雄灑熱血解放希臘，我們才有這面國旗，怎能任外國人舉旗？」不出所料，爭議一出，阿爾巴尼亞裔模範生打消舉旗榮耀加身的念頭。「我宣布放棄舉旗權，」他在校門口表示。

有人應該要通知家長會，在希臘獨立戰爭中，有很多舉旗的好漢，他們的母語是名為亞凡奈（Arvanite）的一種阿爾巴尼亞方言。亞凡奈人於中世紀進入今日是希臘的區域，許多人群居在雅典和伯羅奔尼撒半島北部。希臘獨立成功，亞凡奈人功不可沒，但亞凡奈語卻被政府禁止，雖然民眾私下照樣講母語，我在伯羅奔尼撒半島的祖父母正是如此。我祖母老家在科林斯山區的亞凡奈村子，她說村名是多希亞（Dousia），但我去的時候已被改成科法拉里（Kefalari），比較有希臘味道。亞凡奈裔希臘人常劃清自己和現代阿爾巴尼亞人的界線，部分原因在於宗教信仰。亞凡奈人和幾乎所有希臘人一樣，都信東正教，而信教的阿爾巴尼亞國民多數自認是穆斯林。此外，假如自承和阿爾巴尼亞人關係密切，會讓希臘血統一脈相承的說法複雜化。儘管如此，阿爾巴尼亞人在一九九〇年代移民希臘時，亞凡奈方言雖然式微，但亞凡奈裔希臘人卻發現，他們居然能和農場上的阿爾巴尼亞移工溝通。

眾多阿爾巴尼亞移民湧入希臘，因此二〇一〇年左傾的希臘國會，立法讓外籍人士在國內生的小孩方便取得希臘國籍。但這項立法不討好，因為俗話說得好：「希臘心是先天固有，而非後天取得，」許多希臘民眾也有同感。二〇一二年春，新民主黨黨魁薩馬拉斯競選總理期間，誓言廢除這項法律，斥該法讓「非法移民前仆後繼」。很多人似乎認同他的看法。薩馬拉斯在雅典的造勢盛會，我曾去採訪，聽他再三提倡經濟復甦政策，也聽他誓言「驅逐危害社會的非法移民」，後者獲得的掌聲遠大於前者。薩馬拉斯當時也罵非法移民湧入是「非武裝侵略」，如果他上臺，他一定終結政府照顧外國人、棄養自家人的措施。薩馬拉斯當選後，最高行政法院判定，薩馬拉斯反對的國籍法部分條文違憲。

二〇一二年的選舉，希臘適逢債務危機劇痛期，瀕臨脫歐邊緣，眼看著一場經濟海嘯躲不掉了。情勢迫在眉睫，國籍法和非法移民怎會成為選戰焦點議題，令人匪夷所思。但這種矛盾無疑和金黎明黨的崛起脫不了關係。金黎明黨幾乎單靠反移民口號，就凝聚不少政治人氣，其他黨見狀不得不跟著炒作，以互別苗頭。講重話的人不僅限於右翼。在選舉前，泛希社運黨籍的警政部長克理索丘迪斯（Michalis Chrisochoidis）誓言將逮捕三萬名非法移民，把他們關進舊軍事基地，更宣布將在厄夫羅斯河谷的國境修築數英里的鐵絲網圍牆。對此，歐洲官員認為此舉「白費力氣」，因為移民一定會另覓途徑入境。警政部長訪問布魯塞爾時說，移民如「定時炸彈」，危及社會安寧，國人已無法再容忍。

希臘面臨的移民問題嚴重，必須有大刀闊斧的政策來應對，但長久以來，希臘政府一直拿不出刀斧。倘使政府能修改庇護體系，不僅能善待移民，更能快速遣返不合乎庇護資格的移民，不讓這些人無限期滯留國內。希臘政府不太能以金融危機為藉口，來說明為什麼無法改良庇護體系，因為歐盟早已為此提供資金給希臘。歐盟執委會發言人曾告訴我，從二〇〇七到二〇一二年，歐盟撥款三億四百萬歐元，以供希臘「管理移民」，但礙於行政上的官樣文章，這筆款項的大部分希臘政府都未能「吸收」。反觀政客愈來愈高分貝的反移民口號，模糊了焦點，讓民眾看不清長年的缺失何在。

薩馬拉斯勝選後，依約處理非法移民越界問題，但政府的手法引發諸多問題。總理上臺才幾月，政府發動「宙斯保外」（Xenios Zeus）措施，以強調希臘神保護外籍旅人的角色。政府開始掃蕩移民，拘留非法人士。人權觀察組織痛批「宙斯保外」的名稱是「殘酷的反諷」，呼籲警方停止看膚色逮人的做法。掃蕩七個月下來，雅典被拘留的外籍人士多達八萬五千人，其中不乏幾個非白人觀光客，美國國務院因而向旅客發出警訊：「雅典警方掃蕩非法移民，根據已獲證實的報告，幾名非洲裔美國公民已遭逮捕。」其中一人是奈及利亞裔美國觀光客，被銬上手銬後遭警方毆打。他接受BBC訪問時說，他醒來時躺在醫院，有腦振盪現象。後來，他向美國駐雅典大使館抗議，但事隔一年半後，我向大使館詢問，官員告訴我，希臘政府至今仍未回應。

在厄夫羅斯河谷，掃蕩移民必須額外動員一千八百名警力巡邏國界，因此根據歐盟境管局的一份報告指出，「情況大幅改觀」。二〇一二年八月，每週越界被觀察到的移民有兩千人，同年十月劇降至十人。績效如此顯著，邊境警察的執法方式卻令人存疑，特別是當前敘利亞內戰方酣，難民數頻創新高，許多人志在歐洲。

二〇一三年，據傳有一百五十名敘利亞人渡厄夫羅斯河進入希臘，下場不明，聯合國難民署在十一月要求政府澄清。河邊普朗吉（Prangi）村的民眾告訴難民署，那群敘利亞人渡河後，其中很多人聚集在村子教堂旁邊，隨後警方開著廂型車趕到，把他們載走。但難民署「屢次聯繫」警方，卻始終未能查出那批敘利亞難民的下落。難民署發言人對我說，警方告訴難民署，他們僅僅找到十三名敘利亞人。難民署要求展開調查，以極度委婉的外交術語表示，難民署曾數度呼籲各國「方便難民尋求安全」並「避免將難民遣返至敘利亞鄰國」。

在這段期間前後，歐洲理事會人權專員穆茲尼耶克（Nils Muižnieks）致函希臘警政及海防兩部首長，要求他們調查「外傳希臘驅逐大批移民，其中有大批逃離戰火的敘利亞難民」。人權專員也請希臘部長調查「海防人員與邊界警察虐待移民的傳聞」。警方加強巡邏厄夫羅斯河，多數移民只好改由海路偷渡到希臘，在愛琴海上常遇到希臘海防隊員。人權專員致函後，在希臘小島法瑪科尼西（Farmakonisi）附近海域，二〇一四年一月二十日發生十一名阿富汗人溺死的慘案。生還者指稱，海防隊員想把他們的小船高速拖回土耳其，小船才翻覆。海防部官員否認說，移民船被拖走時，乘客驚慌混亂才導致翻船。死者當中有八名兒童。翌晨，海防隊員將生還者帶到海防站，叫他們排隊站在港邊。隨後希臘政府彷彿為了展現生還者受到多麼好的待遇，公布一段影片，畫面裡有一名帶口罩和手套的女子，正在發三明治給幾名剛慟失全家的男子。生還者後來抵達皮雷埃夫斯港，一群記者等著採訪他們，攝影鏡頭對準兩名面容愁苦的男子，其中一人高聲哭嚎著，豎起五根指頭，表示妻子和四個小孩全數罹難。他看著自己的手，啜泣著，彷彿一家只殘存這點遺跡。另一男子在他身旁，眼睛似乎幾乎睜不開，充滿睡意和哀痛。記者問口譯，「他失去了誰？」口譯員說，「一個女兒，兩個兒子和他妻子。」兒女的年齡分別是九、十一、十三歲。「被他們故意丟進海裡了，」男子說完用手捂住了臉。

人權專員表示，此事件顯然是「集體驅逐失敗的案例」。希臘海防部長瓦維修提斯

（Miltiadis Varvitsiotis）辯稱，海防隊員其實想盡力救所有人。部長致函人權專員說，「對此悲劇中的亡魂表達最深沉的悲慟。」部長也指出，海防隊員英勇拯救數以千計的人。然而，在這段期間前後，海防部長接受希臘電視訪問，語氣中的敵意明顯強硬許多：「告訴你，人權專員那批人想在希臘製造政治議題。」部長也說，難民船沉沒事件不應成為「政治炒作的題材。我不相信任何人希望我們敞開國門、歡迎所有移民、讓他們在我國享受庇護」。

三

大約在這時期，有天我走在雅典市中心區，遇見一位敘利亞難民，他名叫胡杉（Mohamad Hussien），二十歲，來自戰火蹂躪的賀姆斯市（Homs）。娃娃臉的他眼袋深重，也有鬍渣，容貌疲憊。他和母親、弟弟一同離開敘利亞，把父親和一個小弟或小妹留在家鄉。他帶我去一棟寒酸的公寓，裡面擠滿敘利亞人。他用玻璃杯請我喝茶，他描述著母子三人首度從土耳其渡海前來的遭遇。他說，十月某天夜裡，他們和四十名移民乘坐一艘充氣橡皮艇。蛇頭告訴他們，黑暗中看得見燈火閃爍的地方就是希臘的薩莫斯島（Samos）。敘利亞人航向燈火，卻發現燈火來自希臘海防。希臘海防隊員戴臉罩，只露口眼，乘船前來攔截，以機槍對準他們。胡杉說，幾個蒙面人衝上難民船，沒收手機和皮夾，害他家損失兩千歐元。有個移民抗議錢被搶走，結果挨揍。最後，海防隊員拆掉難民船的馬達，任船漂流汪洋。他記得海防攔截艇離開之際，有個蒙面人嚷著：「不是想去薩莫斯島嗎？快去啊。」移民只好以手為槳，划水回土耳其海邊。胡杉告訴我，他們母子三人又試了幾次，想渡過愛琴海到希臘，有五次都碰到希臘巡邏艇，每次海防隊員都把他們的馬達拆掉帶走，任船隨波逐流，讓他們去等土耳其海防前來營救。另外有一次，他們被土耳其船隻攔截到，被拖回土耳其。最後，母子三人總算走陸路進入希臘。在我遇見胡杉幾天前，母子試圖持假身分證搭機飛往阿姆斯特丹，可惜只有母親闖關成功，他和弟弟被攔下放走，以後想再試試看。

希臘官員否認海防曾有胡杉所言的舉動。官員說，政府正在調查失職的指控。話說回來，胡杉的遭遇是滄海一粟，人權團體記錄到的類似移民證詞多得是，不禁令人懷疑，難道這些人不約而同撒謊？大家不應忘記，希臘海防和海軍確實在領海救過數千名移民，但假如少數隊員如此狠毒，旁人絕對能從愛國角度找到合理的解釋。畢竟，海軍可能將此舉視為衛國行動，以保護國家免受希臘政客所言的「非武裝入侵」。再怎麼說，希臘官方有一項不明言的政策：嚇阻移民與尋求庇護者前來或滯留。總理薩馬拉斯就發表過這類言論。有一次，他在國會中強調，政府願再運用「至今避免祭出的嚇阻手段」，但他並未明示哪些「手段」。另外也有希臘官員暗示，官方政策是盡量讓移民日子難過。二〇一三年夏，新民主黨籍的國會議員喬賈迪斯（Adonis Georgiadis）上希臘電臺說，在雅典逮捕移民、載去郊外二十五英里釋放，這政策的目的在於讓移民「生活苦不堪言，讓他們明白，搭飛機離開的時刻到了」。幾星期後，這位國會議員升官了，當上衛生部長。

儘管希臘官員的言行不可取，大家仍不難理解他們鼓吹嚇阻策略的苦衷。理論上，假使希臘恪遵歐盟法律，創造一個理想而公正的庇護體系，希臘極可能晉升為全球難民前幾志願，有些人不僅想過境，更想留下來。希臘是小國，政治人物與選民顯然不希望國家變成全球難民避風港，歐洲其他國家的政治人物也不樂見這種事發生在國內。義大利把逃出希臘的移民遣返回希臘。摩洛哥移民如果爬過二十英尺高的邊界圍牆進入西班牙領土，一律會被西班牙遣返回摩洛哥。歐洲北部各國的政治人物似乎打定主意，想讓南歐國家繼續挑著重擔。然而，希臘想盡辦法，硬是不願承擔。希臘債務危機不能單憑希臘獨自化解，同理，通盤解決移民問題的責任也不應推給希臘一國，應該由歐洲齊心協力才是。畢竟，多數移民的終點站並非希臘，只是不巧被希臘擋住了。

7 新斯巴達

初露鋒芒時，他是守護者，而這正是暴君崛起之唯一根源。

——蘇格拉底，出自柏拉圖《理想國》

雅典有一座名為亞喬·潘特雷蒙納斯（Agios Panteleimonas）的廣場，二〇〇八年尾，廣場周邊居民開始抗爭，自稱是擺脫外國統治運動。這段期間，名為「居民委員會」的團體致函國會議長、各部長、市長、警察總長、希臘教會大主教，自述生活環境惡化到難以忍受的地步。委員會寫道，住家附近的居民當中，希臘人與外國人的比例是一比六。委員會問，勢孤力單的希臘居民「完全活在最可怕的暴力、犯罪、恐懼、不安、和各種形式的罪行裡」，這種滋味各位可能體會？各位可知，亞喬·潘特雷蒙納斯廣場的神聖教會已淪為「傾置移民處，連路過的行人都避之唯恐不及」？各位可知，此地街道與廣場已成「落魄爛醉外國人日常睡覺便溺場所」？各位可知，亞喬・潘特雷蒙納斯廣場上的兒童遊樂場「已被移民兒童占領破壞，少數希臘兒童想玩，卻被威脅甚至遭動粗」？根據這封信，更可怕的情形還在後頭。有一次，幾百個移民聚集教堂外，怒不可遏，喊著「打倒東正教！」以及「打倒基督！」最後，委員會在信中描述「邪惡的極致，超出想像力極限」：廣場對面有一棟三層樓房，住滿了大約五百名外國人，在平臺上養了兩頭綿羊，在一樓養了大約十五隻公雞母雞。根據看得見樓房內部的居民，住在裡面的人從事「人羊交媾，更基於不明原因屠宰公雞母雞，恐招致傳染病，正面衝擊公共衛生」。該信最後指出，政府對此現象漠不關心，最近「有愈來愈多民眾揚言走上街頭，對這一區進行『大掃除』」。

根據「居民委員會」女成員湯瑪絲・姜納托（Thomais Giannatou），撰寫這封信時，當地居民開始串連，想組織一場非關政治的示威，對環境惡化表達憤慨。「地方自治需要市民積極參與，」她告訴我。那封信已經是幾年前的事了。我和她這時坐在廣場咖啡店裡。她說，「不管你屬於哪一黨都一樣。對我來說，當時要緊的是，我住的那一區死掉了。」她身材矮胖，染金的瀏海遮住額頭，嗓子被菸燻得低沉滄桑，曾在廣場附近開一家化妝品店，最近關了，為本區再添一個受害者，而非法移民導致的環境惡化則是罪魁禍首。咖啡店對面是高聳而圓鼓的聖潘特雷蒙（Panteleimon）教堂。潘特雷蒙是來自小亞細亞的醫生，在羅馬皇帝馬西米安（Maximian）統治期間被凌虐斬首。「潘特雷蒙」可譯為「全慈善」。這座紀念他的教堂猶如堡壘，在希臘不算最大，也絕對不是最美觀的一間。這座教堂和廣場代表本區心臟，在我訪問湯瑪絲．姜納托時，居民的抗爭已紅遍全希臘。幾十年前，這一區是中產階級的重鎮，但後來開發過度，住家擁擠不堪，有錢的居民紛紛遷居到綠意宜人的郊區，而空下來的公寓到處都是。之後移民逐漸進駐，迅速改變這一區的人口結構。她啜飲著咖啡，以簡單一句形容這種變化：「我們在雅典上床，一覺醒來，發現家變成了喀布爾。」

寄信給官員的那段期間，居民也規劃著示威活動。「拒讓本區淪為貧民窟」，活動傳單寫著。「生活品質拒絕無條件投降」。豈料，同一區的左翼團體聽見計劃示威的風聲，認為委員會的語氣含有「種族歧視和法西斯主義」，也計劃在廣場示威反制。左翼分子揚言將帶一千五百名阿富汗人助陣「屠殺」居民，湯瑪絲．姜納托接受我訪問時回憶。後來被稱為「憤慨居民」的委員會和支持者決心自救，不願屈服於左翼恫嚇。秋末某天入夜後，憤慨居民走上廣場，依湯瑪絲．姜納托回憶，示威活動瞬間觸發市民覺醒，當地素昧平生的民眾不分政黨屬性，團結起來，為共同困境齊聲吶喊。一面抗議布條寫著：「我們不歧視種族，我們只是走投無路。」反制的示威民眾來得更多，也在廣場上集會，匯聚了當地左翼分子、反種族歧視團體、幾名阿富汗人，也引來附近美其名為「阿瑪里亞別墅」（Villa Amalia）的無政府主義者。「別墅」其實是他們霸占的空屋。反制民眾呼口號：「我們全是阿富汗人。」部分阿富汗人喊著：「上帝最偉大！」鎮暴警察在兩派人馬中間排出一道並非衝不破的人牆，這在日後幾年也成為警察的例行公事。

不久後，憤慨居民的後援隊趕到了，黑衣男手持希臘國旗，列隊通過商店和咖啡廳，來到居民委員會支持民眾的面前。「外國人滾出希臘，」黑衣人呼喊。「希臘是希臘人的。」許多居民以歡呼和口哨歡迎他們。「萬歲！萬歲！」有人喊著，加入呼口號的隊伍。「外國人滾出希臘！」黑衣人散發傳單，誓言捍衛國土的決心，呼籲希臘人「覺醒」並「抗拒家園淪陷」。黑衣人舉旗，高唱國歌，有些人更舉手行禮，報社記者認為動作近似納粹，但根據黑衣人隸屬的團體表示，這動作是希臘古禮。黑衣人離去前呼喊的口號是：「熱血，榮耀，金黎明。我們將回來，地球將顫抖。」在那夜之前，金黎明黨不過是一小群新納粹主義分子，勢力薄弱，這次活動讓它有可乘之機，立足政壇。亞喬・潘特雷蒙納斯廣場是金黎明黨的首場大勝。

三

很多沒聽過「熱血，榮耀」的居民覺得這句口號陌生，但同樣的字眼曾出現在希特勒青年軍的座右銘 Blut und Ehre。隨後幾年，金黎明黨人氣飆漲，屢次振振有詞說，拿兩者對比是媒體抹黑該黨的典型手法。後來，口號裡的「熱血」被改為「國家」。金黎明黨為避免民眾誤解其意識形態，在官網上公布一篇文章：〈民族主義者或納粹？本黨回應〉。「我們支持民族主義，不是納粹黨，最主要是基於語言因素，因為我們為眾神語言感到驕傲，愛用柏拉圖和亞里斯多德的語言，不用德文之類的外語，而『納粹』一詞正是源於德文。」這篇文章也闡述該黨對二次大戰的見解：「所謂的『善良民主』同盟國和『邪惡』法西斯分子是歷史謬論，我們不接受，也排斥『猶太復國運動者的戰後宣傳』。」所謂的解放者，也就是那些資本主義分子和布爾什維克派人士，這些人為歐洲人民帶來心靈荒原、犯罪、無知、毒品、貪腐。「我國為所謂的盟軍灑熱血無數，蒙受的苦難至為刺眼，哀鴻遍野，至今仍持續被大戰勝利者欺壓。」

當時金黎明黨另有文宣，也牽扯到希特勒的媒體主管迪特里奇（Otto Dietrich）所闡述的國家社會主義觀念，稱讚蘇格拉底之前的古哲赫拉克利圖斯（Heraclitus）是「國家社會主義的哲理始祖與先驅」，兩者有傳承關係。該黨建議，黨員若想從古希臘思想深究該黨哲學理念基礎，可探討一項重要的警告。金黎明黨總幹事米卡羅列科斯（Nikolaos Michaloliakos）曾發表《自由歐洲裡的偉大希臘》（*For a Great Greece in a Free Europe*）一書，闡述「希臘主義」一詞並不代表一套理念或文化，「實質內涵主要是種族」。想進一步瞭解金黎明黨種族論的人也可上網，參考該黨的「女陣線」網站，以瞭解母性責任：「我們必須確保本族的生存與本族兒童的未來，」說法雷同於連恩（David Lane）的「十四字箴言」（Fourteen Words）。連恩是美國白人民族主義好戰分子，二〇〇七年死於獄中。

亞喬．潘特雷蒙納斯廣場居民自發性表達憤慨，引起自稱非納粹的金黎明黨莫大興趣。廣場示威結束後，該黨發表一份宣言，「金黎明希臘鬥士與居民同進退，民眾報以熱烈掌聲，我們也感受到明確的鼓舞。」因此金黎明黨將「持續支持此類無政黨性質的活動，因為我們所做的是啟蒙人民的抗爭，是最高的抗爭」。黨魁米卡羅列科斯有著圓胖身材，娃娃臉，濃密的黑眉毛和他那一頭灰白的頭髮抗衡對比。他也上電視新聞節目支持居民示威。他強調，那場示威「屏棄政黨等組織介入」。他接著說，但是，反制示威活動具有馬克思主義性質，純粹是派系取向。

米卡羅列科斯誕生在一九五七年的雅典，但祖籍在曼尼（Mani）半島。伯羅奔尼撒半島南部另有三條向南深入地中海的半島，曼尼居中。在希臘人觀念裡，祖籍有多重涵義。以一個生長在雅典的人為例，如果父母是曼尼人，你就是曼尼人。米卡羅列科斯絕對以曼尼人自居，而曼尼人常自認是斯巴達戰士的嫡傳後代，當地的區旗標示著斯巴達口號：E tan e epitas。這句口號是斯巴達母親命令即將上戰場的兒子，要不就帶著盾牌活著歸鄉，否則就死後躺在盾牌上被扛回來。曼尼半島被高聳的泰格達斯山脈（Taygetus）隔絕，民風強悍，史上各宗族冤冤相報，近代才停止，常有人以為Mani的地名源於希臘文mania（狂怒），但學者對字源存疑。

狂怒是一股力量，米卡羅列科斯堅信不移。希臘有個政黨名為「八月四日」，反猶太，走新法西斯路線，黨名取自二戰前統治希臘的獨裁政權。米卡羅列科斯在雅典就讀高中時，還沒畢業就加入八四黨。進入大學就讀數學系期間，他曾加入陸軍突擊隊。年少氣盛的他曾幾度被捕，根據他個人的說法，一次是打記者，另一次是「參與民族主義革命顛覆組織，意圖推翻民主政體」。一九六七至一九七四年間，是右翼軍事獨裁上校軍團（Regime of the Colonels）統治希臘，米卡羅列科斯年少活躍期的當時，獨裁不過才垮臺幾年。當時，新法西斯團體不滿國內的民主方向，所以會找他們眼中的左翼和缺乏愛國心的戲院投炸彈，米卡羅列科斯因提供炸藥而被判刑一年。一九八〇年，他創辦一份期刊，名為《金黎明》（*Golden Dawn*）。

一九八一年，他刊載一篇標題是〈我們〉的文章，描述這份期刊的價值觀，稱讚「一九三三年的德國革命」。在那次革命中，「我們看見一股能拯救世人脫離腐敗猶太的力量，我們看見一股即將驅使我們走上歐洲重生之道的力量，我們看見一道重啟種族原始本能的曙光，我們看見被產業奴役的人搖身成為既古又永恆的新型人，一種神話意涵和天賦併具的英雄、半神人的人類。」在宗教方面，該文寫道：「我們是異教徒，因為我們是希臘人，因為我們不可能認同源於希臘精神奇蹟之外的價值觀。我們是異教徒，因為我們絕對無法放棄我國英雄與哲人，改崇拜粗鄙遊牧民族的暗世預言家和滿手鮮血的王侯。」二〇〇六年有一期的封面人物是希特勒副手海斯（Rudolf Hess），一年後希特勒本人更躍上封面，舉手行古希臘禮。但到了亞喬．潘特雷蒙納斯廣場示威事件的階段，金黎明黨已收斂不少，盡量不提崇拜第三帝國和異教，以爭取選票。

金黎明黨如此公開宣布支持居民委員會是個反常的舉動。該黨常把「反對所有人」的口號掛在嘴上，平日不願如此公開地熱情支持自身以外的團體。因此，觀察金黎明黨已久的極右派人士質疑，廣場居民委員會究竟是自發性表達憤慨的團體，或者在幕後被金黎明黨操作。這類疑慮與日俱增，對很多人而言，釋疑的關鍵在於西密絲．司科戴里（Themis Skordeli）。尖嗓的她是金髮熟女，曾任銀行職員，是委員會裡最敢講話的人之一，後來代表金黎明黨進軍國會。在參選前，她常出現在電視上，頭銜是「憤慨居民」。她也多次被鏡頭拍到痛斥廣場上以及周邊地區的移民和左翼分子。二〇一一年九月，包括她在內的三人被起訴，罪名是對三名阿富汗人造成人身傷害，受害者之一甚至胸廓和腹部被刺傷。我在二〇一四年初訪問居民委員會時，西密絲．司科戴里這項罪名的審判被再三延後。她堅稱無罪，金黎明黨也為她撐腰。

居民委員會儘管和金黎明黨意識形態相近，卻堅稱與該黨無掛鉤。（委員會告訴我，西密絲．司科戴里入黨後就脫離委員會了，因為入黨的行為有違委員會的非政治宗旨。）然而，這兩個團體卻一同崛起，互利共生，漸漸為人所知的是金黎明黨與憤慨居民同在，致力於「掃除」亞喬．潘特雷蒙納斯廣場上，移民聚集的亂象。這個廣場上，每天有數百人聚集，且大多數是阿富汗移民。金黎明黨的這種做法近似德國新納粹人士的策略。根據希臘新聞工作者薩拉斯（Dimitris Psarras）的文章，一九九〇年代，新納粹派在舊東德各地建立「民族解放區」。薩拉斯曾針對希臘極右派發表過許多文章。金黎明黨致力掃除廣場上的移民，在部分同情居民的媒體報導與協助下，贏得許多希臘人心。由於其他黨忙著通過減薪法案，民眾認為金黎明黨雖然出手稍微重了一點，但比其他黨有魄力，能幫助告急的希臘同胞。

金黎明黨在二〇〇九年的國會選舉只得到區區兩萬票，三年後票數陡升至四十四萬，躋身國會殿堂，聲勢暴漲，原因咸信是人民對政府無能導致經濟崩盤表達憤怒。若無沸騰的民怨，金黎明黨無法茁壯，話雖這麼說，民怨無法充分解釋該黨扶搖直上的氣勢。金黎明黨的成績顯示，如果少提黨綱裡的納粹主義，其餘的意識形態能獲得一般民眾擁護。許多希臘人自幼被灌輸兩種觀念：一、老師、牧師、政客頻頻教導的希臘優越性；二、希臘長年被外國強權凌虐踐踏。如今經濟崩潰，國家受辱，金黎明黨既推崇希臘優越感，更撻伐外國勢力（債主和移民），呼應了希臘人心裡從小被塑造出的英雄和烈士。

金黎明黨的極端理念也不是不常見。以其堅決反猶太的立場為例，希臘人既非不熟悉，也絕對不是無法接受；希臘東正教首長發表過類似觀點。極右派民族理念早已存在於警方、司法以及政府高層。金黎明黨高層知道該黨許多理念並非邊緣化的意見，只需發聲宣傳，就能化暗為明。為達到這目的，金黎明黨察覺移民湧入是一個契機，歐洲各國極右派政黨被選票送進國會的情況屢見不鮮，對金黎明黨也具鼓舞作用。但金黎明黨的理念比這些更極端，勝選令人憂慮，單獨被歸類為一種值得關注的政黨。金黎明黨表示，非法移民「走後門入侵希臘主義城堡」，而且是「危害希臘國最陰險的舉動」。因此，該黨散布暴力思想時，得以把自己描繪成希臘民眾的守護者。

三

湯瑪絲．姜納托在咖啡店接受我訪問時說，居民委員會早期的要務之一是整頓廣場上的遊樂場，而遊樂場就在咖啡店對面，入口已經被鐵絲網封閉近五年，裡面的器材被拆得差不多了，鞦韆剩空架子，體能攀爬架的梯子和桿子也不見了。「很多，很多，」她指的是阿富汗人對遊樂場造成的損害。我們對話的同時，另一位居委來了。他名叫強納托斯（Spiros Giannatos），是湯瑪絲．姜納托的丈夫，身材高而精瘦，捲髮稀薄，深褐色的眼睛細長。強納托斯成了看守員，廣場上被他視為不妥的事物一概不准，動作非常積極。這天下午，他來咖啡店，在我們這桌坐下，高聲說，他剛見到有個外國女子對著遊樂場拍照。「我問她，『妳為什麼對著遊樂場拍照？』她回答說，『我是觀光客。』」強納托斯認為她是記者卻說謊，令他不滿。這座遊樂場現在小有名氣，被視為金黎明黨掌控這一區的象徵，但憤慨居民不服這種詮釋。強納托斯說，「我問她，『妳跟遊樂場有啥關係？大老遠跑來這裡，為的就是拍遊樂場的照片？遊樂場關閉，跟妳有啥關係？』」強納托斯坐下之際，外國女子走出廣場，頸子下掛著一臺大相機，神態緊張。「遊樂場變成不是小孩玩的地方，」他繼續說。幾百個移民住進這裡，在裡面睡覺、煮食、洗澡、大小便。「有爸爸媽媽，有祖父母。他們在這裡賣海洛因。」他說，因此居民委員會向市府請願，如願封鎖遊樂場。

市府以裝修為由關閉遊樂場，這是事實，但直接導致遊樂場關門的事由眾說紛紜。當地左翼團體成員告訴我，居民委員會是「法西斯」，在市府決議前，就用鏈條把遊樂場封閉了。左翼居民團體的成員之一是麗莎．帕巴多普露（Litsa Papadopoulou），她的職業是藥劑師，有著一頭理得短短的銀髮，身材瘦，是個菸槍，常駕駛大輪越野車巡邏。有天早上，我約她在維多利亞廣場的咖啡店見。這裡離亞喬．潘特雷蒙納斯廣場腳程五分鐘，是本區左派聚集的場所。她和同夥人不願見亞喬．潘特雷蒙納斯廣場被法西斯攻陷，於是在廣場舉辦書籍朗讀會和音樂會，也演話劇。但轉捩點在二〇〇九年春季，左派辦晚會，邀請知名阿爾巴尼亞作家卡普蘭尼（Gazmend Kapllani）朗讀他的書，內容是鐵幕倒下後阿爾巴尼亞移民希臘的故事。作家到場時，一群憤慨居民已趕來，抗議朗讀會，其中一女子拿著擴音器指控主辦人是「體系的幫凶」。被指控的人之一也拿著擴音器，冷靜回應：「我們不想辯論，也不想跟任何居民吵架。我們不希望本區的移民和希臘居民爭論。我們希望大家和平相處。」多年後，在波士頓的卡普蘭尼接受我電訪，告訴我說，憤慨居民聽不進去。當時他在艾默森學院授課。憤慨居民和幾個逞強鬥狠的年輕人兇起來，翻了幾張桌子。卡普蘭尼也說，值得注意的是，有幾個惡人高呼著：「內戰時，我們搞過你們，以後我們會再搞你們。」他說，他和主辦人覺得受到威脅，所以逃離廣場。

居民委員會的強納托斯也記得那一夜。「他們打書，幹嘛跑來我們受苦的地方朗讀？」他告訴我。「我們天天忍受憤慨的煎熬，他們來這裡鬧什麼鬧？太扯了吧。竟敢找一個阿爾巴尼亞人來我們的亞喬．潘特雷蒙納斯廣場？對我們發發慈悲吧！」他的妻子或許察覺到我的困惑，從旁協助我理解：「快被非法移民淹沒了，我們忍無可忍。」善待金黎明黨的極右派週報《標靶》（*Stochos*）贊同她的感想。朗讀會辦不成的同一天深夜，該報網站刊文表示，憤慨居民成功化解「反希臘集會」。我們全都知道這種集會的結局是什麼」。同一則文章裡也說，「居民反制活動終止了。憤慨的江河暴漲，必將吸引更多人。各位女士先生，謊言結束了。**這裡是希臘**。不喜歡的人**滾蛋**。」

左派居民團體告訴我，這事件代表法西斯勢力成功奪取亞喬．潘特雷蒙納斯廣場。之後，他們發現遊樂場被上鎖了。部分左派人士說，鎖遊樂場的人是強納托斯，但他否認，並堅稱市府接受委員會建議而上鎖。但也有人認為鎖遊樂場一事，自己應該居功，他是金黎明黨的瓦提斯（Georgios Vathis），自稱亞喬・潘特雷蒙納斯廣場的「區經理」，常穿西裝和白鞋，戴著費多拉帽，抽著濾嘴菸，出沒在廣場咖啡店。二〇一二年，希臘電影人喬葛西斯（Konstantinos Georgousis）推出一部紀錄片《清掃員》（*The Cleaners*）。在片中，瓦提斯站在亞喬・潘特雷蒙納斯教堂前，宣稱廣場被解放了。「希臘人可以帶小孩進來坐，」他說。「我們關閉了遊樂場。」瓦提斯解釋，遊樂場裡滿是外國人。「由於環境髒亂，裡面的泥沙和所有東西都該換掉，」他說。「你一碰裡面的東西，一定會長疹子。說多髒就有多髒。是那些外國人帶來的，」他說。「我們把他們踹跑了，現在乾淨了一點，不過還不是很乾淨。我們還是得一直趕他們走。」瓦提斯在片中為金黎明黨候選人普洛馬里帝斯（Alexandros Plomaritis）助選。普洛馬里帝斯頂著小平頭，喜歡戴飛行員墨鏡，在片中罵移民是「原始、沼氣、低等人類」，還建議把移民嬰兒「扔給杜賓犬」，更說他「準備打開爐子」，把外國人熬成肥皂。這話在片中把身旁好友逗得哈哈笑。

這部紀錄片在希臘國內外獲得不少關注，但我在咖啡店向湯瑪絲・姜納托提起此片時，她說觀眾太小題大作了，「笑話一則而已，何必大驚小怪。」左派居民團體曾致函市府表示，遊樂場關閉之前「狀況極佳」，我把這封信拿給姜納托夫婦看。她告訴我，這信寫的是假話。她再次強調遊樂場多麼不衛生。她說，委員會曾採集遊樂場泥沙，送至公家單位化驗，發現裡面含有葡萄球菌。「裡面細菌太多，必須挖掉十公尺深的泥土換新，否則不能讓任何人再進入，」她說。我心想，這話有點耳熟。丈夫接著說，「他們把遊樂場當作馬桶。」

三

普羅科表斯神父（Prokopios）曾任亞喬．潘特雷蒙納斯教堂首席牧師，他印象中的遊樂場並不像居委夫妻檔所言。但話說回來，這位神父和居民委員會的觀點常常互異。他領導這教堂十七年，二〇〇九年升任助理主教才離開。「我的心仍在那裡，」他接受訪問時說。那天晚上，我跟他約在神學院學生宿舍的一樓辦公室。這裡位於亞喬．潘特雷蒙納斯廣場以北，是雅典中下階級的住宅區。五旬的神父有著黑眼珠並戴著眼鏡，長及腰的灰鬍幾乎把整張臉吞噬。辦公室一角牆上有個大十字架，旁邊是閃爍的WiFi路由器，花瓶插著塑膠花，書架上的相框裡是雙親照片。他在這裡辦公已近二十年，陳設似乎不太隨歲月而改變。我訪問他的那一晚，有位名叫瑪麗亞的老婦來訪。她以前住亞喬．潘特雷蒙納斯教堂附近，神父在位時她常去當志工。她穿著風衣，為她佝僂的身軀製造修長的假象，但她坐下時，兩腳幾乎碰不到地。她非常年邁，但神父提起妙事時，她會像個少女一樣被逗得笑嘻嘻，而神父擅長講故事。她告訴我，由於廣場周邊居住環境變質，兒女長大離家後，常為她操心，她拗不過兒女的好意才搬走。她似乎認為這地段的變化有好有壞，拜訪神父是追憶歡樂時光的一種方式。

神父先提到近年移民與希臘社會格格不入的現象。「隔壁鄰居是巴基斯坦人，或非洲來的黑人，遵守穆斯林習俗，也不會講希臘文的『日安』，不學希臘文，不接受希臘信仰東正教這個不言自明的事實，身為希臘人的你怎麼辦？」神父說。瑪麗亞點頭贊同。神父在亞喬・潘特雷蒙納斯教會時，素有善待移民的名聲，現在聽他這麼說，我有點意外。但幾分鐘後，他話鋒逆轉：「我們也必須考慮到其他事，」他說。「我們也同樣是上帝的子民。我們是基督徒。我們需要以人性看待別人，從人性的角度去看，不能只把他們當成希臘人，也必須把他們當人看。如果對方餓了或遇到苦難，你不能先想到他是不是移民，是不是非法移民、外國人、希臘人。他餓了，你就應該想辦法，讓他有東西可吃，」神父說。「問題的癥結就在這裡。我們本以為我們應從基督徒角度去思考，然後才從希臘人角度去思考。但當時有一大群人的想法相反。他們先從希臘人角度去思考，根本不像基督徒。」

神父回憶有天晚上，他在教堂聽告解，西密絲・司科戴里來教堂通知他，居民委員會成立了。西密絲・司科戴里就是後來成為金黎明黨候選人的居委。神父回憶說，居委擬好了一封信，正在「尋求連署，把移民趕出這一區」。她請神父也簽名，順便蓋個教堂的官章，但神父認為他沒有任意蓋教堂官章的權限，所以拒絕蓋章，更不願以個人名義連署。「我奉基督之令，不能趕走任何人，不能與任何人為敵。基督叫世人相親相愛，但祂也進一步叫大家愛敵人。如果你告訴我，那人是敵人，那我就愛他，」他說他當時這樣告訴西密絲・司科戴里。

她顯然不為所動。「從那天起，」神父說，「他們就對我宣戰。」

為說明「宣戰」，神父取出幾份剪報，其中出自《每日報》，標題是「亞喬．潘特雷蒙納斯怒火之夜」，報導二〇〇九年五月二十六日教堂地下室夜裡冒煙的事件，警車和消防車趕到，人行道上有一名巴基斯坦人受傷但原因不詳，神父被一群暴民包圍。「你接納外國人，把希臘人趕去露宿街頭！」有人罵著。「我們再給你最後一個機會：限你一星期，把他們全部趕走！」這群憤怒的民眾是「居民委員會裡的女士先生」，神父告訴我。地下室火警的起因是他收容遊民，其中一人點的蠟燭倒了，導致床墊起火。他說，居委破口大罵：「穆斯林來了，放火燒教堂！」但不慎鬧火警的卻是希臘人，名叫尼科斯。聽到這裡，老婦瑪麗亞嘻嘻笑了起來。把她逗笑了，神父很得意，講得更起勁。「瑪麗亞小姐，」他說，「他們像一群狗一樣撲向我。狗怎麼吠，妳知道嗎？像那樣。像狗一樣。」老婦繼續嘻嘻笑著，神父開始學惡犬狂吠。「我停止動作，心想，『讓我們的好居民對我吠個夠吧。』」

隨後，神父加了一件他認為我應知的事。外國人發現居民仇恨他們，也開始產生反感。「他們說，『我們冒生命危險來這裡，繳錢給人蛇集團，做了一千件事。我們為什麼來這裡？就因為希臘的陽光明媚，因為我們想曬太陽療癒嗎？』」神父說，老婦人嘻嘻笑著。「『我們來這裡，是想在你們美美的海邊戲水嗎？』」神父語氣稍歇，繼續再說：「『我們為什麼來這裡？為的是改善生活。因為在老家，我們活不下去。如果我們有辦法，我們一定離開希臘，去別的地方。我們來這裡是不得已的，因為渡海靠岸的第一個地方就是希臘，』」神父說。「就這樣，移民開始心裡難過，有些人生氣了。」他們心想，「『我們又沒對你們怎樣，幹嘛這樣罵我們？』」

移民沒犯到居民，這種說法直接牴觸到居委會的描述，因此我問神父是否從未目睹過居委所述的惡行。「犯罪事件是零星的個案而已，」神父說。「又不是普遍的敗象。希臘俗語說得好：一隻老鼠偷吃起司，我們不說**這隻**老鼠偷吃起司，我們會說**是老鼠就會**偷吃起司。」老婦人又嘻嘻笑。

照神父這麼說，情形不是「完全活在最可怕的暴力、犯罪、恐懼、不安、和各種形式的罪行裡」嗎？我引用居委會二〇〇八年的陳情信。

「胡說八道，」他說。「一派胡言。誇大其詞。犯罪不是沒有。發生過幾次竊案，不過只是去商店偷一兩個罐頭食品而已，那是犯罪沒錯。話說回來，如果有一棟移民租的房子，裡面有十到十五個小孩，正在學希臘文，以便和希臘人溝通，身為居民的你跑去屋外抗議，砸破人家的窗戶，甚至闖進去，把所有人趕走，這種做法不是犯罪嗎？不然是什麼？」我請神父詳細說明，他解釋說，有幾位「善體人心的女士」在附近開班教移民希臘文，引起當地人不滿。

我問神父，關閉遊樂場的人到底是誰，他說是居民委員會，因為移民帶小孩進去玩，居委看不順眼。我對神父說，居委告訴我，遊樂場成了幾百人睡覺的場所，成了大小便的地方，很多人在裡面煮食、洗澡，更有雛妓和毒品交易，也受葡萄球菌汙染。「他們講的話全是胡說八道，」神父告訴我。沒錯，白天確實有幾百人聚集廣場，「想理解為何來這地方，」但入夜後，多數移民會離開廣場，回到擁擠不堪的公寓。他們向當地人承租公寓，租金通常照人頭照夜計算。他說，有幾十人付不起租金，在教堂門外過夜，但沒有人會在遊樂場睡覺。

「他們不會把遊樂場當馬桶？」我問。

神父對這話似乎特別感冒，因為他說，講這種話的人「以前常對著教堂牆壁尿尿」。老婦人嘻嘻笑著，神父提高音量，不掩突如其來的煩躁。「不是外國人，而是叫囂的那群人，是這地區的居民！以前他們常對著牆壁小便，尿會往下流。」他問老婦，這情形是不是真的。

「對，」她說。「我以前常去打掃。」

他接著問老婆婆，在教堂裡外過夜的移民有沒有煩過她。

「從來沒有，」她說。

既然這樣，我問神父，居民委員會為何說謊？「祕辛不足外人道也，」神父說，但廣場動亂背後必定不乏政治因素。移民被借題發揮了：「事情鬧大了，政治團體才有機會竄起，才有機會發聲。他們一逮到良機，就無中生有，藉這些議題來大作文章。」因此，一開始躲著的金黎明黨漸漸冒出頭。據神父記憶，金黎明黨崛起的一個小例子發生在某個星期天，他做完聖餐儀式，走下教堂階梯，有個年輕人靠過來，遞給他一份金黎明黨報。神父接下，看一看，然後對年輕人說：「非常感謝你。你可以收回去了。」年輕人不欣賞神父的反應，當面羞辱神父，罵到他出身的羅德島（Rhodes）。神父的回應是引述西元前六世紀的賽西亞哲學家阿納卡西斯（Anacharsis）名言。阿納卡西斯是移民雅典的黑海人，一個狂妄的雅典人侮辱他家鄉多落後，他的回應據說是：「我的國家是個恥辱。你呢？你是你國家的恥辱。」神父回憶，這位支持金黎明黨的年輕人聽了就走。神父說，這些人年紀輕輕就入黨「自我奴役」，他看了覺得可惜。神父認為，金黎明黨徒滿腔仇恨和怒火，全被撒旦附身了。

我在神父辦公室訪問了很久，將近四小時，大部分時間都是他講話，但我和老婦瑪麗亞不覺得煩。我們傾聽他闡述新納粹進入希臘國會的三個原因。他說，第一是其他政客表現太差勁，給新納粹分子可趁之機。「假使希臘是瑞典，假使希臘是芬蘭，這裡就不會有金黎明黨。」第二個原因是民怨和復仇心態。「在過去，官員撒錢給人民過活，民眾以掌聲支持。」政客說，『錢給你們，拿去花吧！拿去！反正鈔票是用機器印的，印了就給。』」但現在，神父說，「人民想拱一個人出來鞭笞政客。打他們一頓。逼他們啃木頭。」金黎明黨坐大的第三個原因是二戰納粹占領期間，通敵者始終未受法律制裁。

神父說得有道理。二戰結尾和二戰之後，希臘政府以及英美後臺比較關心的是，當初一同聯手對抗德軍的軍隊當中，有一大批是共產黨軍，戰後該如何中和他們的勢力？至於通敵者「安全營」(security battalions)該如何法辦，他們反而比較不在乎。「安全營」曾獲希臘傀儡政府資助，以對抗共產黨軍。安全營士兵制服是游擊隊古裝，鞋子上飾以毛球，自認是民族主義者，戰鬥動機源自於對共產黨的深仇大恨。他們對百姓惡行惡狀，甚至動粗，一般民眾將他們視為黑道幫派。戰後，希臘政府不但漠視安全營的罪行與通敵情事，政府和後臺更想利用他們，以制衡共產勢力。大戰結束後，國家防衛隊(National Guard)甫成立，安全營的成員很容易加入，有些成員則參加背景不明的安全組織。一九四五年，共軍首度放下武器時，本來是通敵者的安全營有國家撐腰，志得意滿轉而對付共軍，加以迫害，史稱白色恐怖時期。共軍最後避居山區重整旗鼓，全國則陷入內戰。

一九四七年，英國政府破產，宣布無法再支持希臘政府對抗共黨游擊隊，美國總統杜魯門憂心希臘和土耳其淪為蘇聯爪牙，在國會對聯席會議發表演說，要求議員通過四億美元的援助案，以振興兩國的經濟與軍力。演說中，杜魯門承認希臘右派走極端，左派也一樣，但在冷戰初起氣候中，右派的極端顯然沒有獲得對等的關切。杜魯門的演說成為杜魯門主義的開端，開啟了冷戰圍堵政策，常導致美國為獨裁政權撐腰，以避免共產勢力擴張。在希臘，美國後來支持獨裁政府「上校軍團」。該政府以共黨威脅為藉口爭奪權力，虐待並囚禁異議分子。上校軍團的官員與淪陷期間的安全營有密切關連，掌權後的新政之一就是核准安全營成員的退休福利，以感謝他們戰時功勞。上校軍團也禁止男人留長髮，禁止女人穿短裙，查禁具有顛覆意味的文學，例如古雅典喜劇作家阿里斯托芬（Aristophanes）和俄國作家契訶夫（Chekhov）的作品。獨裁垮臺後，希臘重建民主政府的這段期間，上校軍團官員被關進監牢。就是在監獄裡，金黎明黨未來黨魁米卡羅列科斯認識了團長帕巴多普洛斯（Georgios Papadopoulos）。米卡羅列科斯入獄服刑是因為獨裁垮臺後參與政治活動。後來，獨裁團長在獄中成立極端民族主義政黨「國政聯」（National Political Union），米卡羅列科斯當上青年部的部長。

訪問神父過程中，我意識到，也許他和教會體制不太搭調。希臘教會本質上被視為右翼機構。很多人指出，教會與軍事獨裁掛鉤，而獨裁當年的口號是「基督教希臘人的希臘」。此外，有些高僧布道時反猶太，具有民族主義色彩，與金黎明黨的政治演說不能說不相似。在我看來，強出頭的神父可能因此付出代價。依照教會生涯的標準，他正值巔峰期，然而，儘管他貴為主教，他卻被貶黜到高僧休息區去坐冷板凳。二〇〇九年，神父奉命離開亞喬·潘特雷蒙納斯教會，升任助理主教一職時，任務是輔佐安若修斯（Amvrosios）主教。安若修斯主掌的教區是卡拉瑞塔（Kalavryta）和艾賈雷亞區（Aigialeia），白鬍鬚的長度可媲美普羅科表斯神父。當時部分人士認為，這對組合很奇怪，因為大家知道安若修斯民族主義觀念強烈，曾在個人部落格著文：「金黎明黨理念哪裡具有顛覆性？激左聯或希臘共產黨的理念為何不具顛覆性或危險性？我無法理解。」這篇文章被有些人認為是為金黎明黨辯護。黨魁米卡羅列科斯報答他的同情，一度將安若修斯主教列為希臘教會裡「傑出」主教之一。和他同時上榜的是皮雷埃夫斯主教瑟拉芬穆（Seraphim）。瑟拉芬穆有一次上高收視率的電視脫口秀，說希特勒「助長全球猶太復國主義」，由羅斯柴爾德（Rothschild）金融家族資助，為的是迫使猶太人離開歐洲，「去以色列建立新帝國」。

如外界所料，普羅科表斯和安若修斯主教關係並不融洽。鬧翻後，主教上部落格指控普羅科表斯「貪圖頭銜和……金錢！」普羅科表斯又被調職了，這次被調到雅典西郊，擔任尼凱亞（Nikaia）區主教助理，但據稱這是有名無實的虛位。我訪問普羅科表斯神父時，他顯得大材小用，無自己的羊群可牧，盡量隨遇而安。他在亞喬．潘特雷蒙納斯教會時，信眾廣大，也做了不少善行義舉，如今卻對我說，他「無權無責」。在位於宿舍一樓的辦公室裡，他主要工作似乎是照顧他收養的四隻貓。我告別之際，其中一隻尿在地板上。

𠕁

遊樂場關閉後，居民委員會的接續行動之一是發行自己的報刊，每兩月出刊一期，名叫《亞喬．潘特雷蒙納斯居民之聲》。湯瑪絲．姜納托告訴我，這刊物是居委會獨資創辦，不接受任何黨派資助。這份刊物刊載的圖片是破船超載移民的景象，文字說明是「航自亞非洲深淵的船隻」，載滿了「即將搶薪水、逼你把小孩鎖在家裡過監獄生活」的移民，用語過度急切。

「我國被整得大亂，」第二期的標題寫著。「季辛吉的祕計，現正實施中。**雅典人成了外國人的階下囚**。」下面的圖顯示德軍一九四一年入侵雅典，旁邊是穆斯林在街頭捧《可蘭經》的圖片，內文呼籲希臘人拿出抵抗納粹的精神，抵抗移民：「希臘人民。違法移民已殺進雅典城內了。弟兄們！善保心中自由精神。市民人心惶惶，侵略者在外族無政府主義者的協助下入侵成功，未遇到阻力。希臘人民！你們的心崇高！」第三期宣布，「反擊」的時刻到了，呼籲「**人人上街**」擊敗暴君。這一期也有超載的難民船圖，寫著：「他們不是非法移民。他們是第五縱隊，其中有人經查冒充貧苦移民，其實是訓練有素的突擊隊，意圖進行暗中破壞，待時機一旦成熟，他們將聽命於全球化分子，對我國發動攻勢。」

《亞喬．潘特雷蒙納斯居民之聲》似乎在整軍備戰。基於這原因，我在咖啡店訪問湯瑪絲．姜納托時，聽她說媒體誇大了廣場治安問題時，我才覺得奇怪。她說，媒體的報導「完全走樣」。我請她說明。她說，「有人說在亞喬．潘特雷蒙納斯附近走動不安全，因為怕被人捅一刀，其他人一聽就怕了。你知道這裡有多少公寓租不出去嗎？」我問，難道這裡不如大家所想的那麼危險嗎？「當然沒有那麼危險，」她說。「凶險的是跑來反對我們的那些人，」她說。「反對我們這群單純的居民。」我問，「那些人」指的是誰。她說，「無政府激左聯的人。」她把「無政府主義者」和「激左聯」縮寫成一詞，令人聯想到軍事獨裁當政期間，政府曾指左翼分子是「無政府共產黨徒」。她告訴我，這些人不是真正的希臘人。他們只是正好會講希臘文而已。

我暗忖，像居委會這種號稱非關政治的組織，竟對激左聯特別排斥，我認為值得注意。湯瑪絲·姜納托的夫婿盡量解釋這項敵意給我聽。「他們全在製造問題，罵我們是種族歧視者，是法西斯，因為他們進不了這些廣場，無法成立一個核心團體，」他說。「他們辦不到。因為有我們做阻力。他們進不來，因為在其他地方，他們到處去演講辦集會。在這裡，他們辦不起來，」他說。「我們不接受，永遠不會。」我問，為什麼永遠不接受他們？「因為我們不接受他們，」他說。「因為他們和希臘人作對。他們歧視希臘人。要我怎麼說，你才懂呢？有個移民挨揍了，他們集合起來，呼口號反法西斯、反種族歧視，示威遊行。如果死了幾個希臘人，會有人辦示威嗎？我們就是無法容忍這種事。」

為此，針對激左聯，憤慨居民另創一條戰線。二〇一〇年十月，區域選舉競選期間，曾任激左聯高層的亞拉凡諾斯（Alekos Alavanos）來到亞喬·潘特雷蒙納斯廣場，帶著支持民眾，鎮暴警察也前來護駕。但警察護駕的成果不怎麼出色。根據現場拍攝到的畫面，灰髮經濟學者亞拉凡諾斯走向教堂階梯時，優格、雞蛋、番茄紛飛，落在他和支持者身上。居委強納托斯走上教堂臺階，拾起已擺在臺階上的藍色塑膠袋，裡面是米卡羅列科斯競選市長的文宣。米卡羅列科斯代表的是「雅典希臘黎明」，也就是金黎明黨的地方分會。在亞拉凡諾斯滿臉優格之際，強納托斯拿起傳單，拋向左翼分子。他的妻子湯瑪絲·姜納托站在他身旁，也加入了散發傳單的行列。亞拉凡諾斯鎮定地擦掉左臉上的優格，同行人開始叫嚷。「希臘人、外國人、工人團結一心！」對手不甘勢弱，也開始喊：「希臘屬於希臘人，」隨後有幾人高呼：「熱血、榮耀、金黎明。」

鏡頭裡的幾位抗議者後來成了金黎明黨的明星。其中一個是帕納喬塔洛斯（Ilias Panagiotaros），手持擴音器，領導著憤慨居民呼喊。長年以來，他是金黎明黨要角，後來也代表金黎明黨進入國會。他身材圓胖，頂著大光頭，留著山羊鬍，具備實地經驗，適合從事這類活動。他曾領導藍軍幫（Galazia Stratia）多年，這是一群信奉民族主義的足球混混，曾涉嫌毒打阿爾巴尼亞人等外國人士。藍軍幫基本上是金黎明黨的支派，為其吸收黨員，但帕納喬塔洛斯在二〇〇四年受訪時堅稱和金黎明黨是兩個涇渭分明的組織，只是關係「非常好」而已。湯瑪絲．姜納托接受我訪問時，講了不少帕納喬塔洛斯的好話，每次我提到他名字，她都展露笑顏。她說，他總是不離不棄與我們同在。「他給我們勇氣。」她為帕納喬塔洛斯背書，並不表示她也認同該黨。湯瑪絲．姜納托告訴我，她是忠貞的新民主黨員。她丈夫也告訴我，他和金黎明黨無關連，而且「我們的黨叫做亞喬．潘特雷蒙納斯，」他說。我後來問湯瑪絲．姜納托，既然夫妻倆不支持金黎明黨，為何在抗議亞拉凡諾斯那天被拍到對著群眾灑金黎明黨傳單的畫面？「我又沒有拿什麼傳單，」她說。但是其實希臘某大報曾刊登她手握傳單的相片。她也暗示，抗議當天左翼分子在臺階上擺金黎明黨文宣，故意陷害他們。

她說，左派以這種手法暗指他們夫妻支持金黎明黨。

亞拉凡諾斯事件後幾天，當時激左聯支持的女性市長候選人依蓮妮．波塔里優（Eleni Portaliou）也拜訪亞喬．潘特雷蒙納斯廣場，雖有警察護送，也遭抗議民眾以食品伺候。接連兩次抗議後，希臘媒體開始出現一連串的報導，全都採信居民憤慨難耐，所以才發動攻勢。一家已關臺的頻道曾播出一則新聞，開頭的是一位年近六旬的女居委洛琪亞．瑞佐（Loukia Rizou），她對鏡頭說「是居民扔的」。她已從希臘主計處（Hellenic Statistical Authority）退休。記者接著簡述抗議事件的內涵：「優格洗亞拉凡諾斯，蛋擊波塔里優，從此揭開序幕，展現亞喬．潘特雷蒙納斯難題的深度。」洛琪亞．瑞佐再度上鏡頭：「我們簡直活不下去了。」鏡頭轉向一個臉皮浮腫的女子：「這裡哪有什麼極端分子？」記者繼續敘述：「多數居民出生在亞喬．潘特雷蒙納斯區，以本地為家，住了幾十年，但在最近這些年，他們的日子變得無法忍受，因為每走一步就遇到治安問題、缺乏安全感、環境惡化。」泡泡臉的女子又上鏡頭。「我們生活好痛苦，他們難道不能放過我們嗎？」她指的是前來走訪的左翼政治人物。「我們連出家門都成問題。」

希臘媒體擁抱憤慨居民觀點的另一例，是邀請市長候選人依蓮妮．波塔里優接受電視專訪。依蓮妮．波塔里優是位中年婦女，邀她上節目的是希臘最大頻道之一的梅加（Mega）電視臺，訪問她的兩位男士穿西裝、打著各種藍色調的領帶。節目主持人是史卓韋拉奇斯

（Nikos Stravelakis），臉皮鋪著厚厚一層粉。他問候選人，幾天前亞拉凡諾斯才被蛋襲，她去亞喬・潘特雷蒙納斯之前怕不怕？她告訴主持人，「極端種族歧視分子」的攻擊不會阻止她爭取該區選民支持的決心。主持人不滿她形容攻擊者的用語，打斷她說，「依蓮妮・波塔里優女士，妳為什麼提到極端種族歧視分子？」她回答：「他們是極端種族歧視分子，因為他們利用危機、貧窮等切身難題，趁許多工人階級在……」主持人又插嘴，朗讀激左聯的一份聲明書，指稱攻擊者是「流氓」。主持人對此有意見：「我沒看到流氓和種族歧視分子，我看到的是退休人士、老人、男男女女，」他們說著，「我們害怕走出家門口。大家不能來這裡支持移民權益，枉顧居民的權益。」主持人後來說，「老人被搶了三四次，現在害怕出門，他是極端種族歧視分子嗎？或者是個反對候選人政見的居民？」主持人告訴她，這是「安不安全」的問題，但她似乎不懂。

三

刑事專家最清楚，實際犯罪率和一般人對犯罪的恐懼感未必有關連。一般人對風險的認知大多受鄰居或傳媒的影響，對警方辦事能力的信心多寡也是一項因素。（以歐盟而言，在民眾對警察效率的信心方面，希臘排名幾乎墊底。）對犯罪的恐懼也可能生自虛無縹緲的不安全感。和歐盟其他國家的民調比較之下，希臘人的不安全感比較高，對犯罪的恐懼也名列前幾名。

雖然恐懼感相對而言高，希臘的報案率卻低於歐盟的平均值。在人口相當的歐洲大城之中，雅典的暴力刑案也顯著地少。這並不是說希臘沒有犯罪問題。一九九〇年中期起，搶案在希臘攀升；債務爆發後，竊案劇增。毒品走私也是日漸嚴重的惡疾。在雅典，有些治安紊亂的破舊鄰里中，在空屋的陰影裡，不難見到一群群人拿著針筒，對著最容易吸收毒品的部位猛戳。這些問題最近惡化沒錯，但主因是新毒品價廉，社福減支，但問題自一九八〇年代就存在至今，變化並不大。在持有執照的設施裡行娼基本上不違法，多數性交易卻在無照設施裡進行，亞喬·潘特雷蒙納斯廣場附近幾條街成了特種行業的勝地。

簡言之，犯罪和見不得人的事存在於希臘和雅典，但惡化程度不如憤慨居民在電視上所言，並沒有嚴重到讓民眾不敢出門。事實上，在居民委員會抗爭之初，犯罪率有明顯下降的趨勢。從二〇〇六到二〇一〇年間，刑案總數減少了大約二八%。但金黎明黨不屑一顧，因為危險可以誇大，可以憑空捏造。憤慨居民助長了這股恐懼之風，而恐懼之風助長了金黎明黨。

二〇一〇年十一月，米卡羅列科斯角逐雅典市長寶座，誓言推翻「非法移民罪犯的恐怖統治」，贏得五·二九%的選票。在亞喬·潘特雷蒙納斯廣場附近的投票所，金黎明黨爭取到約兩成的選票，因此把米卡羅列科斯送進市議會。選舉後過了幾個月，米卡羅列科斯接受希臘新聞網站訪問，將他在亞喬．潘特雷蒙納斯與周遭區域的斬獲歸功於該黨對各地居民委員會的「全心支持」。到這階段，「居民委員會」成了複數，已非專有名詞，全都自稱無黨無派。米卡羅列科斯說，由於這些區的鼎力相助，金黎明黨有義務和居委一同打拚。居民抗爭活動傳染到亞喬．潘特雷蒙納斯廣場隔街的阿提卡（Attica）廣場。他希望，近日也能在維多利亞廣場成氣候。

人權觀察組織後來列舉幾區，警告：「外表不像希臘人的民眾特別有危險」，這三區正好榜上有名。二〇〇九年八月到二〇一二年五月間，人權觀察組織記錄到五十一件針對移民的「嚴重攻擊案」，過半數發生在亞喬．潘特雷蒙納斯廣場或附近區域。的確，在二〇一〇年市府選舉前幾天，率眾以優格攻擊亞拉凡諾斯的金黎明黨大光頭領袖帕納喬塔洛斯告訴希臘《新聞報》（*Ta Nea*）記者，如果金黎明黨在市議會爭取到一席，「將會出現一場大屠殺。」金黎明黨似乎正信守這份諾言，發動「攻擊營隊」，也就是一群持刀棍、騎機車的莽漢，以恫嚇攻擊移民。隨著金黎明黨支持率走揚，攻擊事件愈來愈頻繁，希臘警方和司法單位坐視不追究的態度顯著。

有位阿富汗母親蕾西亞．莎里菲（Razia Sharife）曾向人權觀察組織（Human Right Watch）投訴。二〇一二年初，她在亞喬．潘特雷蒙納斯區的一樓公寓屢次被攻擊。有一次，她和十一歲雙胞胎以及三歲小孩在家裡，一群男子闖進來，敲碎啤酒瓶，玻璃碎屑散落在家具上。她說她三度報警處理，且她知道壞人是廣場咖啡店常客，可以帶警察去指認，但警方完全不處理。人權觀察組織研究員前去公寓拜訪她時，門外來了一群人，手持鈍器猛捶前門玻璃三分鐘，屋內的人只能看著厚厚的玻璃裂開。研究員說，敲打聲停止後，他們打電話報警。警察來了，記下幾項筆錄，並沒有查出攻擊者身分。根據報告，隔天，研究員帶她去亞喬．潘特雷蒙納斯警察局正式投訴，一位警官原本說，立案須繳一百歐元投訴費，但他最後不收錢就登錄投訴內容。莎里菲說，隔天，有個鄰居砸破她公寓的正面窗戶，對屋內噴灑催淚瓦斯。警方兩度來她家寫筆錄，兩次都勸她搬家。

另有一名叫海達立（Safar Haidari）的阿富汗人，告訴人權觀察組織說，他在亞喬．潘特雷蒙納斯警察局外大約兩百公尺的地方，碰見十到十五名戴安全帽和頭罩的男子，並遭到他們拳打腳踢，還挨了棍子一頓揍。海達立說，事後他報警，十五、二十分鐘後，兩個騎摩托車的警察來了，要求他拿出證件。他說，警察接著叫他去警察局。到了局裡，其他警察說他們正在忙，其實他一眼就看見五名警察坐在辦公室裡，正忙著喝咖啡閒聊。他說他等了二十分鐘，乾脆走人。

二〇一一年尾，二十歲的索馬利亞婦女米娜．阿瑪德（Mina Ahmad）懷有六個月身孕，抱著小女嬰，走在亞喬．潘特雷蒙納斯教堂附近，不料被一群黑衣男攔下。她告訴人權觀察組織說，這群人問她是哪裡人，之後便拿木棍打她的頭，叫她「滾出希臘」，然後逃逸。她說，她倒地流血，一心只護著胎兒和在身旁哭的幼女。她說，附近沒有人過來救她，她只好打電話向朋友求救。但她當時沒有身分，不敢就醫。

這一類攻擊案，聯合國難民署等人權組織記錄了數百件。攻擊者通常鎖定廣場和公車站，有時候有兒童隨行。我去亞喬．潘特雷蒙納斯那一帶時，幾次訪問到民眾說，他們親眼見過兒童動手打移民。有一女民眾住在廣場對面，可一眼俯瞰廣場，她叫我不要公開她的姓名，唯恐在這一帶樹敵。她說她目擊到一男子被拳打腳踢，加害者是一群帶著小孩的成年人，好像想教小孩這種事該怎麼做似的。另一名女子告訴我，她在阿提卡廣場附近，見過幾個兒童拿著木棒追趕一個看似南亞人的男子。那群兒童後來回到廣場，和一群男人有說有笑，想必男子是小孩的師父。「把這種事當兒戲一樣，」女子說。兩次事件中，受訪者告訴我，她們覺得無力制止攻擊。警察局雖然過幾條街就找得到，報警總覺得怪怪的，好像開錯玩笑。

當然，這些怪現象令人質疑的是，縱使許多希臘媒體報導亞喬．潘特雷蒙納斯治安惡化，居民苦不堪言，但探討以下這問題的希臘民眾卻不夠多：真正的加害者究竟是誰？

在二〇一一年一月某週六下午，金黎明黨在亞喬・潘特雷蒙納斯的防衛達到戲劇化的頂點。那天晴朗而涼爽，左翼團體計劃遊行到廣場，憤慨居民豈有坐視的道理，當然也計劃示威反制。鎮暴警察再度前來隔絕兩方人馬，避免左翼團體太接近廣場。隨後的事件被拍成影片，攝影人顯然是金黎明黨支持者，把此事件稱為「捍衛希臘領土，對抗唯利是圖的反希臘陣營」。那一天，憤慨居民輪流拿麥克風，米卡羅列科斯來了，由隨扈包圍著，麥克風換他發言。「我只有一個看法，」米卡羅列科斯開口，獲得大群民眾鼓掌。他高舉右手，動作令人聯想到從前法西斯演說家，稱讚金黎明黨同志鬥士保護「挨阿富汗人一刀」的雅典市民，其他政黨則投票贊成紓困案，「方便外國人奴役你們」。多數民眾歡呼，掌聲更熱烈了，揮舞著希臘國旗。「熱血，榮耀，金黎明！」民眾呼喊著。「外國人滾出希臘！」

那天的群眾中，有一位黑袍飄逸的宗教人士在場，名叫麥西莫斯（Maximos）神父，取代亞喬・潘特雷蒙納斯教會首席牧師普羅科表斯神父的人就是他。他比普羅科表斯神父年輕，鬍子仍烏黑。他於一九六〇年代出生在德國列弗庫森（Leverkusen），父母是希臘移民。在這階段，他是教會的明日之星。這事件過後不久，他即將躍居雅典大主教副手。雅典大主教是希臘位階最高的神職人員。後來，我兩度和麥西莫斯神父碰面，一次在亞喬・潘特雷蒙納斯教堂，另一次在雅典大主教辦事處。辦事處是一棟全白色建築，衛城就在附近，旁邊是羅馬市集古蹟。神父的大辦公室就在辦事處裡。憤慨居民對麥西莫斯的觀感好於普羅科表斯，原因不難想見。麥西莫斯告訴我，這一帶的環境糟透了。他向我證實，居委會對遊樂場的描述是真的。他說，遊樂場是「汙染源」，變成了「解糞便的地方」。我問他，他是怎麼知道的，因為他在二〇〇九年接任，當時遊樂場已被關閉。「是居民告訴我的，」他說。他告訴我，居委會是值得信賴的消息來源，要我放心。我想問他，他為何如此有把握？我拿出居委會二〇〇八年的連署信，也就是指控移民搞人獸交的那一封，想引述幾段給他聽，看他是否覺得內容可信，但被他打斷。他告訴我，他不管信裡寫什麼，但他能擔保一項事實：這一帶確實因毒品、竊案、娼妓、「健康炸彈」般的髒亂環境而成災區。他說，當然，並不能用這藉口對移民施暴。「對某事表達憤怒，要求適切解決問題，這是一回事，如果找人出氣，追趕人家，虐待人家，動手打人等等的，那又是另外一回事。」受訪期間，神父對亞喬．潘特雷蒙納斯和金黎明黨被畫上等號感到無奈。他說，這是一種刻板印象。他說，沒錯，金黎明黨試圖利用居民的困境遂行政治目標，但話說回來，左翼團體不也從外地進來，進行反種族歧視抗議嗎？他們也強行壓境，罵居民是種族歧視者，挑釁並侮辱居民。

亞喬．潘特雷蒙納斯廣場示威的那天，麥西莫斯在人群之中走來走去，以他平常沉穩、不慍不火的語氣講話，盡量灌輸鎮定的感受，可惜效果不大。鎮暴警察想清理廣場，開始逼近過來，一輛警用直升機在頭上盤旋，緊繃的氣氛凝聚起來，大批民眾開始離去，但有大約一百名左右的男人仍不願走，多數人舉著國旗，排成四行，以旗杆敲擊廣場上有瓷磚的地面。

其中一人來回走動，看似在鼓動軍心，準備戰鬥。「你們想要什麼？」他咆哮。隊伍中的人回應，「熱血！」如此重複幾次後，他們開始呼口號：「熱血，榮耀，金黎明。」鎮暴警察戴著防毒面具逼近，原因不明。一般人知道，警方對金黎明黨採取非常寬容的態度。警方終年和無政府主義分子對抗，常將金黎明黨視為對抗無政府主義者的盟友。此外，後來的跡象顯示，政治圈裡支持金黎明黨最有力的一群人就是警方。有機會戰鬥，金黎明黨當然求之不得，戴著安全帽上廣場，手持的黑色盾牌上飾有白色凱爾特十字圖形。這是新納粹主義者和白人優越分子愛用的符碼。接著，雙方開打了。旗杆和棍棒如雨下，落在鋼盔和手腳上。鎮暴警察釋放閃光彈、催淚彈、化學煙霧，暴民趕緊從廣場打退堂鼓，很多人躲進教堂。

隨著催淚瓦斯裊裊升天，靜肅僅短暫籠罩著廣場，民眾又漸漸從教堂出來，其中一人是居委強納托斯。他舉著國旗審視局面，但不加入打鬥行列。比他早離開教堂、走在他前面的是一位理著大光頭的人，他拿著國旗，用餐巾捂鼻以減輕催淚瓦斯的效果，他站在廣場上一處漆著口號的地方，漆的顏色是代表愛國的藍白：「希臘，我的祖國！」以及「外國人滾出希臘」。光頭男站在這裡，英雄般地高舉國旗，好像他是捍衛堡壘的最後一卒似的。打鬥再度爆發。

在煙霧與打鬥之中，有一群金黎明黨徒，也就是未來的國會議員，雖然他們避免加入戰鬥，但似乎在指揮著部隊。一名指揮者名叫拉哥斯（Ioannis Lagos），蓄著一撇大八字鬍，粗壯過人，永遠保持直挺挺、準備撲擊的態勢。他宛如夜店守門人，常穿緊身白T恤以展露傲人的肌肉。拉哥斯走向鎮暴警察，一一向警察下戰帖，想跟他們對打。「你們哪一個人算男子漢？敢徒手對打嗎？這裡沒有男子漢嗎？」無人願和他對打。

同樣在鬥士之中來回大步走、態度鎮定、身穿黑皮夾克、戴著墨鏡的是卡希迪阿里斯（Ilias Kasidiaris），左肩有一個卐字大刺青。後來他揚名天下，原因是他在直播鏡頭前掌摑希臘共產黨的國會女議員。畫面中，卡希迪阿里斯舉起右臂，以誇張的動作賞她一巴掌，緊接著再來兩次。我耳聞此事件，以為他的政治生涯泡湯了，但我這種想法太天真。在希臘，很多民眾，甚至包括女人在內，似乎都欣賞卡希迪阿里斯教訓這個女共黨議員，後來他竟成了黨內最耀眼的明星之一。

在教堂臺階上，鬥士在愛國情緒鼓舞下，開始唱國歌，歌聲低沉且不太和諧，唱著希臘民族中興的歌詞。唱完後，大夥有些不知所措，打鬥的動作一時緩和下來，於是國歌再來一次。鎮暴警察接近臺階上的這群人，鬥士再唱國歌第三遍，其中一人是麥西莫斯神父，他一度有意鎮定壯漢拉哥斯，不讓他再和鎮暴警察單挑，拉哥斯後來進軍國會成功。「我不在那群人裡面，」我後來問麥西莫斯當時的感受，他說：「我在我的教堂裡。對我來說，他們全是我的孩子。人就是人，我不習慣差別待遇。我也不涉入其中，」他說。「我的任務不是選邊站。我的任務是去那裡，是在場。」

警方一度舉步邁向教堂臺階。在門邊，雙方在大理石拱門下爆發激戰，許多民眾躲進教堂，其中一人用凱爾特十字盾牌堵住門口，阻擋警方入內。接著，麥西莫斯衝向門口，在化學藥物煙霧瀰漫之中，他以肉身擋住門口，尊重神職人員的警方後退。麥西莫斯後來告訴我，假使警方換個策略，這一切都能避免。他說，他要求警察「不要動手打人之類的」，因為現場事態不嚴重，只不過呼喊著金黎明黨的幾句口號而已。可惜警察聽不進去。「事實是，他們衝向教堂，連我也被推擠，所以我才站出來說，不准。這裡不行。這裡不許你們亂來。」

警察退下之後，拿盾牌和國旗的民眾從教堂撤退，又站上教堂臺階，看著警察在廣場上走動。「他們想占領廣場！」鬥士之一吶喊著，動作像美國獨立戰爭英雄里維爾（Paul Revere）。鬥士又唱起國歌，這次音量更響亮。「希臘屬於希臘人，」他們唱著。「希臘，你快被他們出賣了，他們正向外國人下跪。」里維爾又開始呼口號：「有我們保護。有我們保護。廣場。有我們保護。」

經過兩小時對峙，雙方似乎同意休兵。警察後退，讓對手有機會光榮下戰場。鬥士排成四行，舉著盾牌和國旗，高唱金黎明黨歌：「追隨大無畏先輩，輝煌戰士的孩子們，我們是新斯巴達戰士，胸懷英勇之心」，整群男人以粗嗓合唱著，接著唱到副歌：「前進，永不停歇，光輝新時代將至。前進，永不停歇，希臘之光引導著你我。」接著唱到第二段：「點燃火炬的是你我，怒火在胸中燃燒。我們追求新希臘，覆遍全地球的希臘。」唱完後，隊長高喊，「勝利萬歲！」直譯成德文正好是納粹口號。部隊跟著喊「萬歲！」廣場附近的圍觀民眾報以掌聲，鬥士隨後列隊行軍離開，呼喊著：「希臘屬於希臘人。」

麥西莫斯說，這事件被媒體渲染了。「依我判斷，我不認為廣場發生了什麼大事，」他說。「電視臺又把區區小事炒得好嚴重。那些人是誰？只不過是被他們找來喊口號的一群小子而已嘛。小毛頭信不信他們那一套，誰曉得呢？」

三

熱炒廣場事件意願最高的人正是憤慨居民和金黎明黨徒。廣場事件過後，新聞脫口秀節目《殺戮》（*Makeleio*）以這事件為專題探討。這個雅典頻道的新聞製播標準不高，眾所周知。主持人奇歐司（Stefanos Chios）脾氣火爆，號稱他的節目是「希臘電視界最自由的節目」。他先痛斥幾個政治人物是「社會敗類」，然後下戰書：「當權的雜碎」有種就來告。今晚他氣的是警察在廣場打希臘國民、褻瀆教堂、侮辱東正教。他說，今晚的節目一定「打斷政客的骨頭」。他隨即停頓一下，彷彿意識到可能挨告，接著說，「不是他們身體裡的骨頭，而是政治上、執法上的風骨。」

當晚來賓有一位是廣場事件的「見證人」。他穿著緊身黑T恤，頭戴黑色小帽，儀態和腔調有點像電影拳擊手洛基。他解釋，他知道移民和左翼計劃占領廣場示威，所以他加入捍衛廣場的行列，接著警方就毒打民眾了。見證人說，警察衝進教堂，擊碎窗戶，投擲化學煙霧彈。講到這裡，他舉起右臂，揭開纏住右腕的白紗布，露出一道傷口。「這是我受的傷，」他說。他接著建議，治理國家的政客最好趕快走，「再拖就後悔莫及了。」他說，人民的憤怒沸騰了。「不能再這樣搞下去。人民已經走投無路了。走到盡頭，走不下去了。人民將站起來，我們將拿起武器，走上街頭。不能再這樣下去了。真的。」

主持人問見證人，據報金黎明黨曾參與憤慨居民的示威，是否真有其事。「你掌握到什麼樣的資訊，說出來聽聽，好讓我們明白幾件事，好嗎？居民是怎麼聚集的？廣場上居民的組成分子是什麼樣的人？因為所有人被歸類成極右派了。這事有必要釐清。」

「我們是極右派，」見證人說。「是民族主義分子，是極右派，我們覺得很光榮，」他說。「我們是什麼樣的人？殺人兇手嗎？我們不偷不搶，也不殺人。」他表示，廣場上的民眾是「希臘金黎明黨黨員」。他似乎另生一想法，補上：「以及當地居民。」

接著有一連串的觀眾叩應。第一人是洛琪亞．瑞佐，是退休統計員，她之前曾以居委的身分接受我訪問。她說，警察的攻擊來得突然，下手過重，受害最慘的是被毀損的教堂。主持人感謝她的敘述，再接幾通電話，來電者似乎都照稿宣讀，但主持人說，來電者「沒有造假」。一名叩應觀眾說，見到廣場事件後，她決定再次帶小孩前往澳洲。「可嘆啊，可嘆，治理希臘的不是希臘人，而是外國人、共濟會、猶太人。」另一位叩應女觀眾說，除非政治人物下臺，否則人民將「逼不得已走上街頭，拿著棍子、石頭和所有東西，追打擋路的人」。一名男觀眾來電說，身為希臘人的他覺得丟臉。「應該找來一個將軍，整頓這群爛狗一下，把他們趕進地獄去。應該找個將軍。從前不是有幾個有眉毛的將軍嗎？」他說。「有眉毛」是「帶種」的委婉語。此言顯然直指軍事獨裁時代。

宛如照劇本演出似的，有著大眉毛的男人叩應了。他是金黎明黨黨魁米卡羅列科斯。他表示，在民眾完全沒有挑釁的情況下，警察就打人。「有個地下政府，躲在黑影裡的政府，招募一群無賴，專打老婆婆、小孩，施放化學煙霧，」米卡羅列科斯說。「過分到了進教堂，對準燭臺扔震撼彈。」

警方對教堂不敬，令米卡羅列科斯反感，此言出自米卡羅列科斯之口令人側目。金黎明黨原本排斥東正教，偏好古希臘民間教派，但為了向選民靠攏，該黨很久以前就避免觸犯東正教，在這階段更積極接近教會。舉例來說，翌年的聖潘特雷蒙盛宴節，金黎明黨黑衫軍列隊擡著聖潘特雷蒙像，繞行教堂，在臺階上觀看的人包括大鬍子牧師、白裙女孩、一身亮閃閃袍子的祭壇童，鐘聲縈繞著，歌詠著「上帝悲憫世人」。麥西莫斯後來告訴我，那天他正好人在外地。他說，假如他在雅典，絕不會批准這種事。教堂儀式被政黨利用，他認為是褻瀆神明之舉。「簡言之，那天沒有人跳出來喊停，沒有人說，『止步，你們不能來這裡。』」

米卡羅列科斯繼續告訴電視前的觀眾，警方那天的行動顯示，希臘正遭逢史上最駭人的獨裁政權。但他也表達一線希望。儘管事情鬧成這樣，儘管警察無緣無故打人，當天希臘人民在廣場上光光榮榮舉國旗，絲毫不畏縮。「人民只伸手面對，空手面對。」

三

二〇一二年五月初，我在雅典中區火車站旁的籃球場，認識阿度拉曼（Khalid Abdulrahman）和賈瑪（Mukhtar Jama）。從這裡步行至亞喬・潘特雷蒙納斯廣場十分鐘就能到。阿度拉曼三十歲出頭，戴著拉美革命英雄切格瓦拉（Che Guevara）棒球帽，面露疲態。五個月前，他從蘇丹來到希臘，諸事不順，以廢棄火車車廂為家，靠天主教會煮的濟貧濃湯糊口，以塑膠袋裝著幾塊吃剩的麵包。「我正想辦法回蘇丹去，」他告訴我。賈瑪剛從索馬利亞來，似乎仍在適應新環境的難題。二十二歲的他身材瘦長，戴著眼鏡，看起來斯文，服裝整潔。他說他在摩加迪休（Mogadishu）賣掉一塊地，籌到一千五百美元給蛇頭，輾轉來到雅典。人蛇集團先讓他搭機到敘利亞大馬士革，之後多半是徒步走過崎嶇地形，走了一個半月，以糖水果腹，以免暈倒。賈瑪的「夢想」是去歐洲讀大學，但現在想想覺得遙不可及。在他之前來希臘的索馬利亞同胞一副落魄狀，辛酸的事跡一籮筐。「他們嘛，怎麼形容才好呢？」他絞盡腦汁尋找合適的英文詞彙。「沒屁放了，」他咧嘴笑說，很高興找到貼切的字眼。

轟然一聲傳來，打斷我們的對話。幾聲巨響緊接而來，從轉角另一邊，冒出一團煙，隨後是低沉男聲呼口號，斷斷續續：「熱血、榮耀、金黎明」以及「希臘屬於希臘人」。賈瑪決定先溜為妙，匆匆離開。阿度拉曼逗留一會兒，讓我有機會帶他去最近一家速食店，裡面的選項不多，他選的是肉餡餅。我買兩個請他吃，然後他拖著腳步，走向他住的火車車廂。

片刻之後，米卡羅列科斯從同一條街遊行過來，被壯漢黨徒簇擁著。二次紓困案被政府強行通過後，非民選的技術官僚被革職，以國會大選補缺，如今投票剛結束，第一批開票結果出爐，看樣子米卡羅列科斯升官了，從雅典市議員晉級國會。轉角傳來的巨響是從黨總部陽臺扔下的鞭炮。靠反移民立足的金黎明黨，如今搭上反紓困情緒潮流，又有所斬獲，全國得票率占七％。這個結果使米卡羅列科斯躋身歷史上那些矮小危險之人的萬神殿，他們追求權力，往往超過別人對他們的預期。

這附近有一間飯店，幾十名記者在會議室等米卡羅列科斯發表當選感言。他闊步走過大廳裡的希臘塑像，進入會議廳，一名光頭圓壯的黨高層叫記者起立致敬。這人名叫傑曼尼斯（Giorgos Germenis），是小有名氣的黑死系重金屬樂團Naer Mataron的主唱兼貝斯手，歌聲充滿深喉音。該團自詡為「全世界最危險的撒旦樂團」，即將發行最新錄音專輯《死亡萬歲》，有樂評稱之為「惡毒黑死系的酷碟」，鼓聲瘋狂，「歌聲穿腦，引爆激烈嘔吐。」傑曼尼斯的藝名是凱亞大司（Kaiadas），也就是古希臘斯巴達人處決罪犯後棄屍的峽谷。他日後也成為國會議員，主掌的議題包括中央釋權和地方自治。

多數記者照傑曼尼斯的命令起立，我幸好當時靠後牆站著，躲掉了進退維谷的尷尬，但有一位女記者倒楣了。她被我前面的大批照相機遮住，我看不清楚，只知傑曼尼斯走向她，揮手叫她馬上起立。「起立！起立！起立！起立！表示敬意！」

「怎麼了？」米卡羅列科斯邊說邊進會議廳，遇到騷動。我聽見女記者解釋不能同意的緣由，似乎以為他能以理性仲裁此事，結果碰了個釘子。他對女記者說，不想起立的話可以走，女記者走了。米卡羅列科斯接著在黨旗旁坐下。金黎明黨的黨旗是一片紅，中間有個黑色迷宮圖形，色系和線條都接近納粹旗幟，該黨卻矢口否認，堅稱這種聯想不正確。該黨表示，黨旗被影射為納粹旗是「荒唐」、「惡意中傷」。米卡羅列科斯身旁坐著全廳最高壯的拉哥斯，就是在廣場事件中屢次想和警察單挑的黨員。米卡羅列科斯在全廳記者面前坐下之際，拉哥斯下令：「不准交談。」黨魁米卡羅列科斯雙手放桌上，貌似氣呼呼的老師即將飆罵全班學生。他「秉持整顆希臘心，全力感謝」選民支持，金黎明黨將繼續抗拒「紓困案的奴役」，打擊非法移民橫行的「社會叢林」。接著，他對政壇對手喊話，引用凱薩大帝的名言「我來，我見，我征服。」（號稱純正希臘人的米卡羅列科斯演說特別愛用拉丁名言。）「希臘主義的黃金新黎明即將興起，」他說。「背叛這片祖國的人，恐懼的時刻到了。我們來了。」

隨後，他在肌肉男的簇擁下離開會議廳。

幾條街外，在金黎明黨總部前的路上，支持者逐漸聚集，警方也來了，擋住車流，以便民眾慶祝。警察騎著兩輛摩托車，隆隆引擎聲呼嘯而過。金黎明黨支持者見這景象，認定警方默許，樂得歡呼起來。究其原因，金黎明黨的鐵票另有其人，不是亞喬．潘特雷蒙納斯區選民，因為在亞喬．潘特雷蒙納斯區，該黨的得票率在一二％到一四％之譜，僅占第三位，少於前幾年的地方選舉。原來，金黎明黨的票倉在安培洛奇普伊（Ampelokipoi），位於東城區，生活較富庶，碰巧也是希臘警察總部所在地。一般民眾在戶籍地投票，但希臘警察不同，在上班的轄區投票。在安培洛奇普伊區的幾處投開票所，在警察選票的支持下，金黎明黨的表現特別好，有幾個投票所開出將近四分之一的金黎明黨票。至於在缺乏警察選票的投票所，金黎明黨的得票率相當於全國平均數。

黑衫男點燃火炬，照亮希臘的藍白國旗，斷斷續續的煙火聲，「外國人滾出希臘！」雖然慶祝會在街頭舉行，該黨決定不讓未獲許可的記者進入，我見到幾位德國公共電視新聞人員垂頭喪氣，被壯漢趕走。我把筆記簿和錄音機藏進口袋。民眾愈聚愈多，激情鼓掌，等著米卡羅列科斯從樓上的陽臺露臉演說。

不久，米卡羅列科斯現身了，身旁有著兩面大國旗。面對歡呼聲與刺耳的鞭炮聲，汽車警報器也被震得哇哇叫。有個人站在他旁邊的陰影裡，他介紹自己是來自亞陀斯山的僧侶。

「有人以為，我們進了國會，全部會變成乖孩子。對此，我們的回應是：街頭等著我們！」原本互相較勁的「外國人滾出希臘」和「希臘屬於希臘人」口號，此時凝聚成倒盡旁人胃口的合唱。「總有一天，路將為我們而開，希臘將再度回歸你我，」他說。「金黎明黨民眾，他們批評我們是民族主義者，只因我們有勇氣保護家園、解放廣場。」他說，過了三十八年的偽民主日子，民族主義運動終於誕生了，希臘有救了。民眾以近乎狂喜的分貝叫囂：「希臘！希臘！」隨後是斯巴達口號：「帶著盾牌活著歸鄉，否則死後躺在盾牌上被扛回來。」

III

翌年，金黎明黨持續襲擊移民，勢力也跟著看漲，根據民調顯示，這個黨的聲勢已躍居全國第三大黨，勢如破竹。到了二〇一三年九月中旬某夜，三十四歲的反法西斯饒舌歌手菲薩斯（Pavlos Fyssas），他的藝名是奇拉P（Killah P），隨友人在皮雷埃夫斯的咖啡店看足球賽，結果和金黎明黨員產生口角，黨員找人來助陣。根據證人所述，店外來了大概三十名男子，手持棍棒，午夜過幾分，菲薩斯離店之際遇襲。金黎明黨分子開始聚集過來，下車對準菲薩斯胸口猛刺奪命。兇手落網後辯稱自我防衛。隔天，希臘媒體大篇幅報導這件命案。調查員表示，這件攻擊案似乎透過層層指示，向上直指金黎明黨高層。許多希臘人感到難過。這一次，受害者是自己人，是善良青年，是個希臘俗話裡的「好小子」。

希臘政府明快取締該黨，警政部長下令掃蕩黨部和住家，要求檢察官依照組織犯罪法起訴金黎明黨。不久，希臘國會進行表決，取消金黎明黨籍議員的豁免權，也刪除該黨的補助款。薩馬拉斯總理預定的訪美行程即將展開之前，米卡羅列科斯和多名金黎明黨國會議員被捕，後來有幾人獲釋，但米卡羅列科斯仍在監獄裡。

政府決定，為取締金黎明黨起見，同情該黨的警政人員也應一併掃除，全國警界高官紛紛基於私人因素請辭，另有數名警察首長也被摘官帽。希臘國家情報署一部門的主管被趕下臺，雖然政府未公布理由，媒體揣測原因和金黎明黨脫不了關係。除此之外，警界政風單位也過濾人事，指控十名警官涉嫌和金黎明黨掛鉤犯罪，其中一人在過去七年間擔任亞喬．潘特雷蒙納斯警察局「安全長」，想必一直為金黎明黨通風報信，協助黨徒在該地壯大聲勢。他被調查員逮捕，罪名包括瀆職、洗錢、違法持有槍械與毒品等等，並在其住家起獲大批武器：手槍、散彈槍、大量彈藥、刀、斧、劍，還有七百公克的大麻。

首批嫌犯被法辦後，總理薩馬拉斯在紐約面對美國猶太委員會演說，提及金黎明黨時說道：「杜絕此團體，對我而言是很重要的，」他說。「現在，大家認清了他們的真面目。」然而，早在菲薩斯命案前，希臘政府顯然已明瞭金黎明黨的本質。如果薩馬拉斯認為杜絕該黨是當務之急，很多希臘人民質疑政府為何不早幾年動手。

在這段期間，有天上午，我在亞喬．潘特雷蒙納斯區派出所旁的咖啡店問到解答。咖啡店長介紹一位衣裝體面的男士給我認識，尊稱他是「老大」。老大穿西裝打領帶，金戒指繁多，銀錶厚重，穿著翼紋雕花紳士鞋，鼻子長，灰髮朝天直豎。我介紹來歷後，老大告訴我，我找對地方了。「我最適合不過了。」希臘電影刻劃戰後時期，片中的右翼幫派爪牙常夜闖左派分子家中，綁架熟睡中的人，打扮就和這位老大有點接近。「在警察局隔壁咖啡店舔嘴唇的人，肯定全是右派，」老大告訴我。「絕對看不見一個左派。」老大是個退休人士，不願透露真名，來回踱步著，我則坐在靠窗的一桌。他為了強調語氣，偶爾彎腰，臉湊到我面前，解釋希臘政治現象。老大接著開始擊掌。他告訴我，軍事獨裁期間，很多人都有這動作。「他們後來全去哪裡了，你知道嗎？」根據老大所言，多數人進了新民主黨，他也加入了，成了多年老黨員，但幾年前他退黨改支持金黎明黨。「新民主黨是極右派，」老大告訴我。「至少有一小部分是。」新民主黨和金黎明黨是「表兄弟」，對表弟開鍘是很難的一件事。

我訪問老大後的二、三個月，檢察官偵辦金黎明黨案，兩黨這份親屬關係的證據才浮上檯面。右臂有納粹刺青的金黎明黨國會議員卡希迪阿里斯公布暗中側錄的一捲錄影帶，主角是他與薩馬拉斯的資深助理巴塔寇斯（Panagiotaros Baltakos）。片中，助理暗示，起訴金黎明黨純屬政治因素。「他最怕的是拖累到他自己，」助理指的是薩馬拉斯。「因為人氣被你挖走，給了激左聯超前的機會。」

「因為我們搶走他的選票，所以他抓我們去關？」卡希迪阿里斯在片中問。「他媽的。不可思議。讓人難以相信啊，」助理在片中罵總理。

錄影帶曝光後，薩馬拉斯譴責助理，辯稱他不知助理和金黎明黨關係密切。助理辭職後，上電臺接受專訪表示，他的策略是挑卡希迪阿里斯想聽的話講給他聽，以便和金黎明黨維持聯繫，吸收情報。助理說，這事對國家有好處，非做不可。「新民主黨是右傾政黨，兩年來面臨喪失右翼的危機，」助理說。「如果保不住右翼，它會全盤失去主導政治的地位，怎能讓這種事發生？」

此事件有助於瞭解保守派政府為何不及早對付金黎明黨。多年來，薩馬拉斯總理不願取締金黎明黨，唯恐激怒新民主黨內的民族主義派系。起初，這個邏輯似乎勝出。為了抵銷金黎明黨的搶票效應，薩馬拉斯起先加強取締非法移民，控制無政府主義分子街頭抗爭，盼能挽回極右派選民，孰料此舉似乎為金黎明黨製造正當性，強化了該黨立場。以薩馬拉斯為首的政府開始改弦易轍：起訴。希臘好小子命案掀起民怨，為政府開啟一道良機之窗。

金黎明黨崛起勢不可擋，薩馬拉斯的保守派政府固然有罪，但絕非唯一罪人。早在薩馬拉斯上臺前，金黎明黨就已走暴力路線，逐步踏上政壇階梯，而政府的默許不只如此單純。希臘警界高官和政府高層同情金黎明黨，曝露了二戰之後潛藏政府五臟六腑的極端民族主義病灶。倘使希臘警政和司法依照現代歐洲國家的體系正常運作，金黎明黨接受制裁的時日必定會提早幾年。這種共犯結構也牽扯到希臘民間社會。主流媒體大致上對金黎明黨的暴行視而不見，對著恐移民情緒煽風點火，有時甚至稱讚金黎明黨捍衛希臘人。教會即使譴責金黎明黨施暴，也罵得不夠用力，有些神職人員甚至附和金黎明黨的說詞。

即使遲來的取締金黎明黨動作能成功，希臘大部分民心仍仇外，束手任暴民猖狂，想改變這種風氣勢必無法一蹴可及，挑戰更艱鉅幾倍。幸好，取締金黎明黨能產生一種立即而寶貴的好處：雅典市中心區的移民攻擊事件幾乎絕跡。

在民主國家裡，起訴一個受歡迎的政黨必須審慎為之。希臘政府知道，如果金黎明黨人氣居高不下，起訴它可能會在政治上產生反效果。因此，檢察官在偵辦之際，政府致力於挖該黨牆腳，向媒體走漏文件、相片、影片顯示金黎明黨見不得人的活動，例如金黎明黨成員在看似民兵訓練營荷槍的照片（該黨辯稱是露營和健身操）；某人身穿三K黨服裝，對著金黎明黨黨旗行納粹禮（萬聖節化妝搞笑會，而且舉手禮是希臘古禮）。洩露這些資訊給媒體，是為了說服選民：金黎明黨不像該黨所言，並非單純的民族主義者，而是納粹。儘管如此，許多選民似乎不在乎。黨魁入監後，金黎明黨的納粹言行被媒體放大檢視，選民並未出走。

金黎明黨高層被捕後的選舉中，第一次是二〇一四年五月的歐洲議會改選，金黎明黨獲得全國九％的選票。幾個月後，國會選舉中，該黨囊括的選票大約六％，和二〇一二年該黨初次進入國會的得票率相當。這種選舉結果使得金黎明黨位居希臘第三大黨。

歐洲議會選舉在即，同年春季的某晚，金黎明黨在亞喬．潘特雷蒙納斯廣場聚眾拉擡聲勢。他們稱該廣場是所謂的「打拚」起始點。我到場時，音箱高聲播放著像軍樂的歌曲，教堂臺階上擺著講壇，掛著黨旗。民眾陸續抵達之際，幾群年輕壯漢巡邏著活動場地，趕走看似外國人的民眾。這期間，金黎明黨播放一首歌，曲調陰沉，演唱者是六、七〇年代名歌星賽羅尤里斯（Nikos Xilouris），克里特島人。這首歌被認為是抗議歌曲，主旨是反對軍事獨裁，歌詞提及國民見敵人自由來去卻漠不關心。金黎明黨懷念軍事獨裁，卻播放這首歌，似乎是對歌詞另有一番詮釋。曲子播放中，教堂鐘聲響起，表示教堂裡正開始舉行晚禱。賽羅尤里斯唱著：「敵人開進市區，敵人破門而入，而我們在那第一天，照常在家附近談笑。」

我在長椅坐下，旁邊有幾位老太太。晚上出來坐，想圖個清靜，卻碰到金黎明黨辦活動，她們感到不滿。過了一會兒，她們決定轉移陣地到比較安靜的地方。一位老太太拄著拐杖，做了個鬼臉、謹慎地站起來，帶著她用來當坐墊的厚紙板。我問她，「不想看熱鬧嗎？」她一邊說著：「好孩子，這裡有啥好看的？」一邊蹣跚離去，隨後，兩位青年黨徒拿著巨幅布條，上面印著他們那位親愛的入獄黨魁高舉雙手表示勝利。布條被掛在教堂入口的大理石圓柱之間。

市議會選舉候選人陸續在教堂的臺階上演說。一名候選人說：「本區居民開啟了一場聖戰，我們將持續打拚。」另一候選人訴求的對象是英勇的抗爭居民，這些居民拒絕讓伯里克利斯、梭倫、蘇格拉底的雅典淪為伊斯蘭馬巴德。金黎明黨被查緝，創始居委西密絲．司科戴里也入獄，但她仍執意參選市議員。有一名女子在這時候上臺朗讀她的公開信：「六年前，在這裡，在我們的家園，我們首次喊出『希臘屬於希臘人』的口號。」隨後，女子朗讀：「當時，唯有金黎明黨與打拚抗議的各位同在。」

雖然訴求對象是當地居民，在場的居民卻不多見。過去這幾年出面支持金黎明黨的居民，如今似乎害怕和該黨扯上關係而吃上官司。在場數百人當中，多數是被運來這裡壯聲勢的死忠成員，從他們的服裝看得出來。他們偏好的品牌是Pit Bull Germany和Lonsdale，是歐洲新納粹團體的最愛。雖然該黨事後號稱數千居民前來廣場支持，其實居民不多。那一夜，高噸位的國會議員科克齊斯（Dimitrios Koukoutsis）上臺承認：「你們有什麼好怕的？全身都溼答答了，還怕淋雨嗎？」他說。「可恥啊！我們要求你們至少以行動支持，投我們一票，再支持從這廣場萌生壯大的運動。」

政見發表期間，我見到居民委員會的夫妻檔之一強納托斯。廣場事件當晚，他和金黎明黨鬥士並肩作戰，手舉國旗。今晚，他牽著一條黑毛蓬亂的狗，走在人行道上，路過廣場時，有幾人過來摸摸狗，他僅稍事停留。我後來訪問他妻子，問她是否參加這場政見會。她說她沒參加，因為擔心被人認為她支持金黎明黨。更何況，她說，居民打拚成功的功勞早被金黎明黨搶走了。人權團體和目擊者說金黎明黨出動打手部隊，她也認為全是謊言。（按：根據作者回信的解釋。）

那一夜最後站臺的是有納粹刺青的卡希迪阿里斯。黨魁鋃鐺入獄後，他成為該黨棟梁。他面對群眾，遙想幾年前會同其他鬥士，在廣場上衝撞鎮暴警察。他說，在那一天，居民不分老少，齊聚廣場上，詮釋民族抗戰力的意義。他說，亞喬．潘特雷蒙納斯廣場是希臘全民心中的一盆熱火。他演說期間，一名小男童站上教堂臺階，揮舞國旗。卡希迪阿里斯看著男童說，從未見過比這更美的景象。他表示，即將到來的一役攸關希臘主義的生死存亡。

終章

二〇一五年一月某夜，激左聯勝選，入主希臘新政府，即將繼任總理的齊普拉斯在雅典鬧區發表凱旋演說，現場民眾以年輕人為主，情緒高漲。搖滾歌王史普林斯汀（Bruce Springsteen）的〈我們照顧自己人〉（We Take Care of Our Own），這首歐巴馬競選連任期間常用的歌曲，現在正透過音箱強力放送著。齊普拉斯信步上臺，高舉雙手志得意滿，宣布國家即將再創新頁。這場選舉意味著，希臘「脫離恐懼與統治，脫離五年的苦難與羞辱」。部分觀眾鼓噪呼應：「左翼的時代來了！」競選期間，齊普拉斯常點名痛罵長年欺壓希臘的惡人，今夜卻避而不談，但暗示已經夠明顯了。群眾中有一名女子高舉巨幅德文標語：「今夜真美好，再會了，梅克爾夫人。」另一位支持者舉著針對三頭更直率的標語：「別慌，下地獄吧！」

勝選晚會場地選在雅典大學，以莊嚴的新古典風格門面為背景，如詩如畫，但齊普拉斯別具用心。在電視螢幕上，燈光照亮希臘式圓柱，齊普拉斯發表演說，氣氛猶如他位居希臘主義的神經中樞。然而，有個刺眼的反諷畫面似乎無人注意到。這棟建築落成於奧圖統治期間，奧圖雖是希臘首任國王，卻是由歐洲強權欽定。一塊色彩繽紛的雕帶畫著小鬍子的奧圖高坐王位，穿著希臘古典服飾。那一夜，齊普拉斯入鏡的畫面顯示他揮手慶祝勝選，奧圖王凌駕在他正上方，彷彿從巴伐利亞陵寢顯靈，想提醒史上常仰賴強鄰鼻息的希臘人，他們至今仍完全依賴強勢鄰國維生。

接下來幾個月，新政府忙著與債主交涉，奧圖的幽靈在新政府裡面陰魂不散。選舉日隔天，就職典禮才結束，齊普拉斯乘車去雅典郊區的靶場，悼祭二戰期間被德軍處決的數百名希臘游擊隊員，葛雷卓士的胞弟也在其中。齊普拉斯到場後，對紀念碑獻上紅玫瑰花，支持者流著淚，聚集在他身後，喊著讚美共黨領銜反抗軍的口號。齊普拉斯一掌貼心，靜立片刻，然後轉身離去。群眾一面叫好，一面衝向前去親吻擁抱他。

新總理上任的第一場活動有何意義，激左聯高官紛紛提出個人詮釋。有人說，這是抗議金黎明黨，因為該黨持續開出高票，令許多希臘人憂慮。有些人更擔心，萬一激左聯政府垮臺，接手的恐怕就是這個新納粹政黨。但齊普拉斯的高級助理另有一番更淺顯的解釋。他說祭拜忠烈象徵希臘民心渴望「自由，不受德國宰制」。

在德國，許多人視此舉為挑釁。「齊普拉斯獻血紅色的鮮花，想說的會不會是：『我們才不欠可惡的納粹一毛錢』？」德國公共電臺評論員問，隨後譴責新總理的舉動企圖為債主德國製造「罪惡感」，讓債務國希臘覺得道德高人一等。「這些是致命的訊號。我們送錢給人家，竟然有一種被勒索的感覺，這種事情誰願意做？」

從那時起，希臘政府面對北方債主的態度逐日緊繃，最能象徵這種氣氛的人莫過於希臘新任財長瓦魯法奇斯（Yanis Varoufakis）。身為經濟學教授的他，剛放棄德州大學教職，走的是「自由意志馬克思主義」路線，作風不太像一般財政部長。五十三歲的他頂著大光頭，身材精壯，出入總理官邸時總穿黑皮夾克、騎山葉重型機車。早在首次紓困時，他藉個人部落格重炮抨擊歐洲對金融危機的觀感，風靡不少讀者。他在其中一篇文章寫道，歐洲「當前的立場威脅到我們所知的文明」。他把希臘被迫接受的撙節措施比擬為「財政水刑」。瓦魯法奇斯認為，早在二〇一〇年首次紓困之前，希臘就已經破產了，當初歐洲和國際貨幣基金債權國應有此認知，直接減免部分債務，而不是把希臘搞成現在的「債務殖民地」。

這種說法的論點儘管草率，卻不無道理。然而，歐洲各國財長已表明無意重新檢討多年前的錯誤。激左聯勝選後五天，瓦魯法奇斯在雅典招待荷蘭財長戴松布倫（Jeroen Dijsselbloem）。歐元國家財長組成「歐元集團」委員會（Eurogroup），以「非正式團體」自居，主席是荷蘭財長。名稱雖然輕描淡寫，其實歐元集團的影響力不容小覷。之前的五年間，在衡量希臘紓困案的輕重時，歐元集團扮演著關鍵的角色。因此，輿論認為，荷蘭財長此行是重要的風向球，能顯示希臘與債權國之間的協商方向。

兩國財長開會進行得不太順利。在希臘財政部召開的記者會中，荷蘭財長督促希臘新政府堅守「改革進程」，強化「金融永續性」，並警告希臘不要「採取片面措施」，也就是指那些會和第二次紓困案的規定背道而馳的行為。反觀瓦魯法奇斯，他暗批三頭是於法無據的單位，希臘政府將不再允許三頭的技術官僚強迫希臘各部會遵守紓困條件。荷蘭財長聆聽著耳機口譯之際，整張臉漲滿怒火。記者會結束，他起身，面帶斥責的神情，湊近瓦魯法奇斯耳邊說，「你剛殺死了三頭馬車。」這是根據瓦魯法奇斯事後轉述。

希臘和歐洲北部債主國之間的辯論惡化為積怨。德國財長蕭伯樂不掩他對激左聯的嫌惡。他接受德國電臺訪問時表示，撙節方案和改革措施原已協助希臘踏上正軌，激左聯竟然跳出來攪局，打亂了進程，「侮辱到那些近年來幫過希臘的人。」他接著又說，「我為希臘人感到難過，他們選出一個目前言行相當不負責任的政府。」齊普拉斯覺得有必要在希臘國會回應，向德國財長暗示說，想難過的話，應該為「擡不起頭走路」的那些人，而不應該為「昂頭挺胸」的人感到難過。

宣布掙回國家主權的激左聯，不久後卻陷入捉襟見肘的窘境，既要湊足現金償債，又要說服債主減債。希臘新政府上臺將近一個月，面臨二度紓困案即將期滿之際，和歐元區債主達成協議，延長紓困案至六月底，為希臘國內銀行留下一條生路。因為在日漸惡化的恐慌中，希臘銀行靠著歐洲央行核准的短期貸款苟延殘喘。紓困期獲得延展，理論上可讓希臘政府和債主有更多時間研擬新方案，也讓希臘接收二度紓困案最後的七十二億歐元貸款。但這筆貸款能否放行的關鍵在於，希臘有無誠意提案實施有待債主核可的一連串改革。

顯而易見的是，債主國和希臘分別向國人解釋紓困期延長時，聽起來像是各自表述，宛如雙方講的是兩套截然不同的協議。歐元區各國首長強調的是，希臘必須遵守備忘錄的框架，即紓困協議中列舉的條件，也就是那些完全和激左聯政府立場相左的規定，否則將無法繼續領貸款。反觀希臘，齊普拉斯上全國性的節目表示，這項協議終結了全民唾棄的紓困備忘錄，國家主權重新獲得伸張。新政府為提振民心，改從措辭下手，避稱人人喊打的債主「三頭」，改用「眾機構」。儘管許多希臘人擁抱激左聯抗戰成功的願景，但並非所有人都信這一套，而有些最苛刻的批評來自黨內。政府同意擴充紓困案後，葛雷卓士從布魯塞爾捎來一封心灰意冷的信：「參與製造這種幻象的我，以個人身分向希臘民眾致歉，」他寫道。「正如奴隸和征服者的關係，欺壓者和被欺壓者之間絕無妥協，唯一的解決之道是自由。」詆毀債主多年，如今被迫向債主低頭，執政才一個月，激左聯已出現裂痕。

接下來幾個月，激左聯大老一方面請「眾機構」手下留情，另一方面又必須信守選前開的支票。為了討好雙方，齊普拉斯承諾做出大刀闊斧的改革，所謂的「從根基打造一個新國家」，只可惜講得不夠詳細。他急著推翻前任政府的政策，讓被解雇的公務員復職，讓公共電視臺ERT重新開張。但他也軟化了一部分先前的主張。例如，幾年前，齊普拉斯批評保守派政府逮捕漏開收據的伊德拉島餐廳業者，如今希臘財政部致函債權國時，提議查緝漏開發票的中小企業的方法，居然是派員佩戴隱藏式相機假扮觀光客。

在歐洲各國財長眼中，這種提案既不夠具體也顯得輕佻。各國財長也表示對瓦魯法奇斯愈來愈不耐煩。他們認為，瓦魯法奇斯欠缺財長應有的專業態度。瓦魯法奇斯動不動就接受採訪，也令人看不順眼。瓦魯法奇斯和妻子住在雅典，從氣派的家裡可瞭望衛城。財長夫婦在二〇一五年三月接受一家法國雜誌社專訪，以巨星的架勢拍了一系列的相片，頓時國內外揶揄聲四起。由於協商觸礁，瓦魯法奇斯和各國財長之間的關係愈來愈不和諧。四月，歐元集團在拉脫維亞首都里加（Riga）開會，氣氛格外緊繃，瓦魯法奇斯發了一則推特，引述小羅斯福總統名言：「他們一致仇恨我，而我歡迎他們的恨意。」

七十二億歐元貸款卡關數月期間，全球首長與國際投資人提心吊膽，觀察著希臘能否躲過倒債的風波。希臘政府東挪西湊，同時也逼中央和地方單位吐錢、延後支付國內許多帳單，最後總算湊足了錢，勉強能撐到六月底。大家漸漸知道，激左聯領銜的政府有意把協商拖到最後關頭。齊普拉斯的心態似乎是，他算準了以德國總理梅克爾為主的歐洲各國首長，若被逼到最後關頭，一定會在一些比較有利於希臘的條件上讓步。他認定，梅克爾最後會拒絕讓希臘脫歐。

齊普拉斯的觀點始終不變。我曾在二〇一二年五月拜訪激左聯位於雅典的黨部，訪問齊普拉斯，當時大選剛結束，激左聯選票居次，但因沒有一黨總票數足夠自組政府，必須於六月再投票一次，全球金融市場深怕齊普拉斯勝選將推翻紓困協議，因而震盪劇烈。我當時問齊普拉斯，假如紓困備忘錄被他推翻，貸款的泉源就會被歐洲與國際貨幣基金等債主封鎖，他拿得出什麼對策？齊普拉斯立刻排除這種可能性。他說，債主勢必跪求希臘繼續領紓困貸款。他說，「此時此刻，希臘的一大武器是，一旦希臘金融體系崩盤，全歐洲的金融體系也會跟著倒。」換言之，同歸於盡的威脅是希臘護身符，能避免希臘被迫脫歐。

事隔兩年半，齊普拉斯當上總理，總算能力行這套理論。然而，到了二〇一五年，歐元區原本岌岌可危的根基已略有補強的現象。如今常態性的紓困基金已建立，歐洲央行也變得比較敢打拚，歐洲各國首長似乎自認更有實力應付希臘脫歐的後果。因此這一次即使希臘逼近倒債邊緣，歐洲金融市場的表現也能相對穩定。儘管如此，齊普拉斯堅守同歸於盡論，但也同時盡量強化自己的籌碼。

他持續和普亭拉近關係，即使在紓困協商的緊要關頭照樣去俄國拜訪普亭，彷彿在暗示，萬一歐洲不肯幫忙，希臘自有其他出路。這一招特別令美國政府憂心，唯恐希臘落入俄國羽翼。而且希臘位居歐亞非三大洲的樞紐，美國也擔心希臘崩盤後，會難保自身的國際戰略優勢。因此美國督促歐洲首長預防這種可能性。

六月下旬眼看期限將至，希臘政府向債主提出自認為是妥協的方案：提議增加消費稅、全面改革年金制等希臘長年抗拒的措施。可惜，債主嫌希臘的提案不夠充實，拿起紅筆刪改增補，改得像滿江紅的考卷。不久後，協商破局。就在紓困期滿前幾天，齊普拉斯上電視，站在希臘國旗和歐盟旗幟之間，投下一顆震撼彈：他對全國民眾宣布即將舉行公投，讓國民決定是否接受債主的規定。他將盡力請希臘選民投反對票。他說，「我呼籲各位，念在希臘歷史的主權與國格，全民表決我國是否應接受要脅性質的最後通牒。我國不應永無止境地接受嚴苛損己的撙節方案，不應在國際社會和財政上永無立足之日……我們應以民主回應極權主義與苛刻的撙節方案。」

希臘政府在最後關頭舉行公投，令外界費解的原因是公投日訂在七月五日，也就是紓困期限結束後。嚴格說來，這表示公投表決的東西早已不成立了。宣布公投後，希臘政府再申請延長紓困期。財長瓦魯法奇斯表示，這是為了預防金融震盪，也讓希臘人民能「平心靜氣深思」。然而，歐元區財長拒絕延期的要求。

在此同時，希臘銀行快撐不住了，因為存戶擔心積蓄就快變成貶值的希臘幣，於是爭先恐後提款，寧可把錢換成耐久商品，或乾脆把現金藏進彈簧床墊或地板下。擠兌風頻頻吹，希臘銀行之所以能撐到現在，全靠歐洲央行持續核准一筆大過一筆的緊急貸款。但是歐洲央行核准的這些短期貸款不是沒有條件的，核准的條件是希臘不得拋棄紓困案。由於希臘紓困案即將期滿，歐洲央行於六月二十八日宣布，歐洲央行不再對希臘銀行提供緊急貸款。此舉的後果在轉瞬間產生。希臘被迫實施資本管制：關閉多數銀行、限制匯款出國、規定提款機每日六十歐元的提款上限。接下來幾天，希臘經濟全面停擺。在少數幾家繼續營業的銀行門口，未辦提款卡的退休老人大排長龍，等著領退休金。有些中小企業和製造商靠進口商品和原料做生意，如今無法匯款到國外給供應商，生意做不下去。無所適從的壓力還不只如此。在六月三十日，希臘無法償還國際貨幣基金十五億五千萬歐元的貸款，首創已開發國家對該機構倒債的先例。但到了這個地步，希臘的金融秩序已經大亂，倒債的新聞反而讓人覺得像炒冷飯。

在這個時候，齊普拉斯積極為公投的反對票陣營拉票，拒絕接受債主開的條件。早在齊普拉斯上電視宣布資本管制時，他就指控歐元集團和歐洲央行企圖「威脅希臘人民的意志並阻撓民主程序」。如今，他指稱，反對票能對債主施壓，逼對方改開條件。歐洲各國首長和希臘在野黨則暗示，反對票將導致希臘脫歐。

公投訴求中的齊普拉斯有一大優勢。對外國強權高喊「反對」，能喚起強烈的希臘民族意識。一九四〇年，墨索里尼要求希臘准許軸心國進占希臘幾區，曾對當時的希臘獨裁邁塔克薩斯（Ioannis Metaxas）發出最後通牒，被邁塔克薩斯拒絕，希臘因此被捲入第二次世界大戰。至今，每年希臘仍有「反對日」的國定假日。齊普拉斯把紓困條件定位為外國強權再度提出嚴苛的最後通牒，呼籲民眾投否決票時，他的口氣常近似準備揮軍上戰場。「我們是一個愛好和平的國家，」齊普拉斯在國會宣布。「但當他們對我國宣戰時，我們懂得如何迎戰，更懂得如何打一場勝仗。」

七月五日公投開票，六一%的選民投票反對，贏幅之大，連激左聯大老都沒預料到。開票後，隨著正反票數差距增加，人潮湧向希臘各地的市民廣場，喜氣奔騰。經濟災難連年，受盡債權國欺壓，許多希臘人民今晚終於有機會一吐怨氣，彷彿又拿回主宰個人命運的力量。這種情緒在二十五歲以下的選民，這個最強力支持反對票的年齡層尤其明顯。這群人的失業率超過五〇%。國會對面有個憲法廣場（Syntagma），狂歡者在開票日聚集，揮舞希臘國旗，高唱國歌，有些人圍成圓圈跳舞，情侶熱吻，更有人施放照明彈，反覆呼喊「反對、反對、反對、反對……」齊普拉斯上電視，面露疲態，卻仍咧嘴輕笑說，「當民主戰勝恐懼與恐嚇時，我們就盼得到救贖，就能找到生路。」

翌晨，財長瓦魯法奇斯宣布辭職。黨才大勝就馬上遞辭呈，時機令人匪夷所思，但原因其實是，齊普拉斯早已認定瓦魯法奇斯和歐元區財長交惡，再談也協商不出善果。（瓦魯法奇斯在個人部落格貼辭職聲明表示，他將「以憎惡債權國為榮」。）齊普拉斯換下瓦魯法奇斯，找札卡洛托斯（Euclid Tsakalotos）繼任財政部長。擁有牛津經濟學位的札卡洛托斯本來就是協商團隊的一員。和前任相形之下，新財長的作風低調多了，甚至顯得謙遜內斂。他向記者坦承，接掌這份苦差事令他戰戰兢兢，希望能交出漂亮的成績。走馬上任隔天，歐元集團在布魯塞爾開會，他首度出席，穿著皺皺的西裝，拿著飯店便條紙，上面有幾行潦草字，其中一句是：「勿抱必勝心態」（No triumphalism）。

公投後三天，札卡洛托斯向歐盟正式遞出啟動歐洲穩定機制（European Stability Mechanism）的請求，這個機制即是歐元區新成立的常態性紓困基金。這是希臘自二〇一〇年以來的第三次紓困。會後，歐洲財長認為和新財長談判較具建設性，但雙方的歧見未消。到這階段，國內外對希臘的深度憂慮已重創經濟與銀行，紓困的所需金額已遠遠超出幾週前的預估。德國財政部另提一項預備方案：建議讓希臘從歐元區「暫退」（time-out）。

德國財長蕭伯樂早對硬把希臘留在歐元區的這種做法存疑。但希臘脫歐後，若導致歐元潰堤，這筆帳卻是算在總理梅克爾身上。梅克爾當然不願在歷史留下這條惡名，因此否決了希臘暫退提案。儘管如此，她義無反顧讓蕭伯樂扮黑臉去和希臘協商。蕭伯樂的暫退提案激怒了法國首長，因為法國主張放寬紓困條件。但暫退提案的連帶效果是讓齊普拉斯檢討「德國不會允許希臘脫歐」，這個讓他打了許多年的如意算盤。

蕭伯樂的談判立場強悍，梅克爾看不下去了，在緊要關頭介入，以多了一點安撫意味的姿態化解危機。七月十二日下午在布魯塞爾，她和齊普拉斯會同歐元區各國元首，為達成協議再做最後一次努力。徹夜協商之後，隔天上午，與會元首出面宣布達成初步協議：希臘將獲得新一批八百六十億歐元的紓困貸款，可挪用銀行資產重組的金額以二百五十億為上限。條件是希臘必須實施一系列與激左聯的社會主義意識形態相左的措施。齊普拉斯同意釋出五百億歐元的希臘國產，多數用來償債。此外，希臘政府也承諾提高幾項稅收、刪減福利年金、改革公家機關、在不久的將來嚴守預算目標。債權國方面，一如往年，也將定期檢討希臘政府的績效，以確保希臘跟得上進度。若查到希臘違反規定，債主將暫緩紓困貸款。齊普拉斯同意接受第三度紓困案了。一位不願具名的官員告訴英國《衛報》，齊普拉斯為了爭取紓困案過關，在通宵談判過程中，「受盡精神虐待」。希臘聯合政府的成員稱呼這項協議是「政變」（coup）。

幾夜後，齊普拉斯站上希臘國會講臺，解釋協商時的立場。他的妥協令許多黨內同志意志消沉。他問這些人認為債主的希退「要脅是真是假」？如果認為是真的，齊普拉斯宣稱他們別無選擇，只好同意紓困案條件，避免墜崖式破產導致希臘幣重現。齊普拉斯辯稱，蕭伯樂的暫退方案衝著希臘而來，是極端保守派的陰謀，目的是把希臘踹出歐元區。希臘若不同意紓困案條件，勢必給陰謀集團可趁之機。換句話說，贊成紓困協議可破解極端保守派的詭計。

儘管齊普拉斯做出一百八十度轉彎，在國內支持度卻能維持一定水準，主要原因是，即使人民過了幾年苦日子，但絕大多數仍對歐元懷抱一種近乎信教的虔誠。爭取國家主權的王道是主動脫歐，雖然許多希臘人想追求更多主權，卻普遍排斥脫歐的做法，因為大家唯恐脫歐只會苦上加苦。害怕自己找出路的另一原因是，希臘人知道，自從革命和奧圖王時代以來，希臘時常受益於歐洲干預。希臘人一方面普遍蔑視債主，另一方面卻也對本國公家機關缺乏信心，齊普拉斯因此對許多國民投其所好：打著尊嚴自主的旗幟上戰場，但也以妥協確保希臘在歐洲的地位。

第三度紓困案進希臘國會進行表決時，激左聯籍議員約三分之一拒投同意票，反對者包括前財長瓦魯法奇斯。他把這項協議斥之為「侮辱人心的投降」。然而，齊普拉斯輕易拉足票數，通過紓困案，仰賴的是在野黨的支持票，在野黨始終呼籲他和債主達成協議。三度紓困案在希臘國會取得的票數甚至高過前兩次。如今，反紓困陣營只剩激左聯的小派系、希臘共產黨、金黎明黨。

三度紓困實施後，希臘銀行恢復營業，生活逐漸重返時走時停的軌道。儘管如此，政壇動盪的隱憂尚存。齊普拉斯見黨內出現反對聲浪，在國會實質上已退居少數黨，失去執政優勢，因此在八月二十日宣布辭職，一個月後舉行全國大選。宣布當天，希臘收到首筆紓困貸款一百三十億歐元，正好能償還歐洲央行三十二億歐元。齊普拉斯的宣布並非晴天霹靂。齊普拉斯為的是鞏固政權，改選能方便他排除黨內強硬左派的毒素，而這些黨內同志正想脫黨另立反紓困新黨。同一年以來，這是希臘舉行的第三次選舉，也是二〇一二年以來第四次國會改選。許多罹患選舉疲乏症的希臘人苦笑說，希臘是民主搖籃，全球最民主國的位子豈有讓別人坐的道理？

選舉日訂在九月二十日星期日，我當時在希臘北部大城塞薩洛尼基。在街上，我幾乎看不到投票的跡象，大學生把街頭咖啡店的座位占了一半，對選舉冷感。其中一人是二十三歲的女子，正在小桌上捲菸，我問她，「妳今天有沒有去投票？」她和我訪問的許多學生一樣，露出嫌棄的苦笑說，「沒有。我相信，會發生的事總會發生，投票也無濟於事。」

這次投票率在希臘史上創新低。希臘硬性規定人人投票，但沒有人因不投票而被法辦，這次有四三％的選民棄權，原因不難理解。除了普遍的選舉疲乏症之外，短期內的國家政策早在兩個月前，也就是齊普拉斯在布魯塞爾協商三度紓困案時就敲定了。這次大選的主要問題不是新政府接不接受紓困以及附帶條件，而是決定由哪一黨負責履行紓困規定。七月公投強力反對的激左聯青年當中，許多人原本叛逆心激盪，如今卻覺得幻滅而麻木不仁。

話雖這麼說，齊普拉斯所屬的激左聯仍贏得大選，滅絕了反紓困的雜音，獲得大約三五％的選票，和一月勝選的得票率相近。反紓困派系領袖是激左聯的老黨工，立場是寧可脫歐也不願屈從紓困條件，最後反紓困派系落敗，進不了國會。齊普拉斯的政見是，雖然他無能擊敗債主，至少他放手一搏了，雖敗猶榮，夠多選民接受這種看法。此外，他把激左聯定位為希臘政壇一股進步的新動力，願景超越激左聯的勁敵。這個勁敵也就是右傾的新民主黨，曾在過去四十年斷斷續續地執政。在塞薩洛尼基，我訪問的民眾中，許多激左聯選民似乎接受這種論點，但投票的動機與其說是仰慕激左聯，倒不如說是對老政黨的反感。有位年輕選民告訴我：「只要不是老黨，什麼黨都行。」

從二〇一〇年首度紓困以來，希臘國會始終有強勢反紓困的反對黨，這次選舉後，反紓困陣營終於被擋在國會門外。目前最大的反紓困政黨是金黎明黨，幾位大老正在受審，照樣奪取七%的選票，蔚為希臘第三大黨。希臘共產黨得票率是五．六%。國會其他六黨全表態支持第三度紓困案。希臘國會裡的反紓困勢力衰退，令許多歐洲人以為，希臘終於能大刀闊斧改革了。然而，紓困少一分阻力，並不代表民意廣泛支持紓困案背後的諸多規定。激左聯政府原則上反對紓困規定卻「礙於脅迫」而接受，究竟有無能力或決心履行苛刻的條件，目前仍實難想像。

為迴避這難題，齊普拉斯企圖說服人民，即使進入第三度紓困，激左聯仍將致力矯正社會歪風，誓言從金字塔頂點掃蕩貪腐，實施「斷然改革」，苗頭對準仍不肯為振興國家盡心力的寡頭政治團體。這些誓言的用意是說服選民，激左聯執政下的撙節苦日子，總比前幾屆的苛政好過。

話說回來，基於諸多理由，各界仍相信三度紓困終將重蹈前兩次的覆轍。為了實踐協議，齊普拉斯勢必讓激左聯轉型，從抗爭派系蛻變能夠戮力貫徹全面革新的政黨。為了轉型，齊普拉斯不僅需要單挑寡頭政治團體，也需對付公務員工會等利益團體，而這些人是激左聯的老戰友。在此同時，紓困協議本身建立在不切實際的目標上，似乎讓激左聯注定無法符合債主的期待。為達成嚴峻的財政目標，希臘從二〇一八年起，年度預算盈餘，必須維持GDP的三・五％，債務利息不包括在內。國際貨幣基金指出，預算盈餘能數十年維持這種水準的國家少之又少，怎能強求希臘？

國際貨幣基金已決定不加入第三度紓困行列，至少一開始如此。該會認定，由於前幾月的經濟重傷加上資本管制，希臘債務變得比先前更加難以收拾。貨幣基金預測，希臘債務將再創新高，變成GDP的二〇〇％。有鑒於此，唯有在歐元區同意對希臘大幅刪減債務的前提下，貨幣基金才願意加入第三度紓困案。然而，德國堅持，唯有在希臘成功履行第一波紓困規定時，德國才願意考慮某種形式的減債，以及之後的延展債務期限研商。換言之，希臘可以拖四十年不必還債。話雖這麼說，德國願意減債的規模能否大幅減輕希臘負擔，仍在未定之天。

金融風暴期間，另一種長年危機開始動搖歐洲團結心，這次的焦點又落在希臘與德國兩國。敘利亞內戰歹戲拖棚，伊拉克和阿富汗的戰亂惡化，導致人數空前的移民湧向土耳其海邊，擠上超載的橡皮艇，盼能登上希臘小島。至二〇一五年底，約略有一百萬名移民由海路進入歐盟，創下二次大戰結束以來歐洲僅見的最大波集體移民。有些人渡海不成，死於海難，其中一位是兩歲男童庫爾迪（Aylan Kurdi），他四歲大的哥哥和母親也同樣翻船溺斃。庫爾迪趴在土耳其沙灘上，幼小的身軀已無生命跡象，相片頓時成為難民危機的恐怖象徵，意味著國際社會無能為難民提供安渡彼岸的正途。根據國際移民組織（International Organization for Migration）的統計，一年間在地中海溺死的移民和難民總數達三七七一人。

前幾年，反移民論在希臘充斥，右傾政客刻意批判移民，試圖挽回支持金黎明黨的選民，如今激左聯當權，反移民的聲浪逐漸從主流政論淡出，不再有首長或黨魁高聲疾呼抗拒「非武裝侵略」，排拒移民對希臘社會構成的威脅。前任政府以眼高手低的伎倆防堵移民，激左聯上任後也停止遏制移民的幾項措施。隨著移民大批湧進希臘，激左聯政府為減輕希臘的負擔，反而實行幾種便利移民的方案，讓移民繼續前進心目中的終點站德國。二〇一五年秋季，我來到希臘與馬其頓國界，發現雙方警察攜手合作，讓移民循序集體通關，便利他們繼續北上。前幾年，希臘邊境警察被控毆打移民，不讓移民出境，如今的情況大相逕庭。

一如以往，移民潮再次為希臘和其他歐洲國家製造緊繃情勢。歐洲元首指控希臘官員管制邊界不力，只急著趕移民過境希臘。希臘屬於不需護照通關的申根區一員，部分歐盟國家質疑是否應剔除希臘，此舉被德國的《南德日報》簡稱為「申退」（Schexit）。移民暴增，憤慨的民眾投奔極右派政黨，歐洲執政黨承受的壓力日益沉重，在歐盟面對移民危機欠缺單一應對之道時，紛紛各自制定政策以減少移民入境數。歐盟多國管制國界，衝擊到歐盟「開放國界、自由入出境」這項成立宗旨。最後在二〇一六年三月，奧地利與巴爾幹半島幾國同步封鎖國界，想北上的數萬名移民轉眼又卡在希臘，而希臘幾乎拿不出救濟的辦法。幾年前，一位阿富汗移民曾在雅典告訴我，希臘是個「大鳥籠」，如今同樣的情景又再度上演。

就某些方面而言，二〇一五年希臘又遇到連番戲劇化的大事，最值得一提的卻是，大事落幕之後的變革少之又少。希臘和先前一樣，又站在移民狂潮的前線，單獨面對歐洲無法團結化解的難題。雖然希臘仍緊抱歐元區不放，但能否長遠持續下去，各界仍抱存疑慮。希臘的債務負擔愈來愈沉重，政局不穩，新政權實行撙節措施下的經濟復甦能否穩健持續仍令人質疑。齊普拉斯應要求，試圖推動刪減年金等艱難措施之際，工會的抗拒再起，罷工連連。三度紓困案通過後，希臘債務危機雖暫時退燒、希臘才剛從國際要聞版淡出時，難民危機卻又讓希臘重返國際新聞版面。至於債務危機會不會不久後重演呢？不太有人懷疑不會。

誌謝

寫了一堆難題，這一路涉獵的鬱悶資料頗多，但我仍盼望我愛希臘、愛許多希臘人的心意瀰漫在字裡行間。近幾年來，我慶幸有機會屢次入境，深度瞭解希臘。每次在希臘遊走，我們全家都受到熱情款待，離開希臘幾個月後，現在竟感到悵然若失。希臘當然是個美不勝收的國家，沒有去過的人值得一遊。如果你和我一樣，哪天站在岩丘上，眺望科林斯灣的赫拉女神殿遺跡，四處是怒放的春花，見到蔚藍海面上瀲灩的光點與浪花，你也會恍若置身夢境。

若非貴人相助，這本書不會有存在的一天。我要感謝的人之一是Joshua Yaffa，他是位具有真本事的新聞工作者，更是摯友。幾年前，我在工作上陷入死胡同，又習慣性地去向他討教。他建議，「為什麼不寫書看看？」然後幫我聯絡能協助出書的朋友。我感激他多次提供高見並相助。

我為本書蒐集的資料，很多都與我為《華爾街日報》的報導有關。在此感謝 Matthew Karnitschnig 讓我有機會去希臘採訪，也幫了我許多忙。近幾年，他精心地編輯指導讓我獲益匪淺，他也親切撥冗檢查手稿的幾個部分。從布魯克林到柏林，他和妻子 Katharina 都是我們的摯友。

我的經紀人 David Patterson 是位棒透的代言人，出書過程中提供精湛的高見，我感激他的認真，謝謝他從一開始就對出書深具信心。

許多希臘新聞工作者也慷慨提供許多意見與協助，讓我受益特別多的是 Dimitris Psarras、Tasos Telloglou、Marianna Kakaounaki、Nikolas Leontopoulos。此外，Anastasia Moumtzaki 也協助進行高難度採訪，在我頭皮發麻、事與願違時耐心以對。針對希臘法西斯分子和其他議題，紀錄片導演 Konstantinos Georgousis 不吝分享洞見，我在此向他致謝。在塞薩洛尼基市，熟知希臘歷史和政壇的 Antonis Kamaras 和我多次深談，讓我收穫頗豐。

有幾位希臘檢察官不願具名，但卻很有風度地接受我訪問，談論幾件仍在司法程序中的重案，努力為希臘爭取公道，逼主事者負責。他們的辛勞值得希臘人民感激。在我訪問過幾位調查重案的檢察官後，我深信最能帶領希臘走向光明未來的是大材小用的女性人才。

在我蒐集資料的過程中，我從現代希臘學者和史家的優秀作品裡汲取到豐富知識。

Susanne-Sophia Spiliotis和Devin Naar親切抽空幫忙我。除此之外，我也從這些人士的作品中採集到不少好料：Mark Mazower、Hagen Fleischer、John Louis Hondros、Richard Clogg、William St Clair、Michael Herzfeld以及Heinz A. Richter。

我也感謝Crown出版集團的工作人員盡心盡力，特別是扮演關鍵角色的Jenna Ciongoli、Meagan Stacey、Emma Berry以及Mark Birkey。

在希臘，有親戚陪伴我，提供資源補給，數度以美食宴請我們。和往常一樣，我父母和哥哥以堅定不移的態度支持鼓勵我。我尤其要感謝爸媽，因為他們不顧年幼的我倔強反抗，逼我就讀希臘學校。我最感恩的是他們的勇氣和決心，這兩項特質讓他倆在新大陸美國生根茁壯。

我最深切的謝意要獻給妻子Katrin，她一路隨行，以韌性和溫情滋潤我，伴我走過出書的路以及許多其他難關。

最後，我感謝兩位好兒子。老大Elias Harry出生在我得知有機會出書之初，老二Alexander Loukas在我完稿時呱呱墜地。工作時，有哪些事比他們更能讓我分心又倍感甜蜜呢？我實在難以想像。

二〇一五年元月於柏林

紅 書系
熱情的議論 11

希臘悲劇：政治與民主治理下的債務殘局

The Full Catastrophe: Travels Among the New Greek Ruins

作者	詹姆斯・安傑羅士（James Angelos）
譯者	宋瑛堂
總編輯	莊瑞琳
責任編輯	劉盈君
封面設計	許晉維
排版	藍天圖物宣字社
社長	郭重興
發行人兼出版總監	曾大福
出版	衛城出版
發行	遠足文化事業股份有限公司
地址	23141 新北市新店區民權路 108-2 號九樓
電話	02-22181417
傳真	02-86671065
客服專線	0800-221029
法律顧問	華洋法律事務所　蘇文生律師
印刷	盈昌印刷股份有限公司
初版	2016 年 6 月
定價	380 元

填寫本書線上回函

希臘悲劇：政治與民主治理下的債務殘局 / 詹姆斯・安傑羅士（James Angelos）著；宋瑛堂譯. -- 初版. -- 新北市：衛城出版：遠足文化發行, 2016.06
面；　公分. --（紅書系；11）
譯自：The full catastrophe : travels among the new Greek ruins
ISBN 978-986-92113-9-0（平裝）

1.政府 2.金融危機 3.希臘

749.5　　105008027

ACRO POLIS 衛城出版

Email acropolis@bookrep.com.tw
Blog www.acropolis.pixnet.net/blog
Facebook www.facebook.com/acropolispublish

● 親愛的讀者你好，非常感謝你購買衛城出版品。
我們非常需要你的意見，請於回函中告訴我們你對此書的意見，
我們會針對你的意見加強改進。

若不方便郵寄回函，歡迎傳真回函給我們。傳真電話——02-2218-1142

或是到「衛城出版 FACEBOOK」填寫回函
http://www.facebook.com/acropolispublish

● 讀者資料

你的性別是 □ 男性 □ 女性 □ 其他

你的職業是 ____________ 你的最高學歷是 ____________

年齡 □20歲以下 □21～30歲 □31～40歲 □41～50歲 □51～60歲 □60歲以上

若你願意留下 e-mail，我們將優先寄送____________衛城出版相關活動訊息與優惠活動

● 購書資料

● 請問你是從哪裡得知本書出版訊息？（可複選）
□ 實體書店 □ 網路書店 □ 報紙 □ 電視 □ 網路 □ 廣播 □ 雜誌 □ 朋友介紹
□ 參加講座活動 □ 其他 ________

● 是在哪裡購買的呢？（單選）
□ 實體連鎖書店 □ 網路書店 □ 獨立書店 □ 傳統書店 □ 團購 □ 其他 ________

● 讓你燃起購買慾的主要原因是？（可複選）
□ 對此類主題感興趣 □ 參加講座後，覺得好像不賴
□ 覺得書籍設計好美，看起來好有質感！ □ 價格優惠吸引我
□ 議題好熱，好像很多人都在看，我也想知道裡面在寫什麼 □ 其實我沒有買書啦！這是送（借）的
□ 其他 ________

● 如果你覺得這本書還不錯，那它的優點是？（可複選）
□ 內容主題具參考價值 □ 文筆流暢 □ 書籍整體設計優美 □ 價格實在 □ 其他 ________

● 如果你覺得這本書讓你好失望，請務必告訴我們它的缺點（可複選）
□ 內容與想像中不符 □ 文筆不流暢 □ 印刷品質差 □ 版面設計影響閱讀 □ 價格偏高 □ 其他 ________

● 大都經由哪些管道得到書籍出版訊息？（可複選）
□ 實體書店 □ 網路書店 □ 報紙 □ 電視 □ 網路 □ 廣播 □ 親友介紹 □ 圖書館 □ 其他 ______

● 習慣購書的地方是？（可複選）
□ 實體連鎖書店 □ 網路書店 □ 獨立書店 □ 傳統書店 □ 學校團購 □ 其他 ________

● 如果你發現書中錯字或是內文有任何需要改進之處，請不吝給我們指教，我們將於再版時更正錯誤

請沿虛線剪下

廣　告　回　信
臺灣北區郵政管理局登記證
第　1　4　4　3　7　號

請直接投郵•郵資由本公司支付

23141
新北市新店區民權路108-2號9樓

衛城出版 收

● 請沿虛線對折裝訂後寄回，謝謝！

ACRO POLIS 衛城出版

紅 書系
熱情的議論

希臘悲劇
政治與民主治理下的債務殘局
The Full Catastrophe
Travels Among the New Greek Ruins
James Angelos
詹姆斯·安傑羅士
希臘人如何吃垮自己的國家？

ACRO
POLIS
衛城
出版

ACRO
POLIS
衛城
出版